ILLUMINATI

La Secta que Secuestró al Mundo

HENRY MAKOW PhD

SILAS GREEN

ILLUMINATI

La Secta que Secuestró Al Mundo

Todo los derechos reservados© por Henry Makow

Traducción por AA.CC.MM.

Para más información:

Silas Green
PO Box 26041
676 Portage Ave.
Winnipeg, MB
Canada
R3G 0M0

hmakow@gmail.com

www.henrymakow.com

www.cruelhoax.ca

ISBN 978-0-9687725-9-1
Impreso en los EE.UU.

"Mi rebaño es ahora presa… porque no había ningún pastor, ni mis pastores buscaron mi rebaño sino que se apacentaron a sí mismos…"

Ezequiel 34:8

"Los goyim son un rebaño de ovejas, y nosotros somos sus lobos. ¿Y sabes qué es lo que sucede cuando los lobos se adueñan del rebaño?"

Los Protocolos de los Sabios de Sión, 11

Índice

Libro Tercero - Sionismo y Holocausto

Libro Cuarto - La Historia Oculta

Epílogo - Sobreviviendo al Nuevo Órden Mundial

¿Basado en una Historia Real?

Si esto fuese el guión de una película lo rechazarían por inverosímil. No elegimos a nuestros líderes por su inteligencia o éxitos sino, más bien, porque son capaces de ganarse la confianza del pueblo y están dispuestos a traicionarla. Los elige un pequeño movimiento satánico –banqueros cabalísticos y masones– que controla las finanzas y los medios de comunicación del mundo. Nuestros "líderes" son miembros junior de esta secta internacional que se llama la Orden de los Illuminati .

"Hemos sustituido al gobernante por una caricatura de gobierno", se jactan en su plan general, "por un presidente, sacado de la multitud y de entre todas nuestras marionetas".

A muchos "líderes" los mantienen a raya haciéndoles participar en terribles rituales ocultistas que incluyen sacrificios humanos, orgías sexuales, pedofilia, violación, tortura y asesinato. (Véanse más adelante *Imagen Horrible del Cuadro de los Esclavos Sexuales Illuminati* y *La Raíz del Problema: ¿Los Illuminati o los judíos?*)

La meta de los Illuminati es degradar y esclavizar a la humanidad, mental y espiritualmente, si no físicamente. La influencia de este grupo es como un cáncer que se extiende por toda la sociedad. Ha subvertido muchas organizaciones aparentemente benévolas (como asociaciones caritativas y profesionales) y la mayor parte de los movimientos políticos, especialmente el sionismo, comunismo, socialismo, liberalismo, neo-conservadurismo y fascismo. Esta es la razón por la que la sociedad parece estar dirigida por hombres desalmados que difunden tópicos y exudan el mal.

Los Illuminati han subvertido todas las religiones e instituciones incluyendo un grupo que se imagina a sí mismo "elegido por Dios". De hecho, los líderes de este grupo figuran en lugar preminente en la creación de esta estructura satánica. Pero cada vez que los críticos sugieren que los "elegidos" están siendo engañados y traicionados, los acusan de "racismo", una forma muy astuta de anular la resistencia.

Por consiguiente, prestar atención al problema más apremiante de todos los tiempos se desdeña pues se considera un "prejuicio". Y los elegidos continúan siendo peones, cabezas de turco y escudos humanos para sus diabólicos y manipuladores "líderes".

Como un rayo de infrarrojos, la tiranía de los Illuminati es invisible hasta que la cruzas. Entonces, las puertas se cierran silenciosamente y te niegan posiciones influyentes. Si persistes, te calumnian, te llevan a la bancarrota o incluso te asesinan. En el futuro, a quienes digan la verdad y disientan se les negará el acceso al crédito y al comercio. Es sorprendente ver con qué facilidad hemos sucumbido a la tiranía.

El éxito público viene determinado por la aquiescencia, consciente o inconsciente, de esta conspiración diabólica. Los pueblos de Occidente se comportan como miopes, acéfalos e irresponsables. Nuestros logros materiales y tecnológicos son grandes, pero cultural y espiritualmente nos hemos empobrecido y encadenado.

La Conspiración "Judía"

Recientemente en su programa de radio por internet, Alan Stang me preguntó si existe como tal una conspiración judía; le envían e-mails gente que le echa la culpa a los judíos, a los jesuitas, al Vaticano, a los masones, etc.

Respondí que el cártel banquero central es el único grupo con el motivo y los medios necesarios para dominar el mundo. Formado principalmente por judíos creyentes en la Cábala y por masones, es la cabeza del pulpo. El sionismo, la masonería, el judaísmo organizado, el imperialismo, los jesuitas, el Vaticano, las agencias de inteligencia, los mass media, etc. constituyen algunos de los incontables brazos del pulpo.

El "motivo" es proteger su monopolio privado, de valor incalculable pero fraudulento, sobre el gobierno y la creación pública del dinero. Necesitan un "gobierno mundial" para asegurarse de que ninguna nación imprima su propio dinero o que dejen de pagar los "préstamos" que los banqueros tejen de la nada.

Los "medios", por supuesto, son su riqueza sin límite que inyectan mediante su red de cárteles, y que les permite dominar a los gobiernos, los mass media, la educación, etc. Cualquiera que tenga éxito en la vida pública es su marioneta o sirve inconscientemente a su agenda. La red sionista-masónica-comunista-socialista-MI-5/6, etc. les permite ejercer un control encubierto.

La ideología de la tiranía mundial, el Iluminismo, procede de la Cábala judía, la cual predica que el hombre (es decir, los banqueros) puede usurpar el lugar de Dios y redefinir la verdad.

Alrededor de 1770, un sindicato de banqueros dirigido por Mayer Rothschild inició los "Illuminati", una secta satánica diseñada para subvertir la sociedad. Según Edith Starr Miller, el sindicato de los Rothschild incluía a financieros como Daniel Itzig, Friedlander, a los Goldsmid y a Moisés Mocatta. (**Occult Theocracy**, p. 184).

Según Miller, las metas de los Illuminati (comunismo y el NOM) eran la destrucción del Cristianismo, las monarquías, los estados nación (a favor de su gobierno mundial o "internacionalismo"), la abolición de los lazos familiares y del matrimonio mediante la promoción de la homosexualidad y la promiscuidad, el final de la herencia y la propiedad privada así como la supresión de toda identidad colectiva en el nombre espurio de la "hermandad humana universal", es decir, "la diversidad"(p.185).

Naturalmente intentan eliminar este tipo de información. En 2007 el Congreso Canadiense Judío se quejó ante la Comisión Canadiense de los "Derechos Humanos" exigiendo que se suprimieran las referencias judías de mi página web *www.henrymakow.com.*

Se inició un proceso cuasi judicial que se archivó en 2012, cuando el gobierno canadiense suprimió la disposición relativa a la censura de Internet.

A mi modo de ver, esto confirma cuanto digo. No soy un gran profeta pero Isaías, Ezequiel, Jeremías y Amos también criticaron el liderazgo judío y hoy habrían sido tratados de igual modo.

El CCJ no quiere que los judíos sepan que la iniciativa judía ha sido secuestrada. Los líderes judíos han pervertido el ideal de un pueblo santo elegido para propugnar la moral entre la elite autoelegida para ocupar el lugar de Dios. Los banqueros usan este mesianismo judío como un instrumento para consolidar su hegemonía material, espiritual y cultural. El judaísmo (con el comunismo y el sionismo) son sistemas para controlar a los judíos y a través de ellos a la raza humana.

La tiranía del gobierno mundial es la única conquista que tiene lugar sin que lo sepan los conquistados. En Los Protocolos de los Sabios de Sión el autor repite, nuestra "contraseña" es la "fuerza y el hacer-creer". Por "hacer-creer se refiere al engaño que es su "magia". (Protocolo I)

Cuando los banqueros extranjeros controlan los hilos del erario, inevitablemente el Estado se convierte en sinónimo de estos banqueros. El Estado es una artimaña que se emplea para manipular a las masas, es "público" de nombre nada más. Esta es la verdad que hay tras el "hacer-creer" del comunista NOM.

Esta tiranía es también la primera en la historia que no puede mencionarse por miedo a ser etiquetado de "antisemita" y "lleno de odio". Créanme, el odio se encuentra por completo del lado cabalista.

Esta argucia se lleva a cabo acusando a todos los judíos de las maquinaciones de unos pocos parientes. Es como si se culpara a todos los italianos de las actividades de la mafia. Culpar a todos los judíos incluye a los Rothschild, lo cual confirma las sospechas. Dicho de otro modo, ¿qué pensaríamos de los italianos si defendiesen a Al Capone y al crimen organizado?

El judaísmo organizado usa el "antisemitismo" y el "odio" como la maldición de un hechicero de la cual todo el mundo huye aterrorizado. Para neutralizar este vudú deberíamos llevar con orgullo la etiqueta de antisemitas, manifestando que constituye la oposición al papel desproporcionado de los judíos (y cripto judíos) en el desarrollo del Nuevo Orden Mundial. (Nadie defiende ni aprueba el genocidio). Por tanto, el antisemitismo se convertirá en un movimiento político legítimo (no racial) dirigido contra políticas y peones específicos de los Illuminati judíos y no judíos.

SIGNIFICADO DE JUDÍO PARA MÍ

Para mí ser judío es una cuestión de espíritu, mente, sangre y cultura. Tengo un fuerte sentido de Dios como una dimensión inmanente y moral. Creo que el propósito y el deber del hombre es manifestar esta dimensión. Jamás le impondré a nadie mi idea del bien. Pero en una sociedad que tuviera sus referencias, que se preguntase sobre la verdad, lo justo o lo bello constituiría un centro de debate permanente.

Yo soy un judío asimilado. Me identifico con la raza humana en primer lugar, con mis compatriotas en segundo y con los judíos en tercero. No he recibido ninguna educación judía ni me reúno regularmente con judíos. Hasta el momento, salvo por los diez mandamientos y unas pocas partes del Antiguo Testamento, la "religión" no me atrae. "Por sus frutos los conocerás", dijo Jesús.

En cambio, puedo ver el efecto civilizador que ha tenido en la sociedad el evangelio de amor de Cristo. Los primeros pasos del bebé en la evolución espiritual humana son la consideración de los otros antes que uno mismo y reconocer a todos los hombres (no sólo a los judíos) como hermanos.

En su libro **Historia Judía, Religión Judía** (1994) Israel Shahak confirmó mi sospecha de que el judaísmo no es ninguna religión. "La fe y las creencias (excepto las nacionalistas) juegan un papel sumamente pequeño en el judaísmo clásico. Lo que es de importancia principal es el acto ritual, más que el significado que se le supone al acto o la creencia unida a él". (p. 35)

El paso siguiente para mí fue concluir que el judaísmo es en el mejor de los casos un credo racial pagano, y, en el peor de los casos, una sociedad secreta satánica. La esencia de una sociedad secreta consiste en alimentar a sus miembros con tópicos ideales y en no contarles la agenda auténtica.

La mayoría de los judíos no son conscientes de que el judaísmo evita en su mayor parte el Antiguo Testamento en beneficio del Talmud y la Cábala. Muy pocos judíos leen estos libros. Si lo hiciesen podrían darse cuenta de que el Talmud está lleno de odio y desprecio hacia los no judíos. Descubrirían que la Cábala es la base de la brujería moderna, la astrología, la numerología, las cartas del tarot, la magia negra, la androginia, la adoración del sexo y gran parte del movimiento New Age. Enseña que el bien y el mal son uno y que lo negro es blanco y viceversa.

Los judíos cabalistas cuentan este chiste en privado. "Un judío ortodoxo está entrevistando a tres solicitantes de un empleo. Les pregunta, "¿cuántas son 2 y 2?" Los dos primeros solicitantes responden que son 4 y 22. Los echa a la calle. El tercero responde: "lo que usted quiera que sea". Lo contrata". Es contra esto por lo que estamos en contra del NOM, porque es un intento de conformar la verdad según su propio interés.

La Cábala es la base del culto de la adoración del sexo que ha engullido al mundo. El sexo conyugal es un ritual exigido a los judíos cabalistas en el Sabbat. El deseo físico supuestamente "aumenta el amor del amor a Dios" y el acto sexual es "un instrumento para unirse a Dios". (Esto, por supuesto, es basura. Uno se une a Dios sirviéndole siete días a la semana. El sexo es un instinto natural como comer, no un acto sagrado).

El arco de la civilización occidental ha ido desde la creencia en Dios (creciente) a la creencia en Satán (decreciente). La cúspide fue la "Ilustración" cuando los hombres de negocios decidieron que ellos podían tomar el relevo de Dios. Típicamente, la caída en la oscuridad moral la representan los luciferinos como la luz, el alba (por ejemplo, el logo de Barack Obama).

Según Texe Marrs, la Cábala enseña que la "serpiente sagrada es el verdadero Dios, que todo el mal que comete una persona mediante la alquimia se transforma en bien y sí, que Lucifer es el Señor. Satán es el verdadero y único dios. Esta es la doctrina esencial del cabalismo". (**Codex Magica** p.426)

Sospecho que la Cábala es el prototipo de la era post cristiana, la razón por la que nos ahogamos en el ocultismo, la pornografía, la violencia y el miedo generados por los media.

De joven me dijeron que a los judíos siempre se les ha odiado sin razón. (Así es como los líderes controlan y manipulan a los judíos). Mis abuelos murieron en el holocausto y mis padres llevaron las cicatrices de hacerse pasar por no judíos en la Europa nazi. Me dijeron que Israel fue la respuesta a siglos de persecución. A mis congéneres judíos de América los veía como una comunidad pequeña y vulnerable.

Ahora me doy cuenta de que el antisemitismo lo ha causado una variedad compleja de razones. La principal es que, desconocido para los judíos, el judaísmo contiene una ideología de supremacía y dominación. Los líderes judíos Illuminati se consideran a sí mismos como Dios. Leon Trotsky juzgó a Dios en Moscú en 1923 ante 5000 hombres del Ejército Rojo. A Dios lo declararon culpable de diversos actos ignominiosos y fue condenado en ausencia. (*Berliner Taegblatt,* 1 de mayo 1923).

El *Jewish World* anunciaba el 9 de febrero de 1883 que "el gran ideal del judaísmo es que al mundo entero lo imbuirá esta enseñanza judía y que en una Hermandad Universal de las Naciones —un judaísmo mayor de hecho—todas las razas y todas las religiones distintas desaparecerán.

Este sentimiento juega un papel importante en el Nuevo Orden Mundial. Ofrece un sistema de apoyo a los banqueros centrales y desvía la culpa de ellos hacia los otros. Si tu grupo religioso o étnico se usa para hacer el mal, lo mejor sería que te alejases o te atraparán sujetando la bolsa.

Esto es de aplicación a todos, no sólo a los judíos. Como judío étnico, pregunto, ¿el dios judío representa un orden moral universal o el egregor primitivo y tribal (por ejemplo, la proyección de la psique del grupo).? ¿Ahora es Satán el egrégor judío? (Véase *El dios que sirve a los judíos de la elite*).

Puede que nos estemos aproximando a una crisis. El judaísmo organizado y sus aliados masones están siguiendo un guión basado en las profecías bíblicas del fin de los tiempos (que puede que hayan escrito o modificado ellos mismos). Este guión llama a una tercera guerra mundial y a la destrucción masiva de todos los pueblos incluyendo dos tercios de todos los judíos. El Nuevo Orden Mundial habrá de surgir de los escombros.

La raza humana está entrando en una edad obscura. A medida que el Nuevo Orden Mundial se fortalezca el antisemitismo crecerá inevitablemente. Ahora es el momento de que los judíos despierten y afirmen su posición. Ahora no existe recompensa ninguna para este acto de valentía, sólo el desprecio. Más adelante, si el antisemitismo impera, los judíos tendrán que poner en círculo sus carretas. Será demasiado tarde.

Dos comentarios finales y al margen: muchos judíos se sienten distanciados del concepto de un Dios de amor que representan las enseñanzas de Jesús. Estos judíos están marginados metafísicamente. Sienten que han de "ganar" el amor mediante la superación. Como una mujer que come en exceso por falta de amor así es como ellos buscan el dinero y el poder. En casos extremos (como los Rothschild) su búsqueda de la riqueza y de los poderes ilimitados, su necesidad de poseer y de controlarlo todo definen el dominio de Satán.

Yo solía mirar con malos ojos la capacidad de los cristianos para disfrutar de la vida corriente. Lo "normal" y lo sano parecían aburrido y ridículo. Yo tenía que justificar mi vida, encontrar el significado de la vida. No me daba cuenta de que la vida tiene un significado inherente cuando se lleva según el designio del amor de Dios.

Finalmente, la gente no puede descubrir la verdad si no saben qué buscar. La verdad –que la humanidad está controlada por los satánicos– es difícil de demostrar con pruebas irrefutables. Pero en más de sesenta artículos muestro que ésta es la explicación más convincente ante el atolladero en que se halla de la humanidad.

La Secta que Secuestró al Mundo

¿Quién dijo lo siguiente?

"En vez de agitar la guerra, los grupos judíos de esta nación deberían oponerse a ella...porque ellos estarán entre los primeros en sentir sus consecuencias. El peligro más grande para esta nación yace en su gran propiedad y en la influencia de nuestras películas, nuestra prensa, nuestra radio y nuestro gobierno".

Charles Lindbergh hizo estas declaraciones en Des Moines, el 11 de septiembre de 1941. Exactamente sesenta años más tarde, el Mossad sionista Illuminati es uno de los primeros sospechosos del ataque de "falsa bandera" al World Trade Centre diseñado para fomentar más guerra.

Los sionistas estuvieron también detrás de la entrada de América en la Primera Guerra Mundial. Hicieron un pacto. América entrará en la guerra si Gran Bretaña toma Palestina desde Turquía. (Véase en mi página web *Americans are Rothschild Proxies in Iraq*).

La historia se repite porque sigue un guión preparado. El sindicato banquero Rothschild no anunció su intención de combatir la civilización occidental. Se adelantó y lo hizo. Los Rothschild reivindican la representación del pueblo judío pero jamás ha habido una votación.

Durante más de 200 años han usado a los grupos judíos y masones para fomentar la guerra con el fin de avanzar su tiranía del gobierno mundial. Los agentes judíos lo admiten. Por ejemplo, el 4 de mayo de 2003, el periódico israelita Ha'aretz manifestaba: "La guerra de Irak fue concebida por 25 intelectuales neoconservadores, la mayoría judíos, que presionan al presidente Bush para que cambie el curso de la historia...casi todos ellos judíos, casi todos ellos intelectuales (una lista parcial: Richard Perle, Paul Wolfwowitz, Douglas Feith, William Kristol, Eliot Abrams, Charles Krauthammer...) (**White Man's Burden** de Ari Shavit)

En una carta a Giuseppe Mazzini fechada el 15 de agosto de 1871, Albert Pike, el Gran Jefe de la Masonería de los EE.UU anunció "tres guerras mundiales". Las dos primeras han sucedido como predijo. "La tercera guerra mundial debe fomentarse aprovechando las diferencias provocadas por los "agentur" (agentes) de los "Illuminati" entre los sionistas políticos y los líderes del mundo islámico. La guerra debe dirigirse de tal modo que el islam (el mundo árabe musulmán) y el sionismo político (el estado de Israel) se destruyan mutuamente.

"Entretanto, las otras naciones, una vez más divididas por este asunto se verán obligadas a luchar hasta el punto de completar el agotamiento físico, moral, espiritual y económico… (Entonces las naciones serán obligadas a recibir la…pura doctrina de Lucifer, finalmente sacada a la luz pública". (Véase *http://www.threworldwars. com/albert-pike2.htm*)

La fase se está estableciendo en el Golfo Pérsico, Europa Oriental y en el Cáucaso para una conflagración nuclear enfrentando a Rusia, China e Irán contra los EE.UU. e Israel. Los Rothschild controlan ambos bandos. Los judíos –todos nosotros- somos peones de un juego más grande de ajedrez diseñado para acabar con la civilización occidental y construir un Nuevo Orden Mundial sobre sus cenizas. A nivel cósmico, la trama consiste en secuestrar a la humanidad y en dirigirla al servicio de Satán y sus discípulos.

Actualmente, incluso después de la debacle de Irak, los sionistas presionan para lograr un ataque a Irán. El sionismo está controlado por la "Orden de los Illuminati" que representa a un grupo de familias dinásticas, satanistas generacionales, asociados a los Rothschild y a la aristocracia europea, unidos por el dinero, el matrimonio y la masonería, es decir la Cábala. Este culto proviene del movimiento judeo-satánico-sabateo-frankista que se describe más adelante en este volumen.

Aunque con frecuencia manifiestan desprecio hacia los no judíos, este movimiento se entremezcla estratégicamente con otros satanistas generacionales. Monopoliza el poder, la riqueza y la cultura y trabaja para obstaculizar el desarrollo moral y científico. Está reconfigurando a la humanidad para que sea sierva en un Orden Mundial Neo-feudal.

Lo que llamamos "historia" es teatro. Nuestra experiencia humana es en gran medida el producto de un hechizo que nos lanzan mediante la "educación" y los mass media. Nuestras actitudes políticas y sociales nos vienen dadas. Por ejemplo, actualmente hay esfuerzos intensos en minar el matrimonio y la familia y por hacernos buscar el significado de la vida en el sexo promiscuo. (Véase mi libro, **Estafa Cruel. Feminismo y el Nuevo Orden Mundial**).

LOS ILLUMINATI

"Mary Anne", una prominente y antigua miembro de los Illuminati señaló que le habían dicho que la secta data de tiempos de la antigua Babilonia y de la Torre de Babel (no es ninguna casualidad que se asemeje al actual parlamento de los EE.UU). Cuando Dios frustró los planes de los cabalistas de construir una torre que alcanzase el cielo, instigaron su centenaria vendetta contra Él y juraron secuestrar Su creación.

Los cabalistas eran relativamente pocos por lo que decidieron conquistar el dominio económico usando el oro. En 1773 Amschel Mayer Rothschild, un judío ortodoxo que nunca se cambiaba la ropa interior y que llevaba la misma ropa hasta que se caía a jirones, convocó un encuentro de doce banqueros judíos destacados. Afinaron su programa cuando mordieron el anzuelo de la espuria promesa de "libertad, fraternidad e igualdad". **El Manifiesto Comunista** de 1848 que exige el robo de la propiedad privada y la destrucción de la libertad y la familia en nombre de la "igualdad" refleja la agenda satanista.

En 1776 nombraron a Adam Weishaupt para que reorganizase a los Illuminati que surgieron de la masonería en 1782. Según Andre Krylienko, la masonería se empleó "para reclutar a no judíos para que consciente o inconscientemente sirvieran al judaísmo". (**The Red Thread**, p.93)

Los banqueros cabalistas estuvieron detrás de los movimientos revolucionarios desde los siglos XVII al XX así como detrás de cada reinado del terror. A lo largo de la historia, han perseguido una vendetta perversa contra la humanidad. Ellos orquestaron el monopolio del crédito (usurpando el derecho del gobierno a crear dinero) y lo han empleado en conquistar el mundo. Dado que sacan el dinero de la nada piensan que son Dios. Esto coincide con las profecías mesiánicas judías y cabalísticas. Fundamentalmente, para la cooperación en su plan diabólico, permiten que sus compañeros judíos y los no judíos masones participen de esta lucrativa actividad.

En una conocida frase, el profesor de la Universidad de Georgetown, el profesor Carol Quiquley, un informador que fue el tutor de Bill Clinton, dijo que el plan del banquero central es "nada menos que establecer un sistema mundial… capaz de dominar el sistema político de todas las naciones". (**Tragedy and Hope**, 1996, p.324)

Los Illuminati controlan el establishment de Europa, América y de la mayor parte del mundo. Su guerra secreta contra la humanidad está diseñada para hacernos aceptar su tiranía, es decir, el gobierno mundial. Al dominar a los líderes de ambos lados y de los media inician todas las guerras mayores y determinan su resultado. Son los responsables de las revoluciones, depresiones y, más recientemente, del 11-S y de la "guerra al terror"—pretextos para más guerra y para una estado policial. (Véase la sección de este libro *Historia Oculta*).

Los grupos judíos son uno de sus instrumentos. En 1920, Oscar Levy, un filósofo judío escribía: "apenas hay un acontecimiento en la Europa moderna que no nos conduzca hasta los judíos… Los elementos judíos proveen las fuerzas conductoras tanto del comunismo como del capitalismo, de la ruina material como de la espiritual de este mundo".

Levy culpa al "intenso idealismo del judío" del caos revolucionario. "Estos judíos revolucionarios no saben qué están haciendo. Son más unos pecadores inconscientes que actores voluntarios del mal… pero, por favor, no piense que deseo exonerarles de esa responsabilidad…" (Prefacio al libro de George Pitt-Rivers, **The World Significance of Russian Revolution**).

Este libro se centra en cómo se usa a los judíos. Otro volumen podría escribirse sobre cómo se usa la masonería. Mientras tanto, yo recomiendo Unholy Alliances, 1996, del doctor James Wardner. Creo que los jesuitas han jugado también un papel importante pero no he tenido tiempo de investigarlo aún. Recomiendo a Eric Jon Phelps cuyo Vatican Assassins es el clásico. Insisto en que la conspiración de los Illuminati está completamente generalizada, se ha infiltrado en todas las instituciones sociales importantes e incluye a millones de no judíos.

ANTISEMITISMO

Creo que todos los seres humanos tienen una relación directa con el Creador independientemente de su religión o carencia de la misma. Todos tenemos dentro una chispa divina. Yo juzgo a cada persona por su respuesta a la llamada divina, no por su etnia, religión ni por su raza.

La mayoría de los judíos no son conscientes de la agenda de los Illuminati. Están manipulados y comprometidos como todo el mundo. Por ejemplo, todos los americanos están implicados en los crímenes de guerra de Irak por sus impuestos. Pero el americano medio no tuvo ninguna participación en el comienzo ni en la ejecución de esta guerra. El judaísmo organizado no me representa a mí más que el gobierno de los EE.UU representa a los americanos. Ambos hemos sido secuestrados por los banqueros Illuminati.

Los Illuminati se esconden detrás de los judíos corrientes. La secta que ha secuestrado al mundo es el núcleo diminuto de los banqueros cabalistas y los masones establecidos en Londres y dirigidos por la House of Rothschild.

Ellos gobiernan mediante un control sutil de las grandes empresas (cárteles – especialmente de la finanza, el petróleo, la defensa, las farmacéuticas, los medios de comunicación), el gobierno, los mass media, sociedades secretas, las agencias de inteligencia, el ejército, el derecho, las iglesias, las fundaciones, los think tanks, ONG y la educación. La House of Chatham en Londres (El Royal Institute of Internal Affairs) y la Pratt House de Nueva York (Council of Foreign Relations) son dos mecanismos principales de control. El poder de los Illuminati es omnipresente aunque las masas ni siquiera saben que existe.

Recientemente Doreen Dotan, una mujer judía con antecedentes en los Illuminati, dio a conocer una conversación en youtube en la que decía que estaba cansada de cargar con las culpas de los Rothschild y Warburg. A diferencia de esta mujer valiente, los judíos corrientes han sido complacientes. El profesor Albert Lindemann escribió que los judíos en realidad "no quieren comprender su pasado, o al menos esos aspectos de su pasado que tienen que ver con el odio que se les dirigió…" (**Essau's Tears: Modern Anti-Semitisme and the Rise of the Jews**, 1997, pág.535)

En general, los judíos actúan como personas comprometidas con una empresa que no les interesa comprender con tal de que continúe trabajando a su favor. Rara vez escucho a los judíos en uno u otro sentido. Este e-mail de septiembre de 2008 procedente de un judío británico fue una agradable excepción:

"Hola. Quiero darle las gracias por su interesante página web. Como usted, soy de ascendencia judía, por lo que comprensiblemente me horroricé cuando oí hablar de una "conspiración judía", etc. Pero su página web la ha desmenuzado en trozos más manejables que yo aprecio. También aprecio la forma en que usted no extiende el odio, lo que es común entre personas que promocionan la validez de los Protocolos. Saludos y shalom".

Nada sucede sin la bendición del dinero. Los Illuminati financian a quienes les agradan. La mayoría de la gente "está de acuerdo para llevarse bien", inconsciente del entramado global. Instintivamente abrazan ideologías y grupos que les hacen mejorar sus intereses materiales. De aquí el término comunista, "tontos útiles".

Las masas están "acostumbradas a escucharnos sólo porque pagamos la obediencia y la atención. De este modo crearemos una fuerza ciega y poderosa que nunca estará en posición de moverse en ninguna dirección sin la guía de nuestros agentes… La gente se someterá a este régimen porque sabrá que de estos líderes dependerán sus ganancias, la gratificación y la percepción de toda clase de beneficios". (**Protocols of Zion**, 10)

En realidad todas las naciones, grupos y religiones han sido cooptados y los judíos corrientes no son ninguna excepción. (Léase aquí Los EE.UU son una colonia financiera de la corona para comprender cómo este control se extiende a virtualmente todas las organizaciones, incluidas las de Boy Scouts y la YMCA).

La acusación instintiva de "antisemitismo" es básicamente un ardid para mantener a las personas en la ignorancia respecto al plan de los Illuminati. Nadie condona ni defiende el genocidio. La acusación se usa para ahogar la oposición.

De lo que realmente se trata es de un monopolio del crédito, el poder, la cultura y la riqueza. Lo único que preocupa a los banqueros es su propia supremacía y la del culto sabateo-frankista-Illuminati. No se trata de los judíos corrientes.

Los líderes judíos no pueden conceder ninguna legitimidad al antisemitismo porque no tienen intención ninguna de cambiar el curso de las cosas. Por lo tanto fingen que está motivado por el "prejuicio". El judaísmo organizado (neocons, sionistas, B'nai Brith) tiene la misma consciencia que una serpiente que devora un ratón. Observa los espasmos de la muerte del ratón como si fueran "odio". Cada vez más nos educan en la aceptación de la perspectiva de la serpiente, aunque nosotros seamos el ratón.

"Ya hemos logrado adueñarnos de las mentes de las comunidades goyim… todos se acercan… mirando a través de las gafas que les ponemos en las narices". (**Protocolos de Sión**, 12)

EL TALMUD Y LA CÁBALA

El judaísmo ha sido secuestrado. Inicialmente el judaísmo se basaba en la visión que Moisés tenía de Dios de ser una fuerza moral universal. Éste es el único judaísmo con el que me identifico. Siempre he intuido que la vida no es ni fortuita ni carente de sentido sino que está gobernada por leyes morales inherentes y espirituales. Esto me llevó a inventar en 1984 Scruples, el juego de los dilemas morales cotidianos.

Hoy, el judaísmo se basa en el Talmud, que consiste en las interpretaciones de los "sabios" (fariseos) durante el exilio de Babilonia de 586 a. C. a 1040 d. C. En términos generales, el Talmud contradice el espíritu de Moisés y tiene prioridad sobre el Antiguo Testamento.

Jesús estaba en consonancia con Moisés. Él reprochaba a los judíos que no creían: "Si creyeseis en Moisés creeríais en mí, pues él escribió sobre mí," (Juan 5:24-27). Jesús tachó a los fariseos de hipócritas, embusteros y de ser "una generación de víboras". Él decía que despreciaban los mandamientos de Dios, "que enseñaban como doctrina los mandamientos de los hombres" (Marcos 7:6-8). Los acusó de adorar al diablo: "Vuestro padre es el diablo, y cometeréis los actos lujuriosos de vuestro padre" (Juan 8:44).

Elizabeth Dilling, (1894-1966) una cristiana valiente cuya visita a la Unión Soviética en 1931 le inspiró realizar un estudio que duró 20 años, dio a conocer el secreto mejor guardado del judaísmo –su supremacía y odio por los no judíos, especialmente por los cristianos. (**The Jewish Religion: Its Influence Today**. 1964, *http://www. come-and-hear.com/*)

Lo que viene a continuación es muy desagradable y estremecedor. No me gusta nada presentar las conclusiones de Dilling; sin embargo, creo que son ciertas y demasiado importantes para ignorarlas. El diablo trabaja engañando y corrompiendo a la gente buena. Según Dilling, el Talmud se fundó sobre la asunción de la supremacía judía.

"El no judío tiene la consideración de animal, no tiene derecho a la propiedad y ningún derecho legal en ningún código del tipo que sea… "Ordeña al gentil" es la regla talmúdica pero que no te cojan, de manera que hagas peligrar los intereses judíos. En resumen, el talmudismo es la quintaesencia de la discriminación y el odio destilado, sin causa, contra los no judíos". (pág.16)

El Talmud se caracteriza por "la obscenidad y más obscenidad, una acumulación de con la finalidad evidente de inventar la elusión y el fraude; el gusto por la crueldad sádica; la inversión de las enseñanzas morales bíblicas sobre el robo, el asesinato, la sodomía, el perjurio, el cuidado de los hijos y de los padres; un odio demencial a Cristo, a los cristianos y a todas las fases de la cristianismo". (4)

Describe a la Virgen María como una ramera y adúltera y a Jesús como un "bastardo" y pervertido sexual que fue crucificado por "blasfemo del judaísmo fariseo". El castigo de Jesús fue el de ser "hundido en estiércol hasta las axilas" y luego estrangulado. Los cristianos están en el infierno castigados en "excremento hirviendo". (14)

El judaísmo rechaza la visión que Moisés tenía de Dios como una fuerza moral. Su doctrina básica es que "Dios es el En Sof, una esencia natural que no tiene atributos que no puede conocer ni ser conocido. Esto es ateísmo…" (57)

Por tanto, el llamado judaísmo no es otra cosa que el fariseísmo babilónico y talmúdico que en el fondo es paganismo craso, ateísmo panteísta, una conglomeración de todas las formas de paganismo elaborado a través de los siglos. Las nuevas descripciones elaboradas de esta forma antiquísima de satanismo, tales como… el materialismo dialéctico (de Marx) simplemente (arropan) viejos conceptos paganos. (38)

El Talmud contribuye indudablemente al antisemitismo. Dilling escribe: "La actitud que resulta de tales enseñanza no han sido bien recibidas en ninguna nación por los no judíos a lo largo de los siglos. Este rechazo, sin embargo, siempre se refleja por parte de los judíos como "persecución de los judíos". (2)

Michael Wex, el autor judío de un libro de 2006 sobre la lengua yiddish confirmaba el hallazgo de Dilling: "Los judíos no es que estén simplemente alejados de la

civilización cristiana, la miran con sumo desprecio". (**Born to Kvetch**, p.24)
Yo dudo de que el diez por ciento de los judíos de hoy día conozcan el Talmud.
Yo ciertamente no sabía nada de él. Sin embargo, sí pienso que los líderes están influenciados por estas actitudes.

¿Qué podían hallar de malo los fariseos en un evangelio que predicaba la hermandad humana y que pone a los otros por delante de uno mismo? Respuesta: Que niega su pretensión principal. Ellos están compitiendo con Cristo por ser Dios ellos mismos. De ahí el odio talmúdico por Cristo.

Otro libro importante del judaísmo (y texto principal de la francmasonería) es la Cábala. Dilling escribe: "La Cábala judía con su no existencia del mal, su deificación del hombre, es un libro fuente de los modernos "ismos"". (31)

La Cábala describe el logro de la harmonía universal en términos de facilitar la unión sexual de las deidades masculina y femenina. Predica que "el despertar inferior provoca el despertar superior". Proporciona la base del culto sexual de los Illuminati que refleja el símbolo Illuminati, el punto dentro de un círculo, que simboliza el pene y la vagina. También se aprecia en la propensión hacia la homosexualidad y la pedofilia entre los iniciados.

La Cábala predica que el hombre influye en Dios y que la creación necesita la destrucción. No es monoteísta; incluye también sacrificios a Satán (el "Dios de los gentiles") de modo que no moleste sexualmente a la "Hija divina", el principio de la hembra.

Según David Bay, del Cutting Edge Ministry, la Cábala es la piedra angular de todo el pensamiento ocultista occidental y de su práctica actual. Es el fundamento de la creencia de todos los Iluminados (Maestros de los Illuminati) y es hostil a los judíos no cabalistas.

"Ya sea un ocultista de magia blanca o de magia negra, la piedra angular de sus creencia es la Cábala. Cuando el Anticristo surja establecerá su práctica de lo ocultista sobre la Cábala judía. Por consiguiente, la ironía se halla en que, cuando el Anticristo salga caminando del templo judío recientemente construido después de haber cometido la "abominación de la desolación" e inicie su programa de dar muerte a todos los judíos de la tierra, la Cábala judía habrá conseguido dar el mayor impulso a su programa. En realidad, la Cábala formaba la piedra angular de las creencias ocultas de Adolf Hitler, por lo que esta terrible ironía golpeará al pueblo judío dos veces en la historia del mundo".

EL JUDAÍSMO NO ES UNA RELIGIÓN

Algunos escritores han sugerido que la religión judía es una treta. Harold Rosenthal parece confirmar esto:

"En fecha muy temprana, urgidos por el deseo de hacer nuestro camino en el mundo, los judíos empezaron a buscar un medio mediante el cual pudiésemos distraer toda la atención del aspecto racial. ¿Qué podía ser más eficaz, y al mismo tiempo más alejado de toda sospecha, que tomar prestada y utilizar la idea de una comunidad religiosa?" (Ver el apartado de *Los Protocolos de Sion Actualizados por un Judío Zelote*)

Desde mi punto de vista, los judíos son un grupo étnico o racial. El judaísmo talmúdico no es una religión sino un credo racial. Las fiestas judías celebran hechos históricos.

Por definición, la religión significa conocer y obedecer a Dios. La naturaleza de Dios es esencialmente moral, es decir, el bien. Cristo enseñó que Dios es amor.

Dios es universal. El Dios judío es realmente un alter ego para las ambiciones de los líderes fariseos judíos. El Dios judío no representa un orden moral universal. Sirve a los líderes judíos, y a los judíos en un menor grado, pero a nadie más.

El judaísmo talmúdico no renuncia a la riqueza, al poder ni a la lujuria. Pone poco énfasis en la vida eterna. Es materialista, naturalista y considera subhumanos a los no judíos.

El judaísmo talmúdico es un modelo de totalitarismo. Aísla a los judíos de los no judíos mediante el fortalecimiento de un sistema complejo de leyes que dirige todos los aspectos de la vida. Fue ejecutado por el rabino, a menudo por la amenaza de una sanción, palizas, muerte o el destierro. Adaptado a partir del sistema político de Platón, era uno de los modelos originales del totalitarismo y mantuvo a la mayoría de los judíos esclavizados hasta aproximadamente 1780. Esta tendencia autoritaria judía es evidente en el intento de suprimir mis escritos.

El Nuevo Orden Mundial comunista representa un retorno a la tiranía talmúdica. John Beaty escribe: "Dado que el Talmud contiene más de doce mil controles, la regulación del marxismo fue aceptable, proveyó al político de Khazar, como el rabino talmúdico ejerció el poder de la dictadura". (**Iron Curtain Over America**, 1953, p.27)

Goldwin Smith llama al Talmud un vasto repertorio de "legalismo, formalismo, ceremonialismo y casuística. Nada se opone más a la espontaneidad de la conciencia, la verdad como principio, y la preferencia por el espíritu de la letra característico del Evangelio..." (*The Jewish Question*, en *Essays on Questions of the Day*, 1984)

No estoy despreciando el conjunto de la tradición espiritual judía. Espero que haya muchas venas valiosas de verdad que puedan utilizarse. Los judíos, como todo el mundo, tienen una relación directa con Dios, en virtud de su alma.

Yo digo que el bien le sirve de camuflaje a lo satánico y que necesitamos mantenernos despiertos. No digo que los judíos sean satanistas. Digo que el judaísmo organizado es, consciente o inconscientemente, la herramienta a largo plazo del plan satánico.

"EL DIABLO Y LOS JUDÍOS"

En 1943, la Jewish Publication Society publicó **The Devil and the Jews**. Su autor, el profesor Joshua Trachtenberg estaba perplejo de que a lo largo de la Edad Media los judíos fuesen considerados como agentes de Satán. Su cometido era la destrucción de la civilización cristiana y de la humanidad. A los judíos se les identificaba con el uso de medicinas, drogas, venenos, cosméticos, afrodisíacos, brujería, alquimia y astrología. Se les condenaba por usureros, estafadores, infieles y herejes.

"En el mundo cristiano, al judío se le veía inevitablemente como a un hereje –en realidad, el hereje. ...Los judíos eran por lo general sospechosos de inspirar sectas cismáticas, y la acusación más frecuente de las herejías era la de "judaizante"... En todas partes la Iglesia y los pueblos identificaban la mano diabólica de los judíos que apartaba a los simples cristianos de la verdadera fe..." (174-176)

Trachtenberg echa las culpas de estas actitudes a las enseñanzas de la iglesia, pero existen pruebas de que son anteriores al cristianismo.

Después de narrar las masacres que cometieron los judíos sobre los gentiles en África y Chipre, Edward Gibbon expresó en términos extravagantes el odio del mundo romano hacia los judíos, a quienes designa como "los enemigos implacables, no sólo del gobierno romano sino de la humanidad". (Edward Gibbon, **Decline and Fall of the Roman Empire**, cap. xiv)

Tácito habla de los judíos como los enemigos de todas las razas salvo de la propia (**Histories**, V.v), y Juvenal, en un párrafo famoso, se refiere a ellos como el pueblo que no le mostraría a un caminante su camino ni guiaría al sediento hasta una fuente si no fuera de su propia fe.

El profesor Goldwin Smith escribe, "Esos que mantienen que no hay nada en el carácter, los hábitos, o la disposición del judío para provocar antipatía han de explicar el prejuicio fanático no sólo contra los rusos o contra la cristianismo sino contra la humanidad". (**The Jewish Question**, 1894)

Antes de que trabajase para los banqueros judíos, Winston Churchill escribió, "Sería como si el evangelio de Cristo y el evangelio del Anticristo estuviesen destinados a originarse entre el mismo pueblo; y que esta raza mística y misteriosa hubiese sido elegida por las manifestaciones supremas, tanto divinas como diabólicas". (*The Struggle for the soul of the Jewins People*, 8. Feb. 1920)

Oscar Levy escribió: "Nosotros que nos hemos mostrado como los salvadores del mundo; nosotros que siempre nos hemos enorgullecido de dar al "Salvador", nosotros no somos hoy otra cosa que los seductores del mundo, sus destructores, sus incendiarios, sus ejecutores".

"Nosotros que hemos prometido conduciros a un nuevo cielo, hemos alcanzado finalmente el éxito de poneros en un nuevo infierno... No ha habido ningún progreso, el menor de todos los progresos morales... Y es sólo nuestra moral, la que ha prohibido todo auténtico progreso, y –lo que es peor- la que se interpone en el futuro y en las reconstrucciones naturales de este mundo nuestro en ruinas... Miro este mundo y me estremezco ante su horror; me estremezco tanto más cuanto más conozco a los autores espirituales de todo este espantoso horror..."

No me causa ningún placer repetir estas cosas. Pero en tanto los judíos no examinen sus afiliaciones se verán comprometidos y acusados. Sin embargo aunque yo crea que muchos judíos son individuos con calor humano, genio e integridad, me ha resultado liberador examinar esta herencia compleja y distanciarme de mí mismo.

No estoy solo. Muchos judíos sienten que algo está mal y están abandonando las organizaciones judías en grandes cantidades. Según una encuesta de 2001, el 25% de los aproximadamente cinco millones de judíos americanos existentes se identifican con otra fe. Otro cuarto es "no religioso", lo que deja sólo un 51% que dice ser "judío" de religión.

Una mitad de todos los judíos de los EE.UU. se casan con no judíos y tres cuartas partes de éstos educan a sus hijos en otra religión. (*The Jewish Week*, 2 nov. 2001)

EL MODELO DE SOCIEDAD SECRETA

Según parece la "sociedad secreta" es el modelo organizativo del judaísmo así como la francmasonería, el sionismo y el comunismo (que son órdenes masónicas). Esencialmente los líderes engañan y manipulan a sus miembros con metas idealistas en apariencia. Sólo a los corruptibles (y chantajeables) se les deja conocer la verdadera agenda y se les permite ascender.

Este modelo es de aplicación actual a todo el mundo. Las personas de "éxito" han aceptado frecuentemente la carga del diablo, "sírveme y te daré el mundo".

Esta visión del judaísmo está confirmada por el autor de los **Protocols of Zion** el cual dice que "nadie discutirá nuestra fe desde su propio punto de vista puesto que nadie la conocerá en su plenitud salvo nosotros, que jamás osaremos traicionar sus secretos". (Protocol 14)

(**Los Protocolos de los Sabios de Sión** es el proyecto del Nuevo Orden Mundial y la clave para la comprensión la historia y los acontecimientos actuales. Yo lo examino junto a sus alegaciones más adelante en este volumen).

Edith Starr Millerr, experta en religión y ocultismo, llamaba al judaísmo "sociedad secreta con apariencia de religión" y "secta con el judaísmo como rito".

El auténtico fin del judaísmo y de todas las sociedades secretas, dice Miller, es el de embaucar a la gente para avanzar la agenda de los súper ricos. "Al margen de sus objetivos exotéricos, los fines esotéricos de la mayoría de las sociedades se dirigen todos hacia el mismo final, a saber: la concentración del poder político, económico e intelectual en las manos de un pequeño grupo de individuos, cada uno de los cuales controla un aspecto de la vida internacional, material y espiritual del mundo actual". (**Occult Theocracy**, 1933, p.661)

Flavien Brenier compara los objetivos del judaísmo con los de la masonería: asegurar el poder político y modificar gradualmente "las concepciones de la gente en la dirección de su doctrina secreta". (**Occult Theocracy**, p.80)

El objetivo final del judaísmo es el mismo que el de masonería.

En su **Enciclica Humanum Genus** (1884) el Papa León XIII escribió que el propósito último de la francmasonería es "erradicar completamente el conjunto del orden moral y religioso mundial, cuya existencia trajo la cristianismo … Esto significará que los cimientos y las leyes de la nueva estructura de la sociedad provendrán del naturalismo puro".

De nuevo, el Papa León XIII dijo: "la masonería es la personificación permanente de la Revolución; constituye una especie de sociedad en orden inverso cuyo fin es ejercer una dominación oculta sobre la sociedad como la conocemos y cuya única raison d'être consiste en agitar la guerra contra Dios y su Iglesia". (De Poncins, **Freemansonry and the Vatican**, p.45)

Un experto en sociedades secretas escribió que la masonería "se ha usado…como una red mediante la cual atrapar, examinar y seleccionar a personas que pudieran usarse para fines subversivos… que la dirección revolucionaria (usa) siempre que es posible, cuerpos inofensivos como cobertura, y a personas inocentes como sus agentes inconscientes…" (Miss Stoddard, **Trail of the Serpent**, p. 203)

Esto lo confirmó el fundador de los Illuminati Adam Weishaupt quien escribió: "La logia (masónica) será nuestro jardín de infancia. Todos los que sean adecuados para el trabajo se quedarán en la logia y avanzarán en ella sin tener conocimiento de ninguna otra cosa que más allá sistema". (Webster, **Sociedades Secretas**, pág.210)

Estos ilusos, "inocentes" o "tontos útiles" tienen la ventaja añadida de que atacan a a cualquiera que se atreva a cuestionar su causa. Los inocentes no pueden concebir que hayan sido traicionados y se agarran a su preciosa identidad. Prefieren una mentira cómoda a una verdad amarga. Así es como Satán nutre sus filas.

El holocausto engañó a los judíos para que tomaran Palestina con el fin de establecer una "patria nacional". El verdadero propósito de Israel es ser capital de la tiranía única mundial de los Rothschild. Pero, ¿cuántos judíos habrían sacrificado su dinero y sus vidas por eso? (Véase el libro tercero, *Sionismo y el Holocausto*).

La vía de Satán es el engaño. Los Illuminati son literalmente sus siervos. Su meta es comprometer a las personas y dejar que carguen con la culpa. ¿Tendría algún sentido contarles a los judíos o masones corrientes cuál es la verdadera agenda? Por supuesto que no. No lo soportarían. Cuando lo descubren es demasiado tarde.

A los judíos se les mantiene en la obscuridad de su historia y religión. Entre el comienzo y los primeros años del siglo XIX no se escribió ni un solo libro de historia judía. Después, los apologistas fueron los únicos a quienes se les permitía publicar y hacerse oír. Los disidentes judíos como Norman Finkelstein han sido arrancados de las posiciones influyentes.

Al mismo tiempo se les da a los judíos corrientes una imagen favorecida de pueblo que no es apreciado, pero no por el ataque de sus líderes a las instituciones cristianas, o por su participación en el Nuevo Orden Mundial, sino por su superior inteligencia, laboriosidad y entrega a la justicia social.

EL VERDADERO CARÁCTER DE LA HISTORIA MODERNA

"La cuestión de los judíos y su influencia en el mundo, pasado y presente, es la raíz de todas las cosas," escribió Oscar Levy. (Op.Cit).

La historia moderna relata el derrocamiento de la civilización cristiana por los banqueros judíos y las personas que fueron atrapadas usando la masonería, el comunismo, el sionismo, liberalismo, el feminismo, el socialismo, etc. Los banqueros cabalistas quieren ser Dios, de aquí su rechazo de Dios, la destrucción de la Iglesia, y la tendencia hacia una sociedad "secular" que, en realidad, es únicamente un estadio de transición hacia algo mucho más obscuro.

El cristianismo nunca tuvo ninguna oportunidad. Mientras el cristianismo enseñaba a las personas que buscasen la perfección espiritual, el judaísmo consideraba la riqueza como un signo de favor divino. Como todas las religiones verdaderas el cristianismo es una disciplina espiritual. Postula dos órdenes, 1) un orden moral más elevado (ultramundano o espiritual) asociado con el alma y la vida eterna, y 2) un orden inferior material o instintivo asociado con este mundo y el cuerpo.

La esencia de todas las religiones verdaderas es elevar la humanidad mediante la disciplina del orden carnal inferior (la avaricia, la lujuria, el poder) en favor de nuestras aspiraciones espirituales (la verdad, la belleza, la paz, la harmonía, la justicia). Así como es impensable que un asceta dirija un burdel, un cristiano devoto no puede ser un comerciante, es decir, comprar y vender con beneficios. Desea servir a Dios, no a Mammón. Los judíos llenaron alegremente este hueco y dominaron pronto muchas áreas del comercio. (Véase **The Jews and Modern Capitalism** de Werner Sombart).

Así que mientras el cristianismo (y la civilización y la cultura) exige revisar nuestros apetitos corporales, en muchos caso la preferencia judía considera que la contención es represiva y enfermiza. Muchos judíos parecen favorecer el naturalismo, o sea, el abrazo de nuestros apetitos y funciones.

"Haz lo que quieras", es la consigna de los Illuminati. "Entreguémonos indiscriminadamente a cuanto nuestras pasiones nos sugieren, y seremos siempre felices. La conciencia no es la voz de la naturaleza sino sólo la voz del prejuicio," escribió el marqués de Sade.

No sé si el marqués de Sade era judío. Obviamente, el conflicto entre el alma y el cuerpo es universal. El judaísmo organizado no tiene el monopolio de la autoindulgencia. Sin embargo, los Illuminati controlaban los medios de comunicación y la educación legitimaba a Sade exactamente como los Protocols of Zion se jactaban del "éxito que habían creado para el darwinismo, el marxismo y la filosofía de Nieztsche".

Como escribió Leon de Poncins, el judío siempre fue el "doctor de la incredulidad", el enemigo de la fe y un bastión para aquéllos que se rebelaban". (**Judaism and the Vatican**, pp.111-113).

La única excusa para la autoindulgencia es aprender que los objetos que ansiamos están sobrevalorados y que no satisfacen nuestra hambre, que es espiritual. Según parece, los Illuminati comprenden esto. El miembro Harold Rosenthal ilustra cómo literal y conscientemente hacen el trabajo del diablo:

"Vuestra gente nunca se da cuenta de que sólo les ofrecemos chucherías que no pueden aportar una realización personal. Toman una, la consumen y no se satisfacen. Les presentamos otra. Tenemos un sinfín de distracciones, hasta el punto que la vida no puede interiorizarse para encontrar su realización definitiva. Os habéis hecho adictos a nuestra droga por la cual nos hemos convertido en vuestros amos absolutos...

Hemos adaptado a la gente a nuestra filosofía de obtener y adquirir, de modo que nunca estarán satisfechos. Un pueblo insatisfecho constituye la masa de los peones en nuestro juego de la conquista mundial. Por eso siempre están buscando y no son capaces de encontrar la satisfacción. El mismo momento en que buscan la felicidad fuera de sí mismos se convierten en nuestros criados serviciales". (Véase en el libro **Protocols Updated by a Jewish Zealot**, la entrevista puede encontrarse en totalidad en la red).

Nacido en 1949, he observado que la sociedad se ha hecho cada vez más de mentalidad monetarista. En mi juventud, el mercado de valores o la especulación inmobiliaria no estaban generalizados. Los fondos de inversión se consideraban algo sofisticado. Hoy, la persona media está pegada al mercado de valores, muchos comercian intra día. En el sector inmobiliario, la compra-venta rápida de casas estaba de moda hasta la desaceleración reciente.

ELEGIDOS PARA SER DIOS

Mientras los cristianos eligieron el cielo y la vida eterna, los judíos eligieron la tierra y esta vida. Los fariseos judíos convertirían este mundo en un cielo—para ellos. Ellos serían Dios.

Yo defino lo satánico como esta negación y usurpación de lo divino. También incluyo la negación de lo que es natural y bueno, (como el amor entre el hombre y la mujer, la madre y el hijo, es decir, el feminismo) y el deseo de dañar o subyugar a los demás. Cuando buscamos el poder ilimitado, el dinero y el sexo como un sustituto perverso del amor infinito, expresamos lo satánico en vez de lo divino. La motivación que existe detrás del Nuevo Orden Mundial es satánica.

El líder masónico Albert Pike admitía que los francmasones adoran a Satán: "El auténtico nombre de Satán, dice el cabalista es el de Yahvé al revés; porque Satán no es un dios negro, sino la negación de Dios... ¡Lucifer el portador de la Luz! Extraño y misterioso nombre el que se le da al Espíritu de la obscuridad! ¡Lucifer, el hijo de la mañana! Él es quien lleva la luz......... ¡No lo dudes!" (**Morals and Dogma** p.103, 321)

Más que el pueblo de Dios, Flavien Bernier decía que las enseñanzas judías las hace el pueblo de Dios: "La promesa de dominio universal que se encuentran en la Ley del judaísmo ortodoxo no se interpretaba por los fariseos en el sentido del reino del Dios de Moisés sobre la naciones, sino en el sentido de una dominación material que sería impuesta por los judíos al universo". (**Les Juifs et Le Talmud**, 1913)

Una expresión extrema se halla en una famosa carta de Baruch Levy a Carlos Marx en la Review de Paris, 1 de junio de 1928. También muestra cómo el socialismo y el comunismo fueron simples mecanismos para usurpar el poder y la propiedad.

"El pueblo judío tomado colectivamente será su propio Mesías. Su reino sobre el universo se conseguirá mediante la unificación de las razas humanas y mediante la eliminación de las fronteras. Una República Universal aparecerá en la que los Hijos de Israel se convertirán en el elemento directivo. Sabemos cómo dominar a las masas. Los gobiernos de todas las naciones caerán uno detrás de otro, a través de la victoria del proletariado, en las manos de Judá. Toda propiedad privada será la posesión de los príncipes de Israel... sólo ellos poseerán la riqueza de todas las tierras. Así se realizará la promesa del Talmud de que cuando la hora del Mesías llegue los judíos mantendrán bajo llave la propiedad de todos los pueblos del mundo". (Véase en este volumen *El Comunismo, una Artimaña para el Robo y el Crimen de Judíos*).

Bella Dodd, una antigua miembro del Consejo Nacional del Partido Comunista de los EE.UU. testificó que le habían dicho que contactase con cualquiera de los tres ricos capitalistas que vivían en las Torres Waldorf en caso de que tuviese dificultades para comunicarse con Moscú. Lo que sorprendió a Dodd fue que cada vez que estos hombres daban instrucciones, Moscú siempre las ratificaba. Cuando se le preguntó quiénes eran estos hombres, temiendo por su vida, Dodd se negó a responder. Pero cuando la presionaron para que finalmente dijese quiénes dirigían el comunismo, respondió simplemente, "Satán". (Véase mi artículo *Communism.Wall Street's Utopian Hoax* en mi página web).

ISRAEL SHAMIR

Israel Shamir, un judío israelita que se convirtió al cristianismo, advierte de que el judaísmo quiere que los judíos sustituyan a Cristo como el intermediario entre Dios y el hombre. Los judíos deben decidir individualmente si quieren estar DENTRO o FUERA de este plan. (Pardes, 2005)

El mesianismo judío (la construcción de un "paraíso terrenal" humanista según especificaciones judías) sustituye a la salvación espiritual. El holocausto judío sustituye a la Pasión de Cristo. Esta es la razón por la que toma prevalencia sobre los otros sesenta millones de personas que murieron en la Segunda Guerra Mundial.

"Israel quiere unir al mundo bajo su guía espiritual", dice Shamir. "El Templo de Dios... ha de establecerse en Jerusalén, el centro de este universo ordenado por los judíos y todas las naciones le presentarán tributo. Las naciones adorarán a Dios sirviendo a Israel..." (72)

Shamir dice que la deificación de los judíos requiere que la gente no tenga ningún otro dios salvo las ganancias materiales y el placer sensual. "En las lecturas judías, la sacralidad exclusiva (la santificación) de Jerusalén e Israel llama a desacralización de las naciones y del resto del mundo. No habrá iglesias ni mezquitas, ni curas cristianos ni musulmanes. El mundo se convertirá en un desierto profano poblado por bestias profanas, las naciones y sus pastores, los judíos". (73)

Comienza por cosas pequeñas: la retirada de signos religiosos (cristianos) de los colegios y lugares públicos. Pero sólo nuestros espíritus interpretan esta rendición del alma como la prueba de la victoria judía... (78)

"El universo judío se construye ladrillo a ladrillo y uno de sus signos es la disminución de la vida educativa y espiritual de los gentiles... Las películas americanas degradan a quienes las ven... Porque la victoria total del espíritu judío se alcanzará tan sólo cuando el no judío débil y analfabeto lama agradecido la mano judía y lo bendiga por su guía". (80-81)

La llamada Ilustración (así llamada en honor a Lucifer, el "Portador de la Luz") fue realmente un rechazo del plan de Dios para el hombre y una manifestación imprudente de la arrogancia humana. El resultado de esta filosofía perversa es que vivimos en un solipsismo judeo-masónico que se basa en el desafío a Dios, la naturaleza y la verdad.

Espero que la mayoría de los judíos respondan a esta cuestión no preguntando, "¿es cierto?", sino más bien, "¿es poco favorable para los judíos?" Cada vez más ésta es la verdad estándar en nuestro mundo solipsista.

BURBUJA SOLIPSISTA

Como el historiador judía Yuri Slezkine observó, la modernidad nos ha vuelto a todos judíos. (**The Jewish Century**, 2004). El modernismo es la disfunción que resulta de hacerse uno Dios. El hombre moderno es el judío, el hereje, el anti héroe, alienado de Dios, de la sociedad y paradójicamente de sí mismo. Vive en una realidad auto creada y divorciada de la verdad.

La descripción de Mia Farrow del neurótico y obseso sexual Woody Allen ejemplifica al hombre moderno. "Woody vivía y tomaba sus decisiones mientras se suspendía en una zona construida y controlada casi en su totalidad por sí mismo. ... No reconocía a otros seres excepto como figuras de su propio paisaje, valoradas según su contribución a su propia existencia. Por consiguiente era incapaz de empatizar y sentir ninguna responsabilidad moral con nadie ni nada". (Mia Farrow, **What Falls Away**, 208, citada en el libro de Jones, **The Jewish Revolutionary Spirit**).

Vivimos en un mundo solipsístico. La cultura moderna judeo masónica eleva la verdad subjetiva y aborrece las universales (por ejemplo, la experiencia humana común. Los que nos hace sentirnos bien por ser humanos). Nuestra cultura exalta lo trivial y la nada. Aunque brillante y muy divertivo, Seinfeld era un show televisivo "sobre nada". También trataba del egoísmo y la absorción en uno mismo.

El Nuevo Orden Mundial, cualquier forma de dominación, requiere un rechazo de la verdad objetiva. No pueden admitir que pretenden esclavizarnos espiritual y mentalmente si no físicamente. Por tanto deben aniquilar el concepto de verdad totalmente. La verdad es incognoscible, subjetiva, nos dicen. La gente tiene diferentes versiones de ella pero no podemos descubrir lo verdadero. Eso es lo que quieren que creamos.

REVOLUCIÓN

El rol del judaísmo organizado es subversivo a lo largo de la historia en el sentido más profundo, haciendo el trabajo de Satán al invertir la voluntad de Dios, ("Logos", el designio inherente, la razón y el propósito de la creación) al secuestrar a la humanidad y detener su desarrollo.

El verdadero significado esotérico de "revolución" es "suprimir" a Dios y remplazarlo por Lucifer que representa el interés de los Illuminati (es decir, los banqueros centrales, y el judaísmo y la masonería organizados). Las otras razones dadas para la revolución son pura fachada.

Esto lo confirmó Christian Rakowsky en su interrogatorio de la KGB. "El cristianismo es nuestro verdadero enemigo dado que todos los fenómenos políticos y económicos de los estados burgueses son únicamente su consecuencia" dijo Rakowsky. La paz es "contrarrevolucionaria" ya que es la guerra la que prepara el terreno para la revolución. (Véase mi artículo *Los Rothschild Dirigen la Sinfonía Roja*).

Así pues, el judaísmo organizado mediante su brazo francmasónico siempre ha saboteado la identidad personal y social basada en la raza, la religión (Dios), la nación y la familia. Han provocado guerras, (como la de Irak, Afganistán y posiblemente Irán y la Tercera Guerra Mundial) revoluciones, división, corrupción y buscado normalizar la disfunción y el desviacionismo.

Todo para probar que el orden natural y saludable representado por los ideales cristianos es corrupto e hipócrita y que debe ser sustituido por los dioses judíos, entiéndase, el comunismo, el socialismo y su última tiranía utópica de probeta, el Nuevo Orden Mundial.

Por tanto, para mortificación de los judíos decentes, como yo mismo, los judíos se hallan con frecuencia a la vanguardia en la demolición de costumbres cristianas y creando disfunción, ya sea socavando los sexos y el matrimonio, o difundiendo la promiscuidad, la pornografía, la homosexualidad o el aborto.

Por ejemplo, un vídeo reciente de un cantante judío de cincuenta años y su hija adolescente normalizan el incesto. El antiguo primer ministro francés León Blum (1872-1950), judío, escribió en 1907: "es natural y frecuente que hermanas y hermanos sean amantes", (Marriage, 1907). Como revolucionario masón Giuseppe Mazzini dijo, "corrompemos con el fin de gobernar".

Hoy, apenas hay existen películas que inspiren ejemplos morales. Pocas son honestas e informativas. Demasiadas películas de Hollywood en las que participan judíos son sucias, vulgares, violentas y degradantes. (Por supuesto hay excepciones maravillosas como Across the Universe de Julie Taymor, de 2007.

Judd Apatow, el escritor y director, dio recientemente una conferencia en la que describió sus películas. Habló de la curiosidad innatural de su hija de diez años sobre "sexo anal", la vagina de su hija, sus pechos en ciernes, su propia tendencia a la masturbación, y por último del encanecimiento de su vello púbico. Luego vino su actor estrella Seth Rogen, otro judío que habló de sus hábitos de masturbación, seguido de su discurso aprendido sobre sus testículos. Debido a que se asocian con ejecutivos del estudio, sus pueriles películas caseras reciben distribución mundial y aclamación mediática.

Describiendo esta conferencia enfermiza, Michael Posner, un judío (decente) escribió: "Uno empezaba a tener la impresión de que si el sexo no aparecía de alguna u otra forma, ninguno de ellos tenía nada que decir. En realidad, incluso aunque el sexo estuviese implicado, no tenían nada interesante que decir". (**Globe and Mail**, 21 de julio de 2008)

Estos realizadores de cine asumen que son "¡Oh! Tan atrevidos y chics". Para ellos, la sofisticación consiste en pisotear todo atisbo de inocencia, decoro o dignidad humana que permanezca en la sociedad. Están en guerra perpetua con la "represión" satisfaciendo fervientemente cualquier instinto sexual y señalando sus accidentes de cuarto de aseo como orgullosos bebés.

¿Por qué los adultos ofrecen estas obscenidades como si fuesen valientes y edificantes? No sólo desacatan la convención, es decir, la dignidad humana y el decoro, se burlan de Dios. Su dios es Lucifer, lo sepan o no, el símbolo de la rebelión contra el orden intrínseco natural y espiritual.

El judaísmo me recuerda al soldado que no lleva bien el paso en un desfile. Los otros desfilantes lo señalan pero él tiene el descaro, el dinero y los media para convencerles de que en realidad son ellos quienes no llevan bien el paso. Extrapole esto a un nivel cósmico y comprenderá el Nuevo Orden Mundial.

FINALMENTE

La Crucifixión de Cristo representa el rechazo del orden divino que está modelado sobre ideales espirituales como el amor, la verdad, la justicia, el bien, la belleza, etc. Dios es una dimensión espiritual en la que se nos muestran estos ideales. A nosotros nos han colocado en la tierra para manifestar estos ideales. No sé si Cristo era Dios pero creo que representaba a Dios y estos ideales. Su mensaje era que todos los hombres deberían seguir su ejemplo. Dios es la realidad. A medida que nos desviamos de la Verdad, no hacemos menos reales y corremos el riesgo de la aniquilación.

Sabemos que la comida y el sexo existen porque nuestros cuerpos los ansían. De manera parecida, nuestras almas tienen ansias de Dios, de los ideales espirituales. Esto prueba que tenemos almas; en realidad, somos almas. Sin embargo, nunca escucharemos a nuestras almas si no creemos en ellas. Nunca tomaremos en serio los ideales espirituales si no reconocemos que son la última realidad.

El Nuevo Orden Mundial es un intento de arrojar a Dios y sustituirlo por Satanás. Dice que lo negro es blanco, lo malo es bueno. Crea una realidad falsa diseñada para servir a unos pocos y esclavizar a lo más.

No se debería culpar de la Crucifixión a nadie que ahora se halle con vida. Pero somos responsables de lo que hacemos para eliminar el orden espiritual que representaba Cristo.

Los judíos viven en una burbuja, se les ha dicho que son un pueblo maravilloso al que se ha perseguido sin razón ninguna. La sociedad judía no permite prácticamente ninguna autocrítica previamente autorizada. Cada vez más el mundo occidental se está convirtiendo en una sociedad cerrada como el judaísmo. La verdadera autocrítica no es auto-odio. Es esencial para para la salud y la supervivencia.

A los judíos se les esconde el papel que el judaísmo organizado desempeña en el Nuevo Orden Mundial. Esencialmente, el sionismo (EE.UU., UE, Israel) es una tenaza; el antisionismo (Irán, Rusia, China) la otra. Creo que los banqueros Illuminati pretenden que los dos se destruyan entre sí. No nos abracemos a nuestra destrucción como ratas.

¿Al NOM lo motiva ante todo una causa política, racial u oculta? Las tres son importantes y complementarias pero, basado en la Sinfonía Roja yo pondría el poder (político) al mando.

El miembro de los Illuminati, Chaim Rakowsky, dijo en en 1937: "El hecho de que (los banqueros) controlen el dinero ilimitado, en la medida en que son ellos quienes lo crean, no... demarca el límite de sus ambiciones... Los banqueros tienen ganas de conseguir el poder, el poder completo. Igual que usted y yo".
"Ellos crearon el estado comunista como una "máquina de poder total sin precedentes en la historia. En el pasado, debido a muchos factores, "siempre ha habido sitio para la libertad individual. ¿Comprende usted que esos que ya gobiernan parcialmente sobre las naciones y los gobiernos del mundo tengan pretensions de una dominación absoluta? Comprenda que esto es lo único que no han conseguido aún..." (Véase mi artículo *Los Banqueros Centrales Buscan el Poder Totalitario*).

Aunque los Illuminati los originaron los judíos, como medios para su fin incluyen a judíos no Illuminati, al mesianismo judío y a la francmasonería.

La famosa carta de Louis Marshall (26 septiembre 1918) ilustra este punto. "El sionismo no es más que un incidente de un plan de largo alcance. Es tan sólo una pinza conveniente sobre la que colgar un arma poderosa". Marshall era el consejero legal de los banqueros centrales Kuhn Loeb y del judaísmo organizado e incondicional.

Puesto que muchos judíos son sionistas, deben ser un "incidente" en un plan de largo alcance". Podemos seguir ignorando la verdad mientras no nos muerda. Lo reitero. Estos banqueros crearon y financiaron a Hitler. En última instancia son responsables del holocausto.

Paul y Max Warburg eran los directores de I.G. Farben cuando financiaron a Hitler y construyeron su maquinaria de guerra. (Anthony Sutton, **Wall Street and the Rise of Hitler**, 1976, págs.109, 147).

Su finalidad declarada es una tercera guerra mundial; los acontecimientos actuales se ajustan exactamente con lo que predijo Albert Pike hace casi 140 años.

Henry Kissinger, el ejecutivo de mayor jerarquía del Nuevo Orden Mundial dijo: "un pueblo que ha sido perseguido desde hace dos mil años debe haber estado haciendo algo mal".

Nuestro error es confiar en nuestros líderes. Se emplea a judíos y masones para crear un estado policíaco veladamente totalitario. Están construyendo una falsa civilización dedicada al dinero, el sexo y la violencia, una Naranja Mecánica burlesca abocada a la autodestrucción.

"Donde no hay visión, el pueblo perece". (Proverbios 29:18)

Banqueros, Judíos y Antisemitismo

El Cártel Banquero es la Causa de los Males del Mundo

(Examen de **The Secrets of Federal Reserve por Eustace Mullins**).

"Creo que las instituciones bancarias son más peligrosas para nuestras libertades que los ejércitos existentes". Thomas Jefferson.

En noviembre de 1949, Eustace Mullins, veinticinco años de edad, era un investigador en Washington DC cuando sus amigos le invitaron a que visitase al famoso poeta americano Ezra Pound que estaba encerrado en St. Elizabeth's Mental Hospital como "prisionero político".

Poeta destacado y crítico, Pound presentó ante el mundo a James Joyce, W.B. Yeats y T.S. Eliot. Durante la Segunda Guerra Mundial, fue acusado de traición por las emisiones en Radio Rome que cuestionaban los motivos de América en la guerra. Durante dos años, Mullins se pasaba las mañanas en la biblioteca del congreso y por las tardes se reunía con Pound. El manuscrito resultante, **The Secrets of the Federal Reserve**, acabó siendo demasiado peligroso para ser publicarlo un editor americano. Dieciséis editores lo rechazaron. Uno dijo, "nunca conseguirá publicarlo en Nueva York". Cuando por fin apareció en Alemania en 1955, el gobierno militar de los EE.UU confiscó la totalidad de las 10.000 copias y las quemó. El libro puede encontrarse en internet.

Retrata a los Estados Unidos desde una perspectiva radicalmente distinta. "A pesar de la guerra de la independencia contra Inglaterra", escribe Mullins, "seguimos siendo una colonia económica y financiera de Gran Bretaña". Dice que entre 1865 y 1913 los banqueros Rothschild con base en Londres usaron a agentes como J.P. Morgan y J.D. Rockefeller para ganar el control de la industria de América y organizarla en cárteles.

¿De dónde obtenían estos banqueros el dinero? Desde hace más de doscientos años los banqueros europeos lo han podido obtener del crédito de sus países anfitriones para imprimirlo.

En el siglo XVII, los prestamistas y la aristocracia hicieron un pacto. ¡Si el rey hacía la moneda de papel responsabilidad del estado, los prestamistas imprimirían tanto como él quisiera! De este modo es como los bancos de Inglaterra, Francia y del Reich se hicieron pero eran todos ellos empresas privadas.

Por consiguiente, los prestamistas conseguían aplicar interés sobre activos que ellos creaban de la nada.

Toda la aristocracia se quedaba con participaciones de los bancos centrales además conseguían financiar al gobierno creciente y sufragar guerras costosas. Esta camarilla compró la riqueza del mundo usando nuestro crédito. Esta artimaña se encuentra en el corazón de la plaga que sufre la humanidad. Los banqueros tienen un interés particular en que el estado (o sea, el pueblo) contraiga la mayor deuda posible. Ellos están detrás de los movimientos marxistas, socialistas y liberales que exigen gasto gubernamental y social. Ellos están detrás de las catastróficas guerras del siglo pasado.

Naturalmente si uno puede crear dinero de la nada, hay un incentivo poderoso para usar la deuda con el fin de controlar a las poblaciones y quedarse con sus activos auténticos.

Esta es en esencia la "crisis mundial de la deuda". Dedicados a poseer las riquezas y a esclavizar a la humanidad, un vampiro insaciable se halla suelto por todo el mundo.

Gran parte del libro de Mullan se dedica al subterfugio por el cual los Estados Unidos fueron arrastrados a este compromiso letal. En 1913 la ley Owen-Glass entregó a bancos que estaban controlados principalmente por extranjeros (utilizados como la "Reserva Federal") el derecho a crear moneda basada en el crédito del gobierno de los Estados Unidos y a aplicarle un interés por hacerlo.

Para lograrlo los banqueros tuvieron que amañar las elecciones de 1913 con objeto de lograr que el demócrata Woodrow Wilson saliera elegido. (Vencieron al titular W.H. Taft al dejar que su lacayo Theodore Roosvelt dividiera el voto republicano). Luego sus títeres en el congreso aprobaron la nueva legislación bancaria el 22 de diciembre después de que sus oponentes se hubieran ido a casa a pasar la Navidad.

"Esta ley instituye el trust (cártel) más gigantesco de la tierra" dijo el congresista Charles Lindbergh en ese momento. "Cuando el presidente firme la ley, se legalizará al gobierno invisible del Poder Monetario. Puede que el pueblo no lo sepa inmediatamente, pero en unos años se sabrá".

Mullins explica que la legislación se aprobó justo a tiempo para que el pueblo americano financiase la Primera Guerra Mundial. Las potencias europeas no podían permitirse el lujo de otra guerra más. Pero los EE.UU. estaban relativamente libres de deuda y la hicieron posible.

Mullins hace una defensa convincente de que todos los presidentes de los EE.UU desde T.R. Roosvelt han sido lacayos de los banqueros. En 2006 el pueblo americano pagó más de cuatrocientos mil millones de dólares en intereses de deuda nacional, principalmente a los banqueros centrales. Para mantener este interés enorme los banqueros establecen un control férreo sobre los órganos políticos y culturales de la nación. Según Mullins, *The New York Times* es propiedad de Kuhn Loeb y *The Washington Post* de Lazard Freres. En Europa, los Rothschilds son dueños de Reuters así como de los nuevos servicios francés y alemán.

Los editores y redes de televisión norteamericanos así como los productores de cine están igualmente en manos análogas. Los Rockefeller, Carnegie y los Ford dotan de fondos a las bibliotecas y universidades de las naciones. Los periodistas y profesores se limitan a repetir como loros diligentes fantasías acerca de la democracia y la libertad. Los laboratorios de control mental dirigidos por la CIA y el Tavistock Institut fabulan formas de controlar a la población. La esterilización psicológica de la hembra humana (feminismo) es un ejemplo.

Por lo menos la batalla cósmica entre el bien y el mal está a la vista.

Asegurando el Mundo... para los Banqueros

Los banqueros internacionales viven en el miedo.

No al hambre, a la enfermedad o a la guerra. Estos son los temores de los niños del Tercer Mundo.

Los banqueros están aterrorizados de que pudiéramos oponernos a pagarles miles de millones en intereses todos los años por el dinero que al crear de la nada, tienen garantizado por nuestros impuestos. (La Junta de la Reserva Federal, un cártel privado de bancos extranjeros en su mayoría, amañó este monopolio en 1913.)

Los banqueros tienen miedo de que nos demos cuenta de que "así, eso puede hacerlo cualquiera".

Están asustados de que los gobiernos pudieran ir aún más lejos e incumpliran el pago de los cientos de miles de millones de "deuda" imaginaria.

Tienen miedo de perder el control. Se revuelven en la cama de noche. Con el fin de poder dormir más tranquilamente, los banqueros han adoptado medidas.

Esas medidas nos ayudan a comprender el mundo en que vivimos, por qué se está haciendo más seguro para los banqueros pero menos seguro y más complejo para todos los demás.

En primer lugar, los dueños de las máquinas de hacer dinero cuentan con muchos amigos. Los banqueros ayudaron a sus amigos para que estableciesen monopolios en el mundo del petróleo, la química, las farmacéuticas, el transporte, los media, etc. y tomaron sus precauciones. Como puede imaginarse, estas personas son inseparables. Abogados, periodistas e intelectuales se disputan un pedazo del pastel. (Prestar servicios a este cártel de cárteles es lo que se considera "éxito".)

La primera precaución de los banqueros es comprar a todos los políticos. La segunda es comprar los principales medios de comunicación con el fin de promocionar la ilusión de que los políticos toman decisiones y representan nuestros intereses. La tercera precaución es tomar el control del sistema educativo asegurándose de que la gente deje de pensar a una edad temprana.

Seguidamente, los banqueros usan el gobierno y los medios para convencernos de que la religión, el nacionalismo y la familia nuclear están pasados de moda y de que nosotros queremos lo mismo que ellos. Estas políticas nunca se debaten ni votan. Parece que surgen de ninguna parte y fingen que representan la voluntad popular.

Nosotros "queremos" el secularismo y la separación de la iglesia y el estado. Aunque estábamos bien con el cristianismo y los valores cristianos desde hacía siglos, lo banqueros no quieren que tengamos ningún punto de referencia espiritual que pudiera interferir con sus dictados.

Nosotros "queremos" el gobierno mundial (la globalización). Los banqueros necesitan eliminar los estados nación, la libertad y la democracia con el fin de racionalizar su negocio y consolidar su poder. La ONU, UAN, UE, FMI y el Banco Mundial –glorificados tiburones prestamistas y recaudadores- harán las leyes.

Nosotros "queremos" la diversidad. No se permite que las naciones mantengan sus identidades ni sus tradiciones nacionales. La pasada Navidad el presidente de mi provincia intentó sustituir el nombre de árbol de Navidad por el de "árbol multicultural". Diversidad es respetar todas las culturas excepto la europea y cristiana. Todas las naciones deben ser tan heterogéneas como una caja de *Smarties*—nadie debe estar en una posición que le permita poder desafiar a los banqueros.

Nosotros "queremos" el feminismo. Disfrazada de igualdad de derechos para las mujeres, esta ideología se ha diseñado para extender la disfunción lesbiana. Si las mujeres se centran en hacer carreras, conceden menos importancia a encontrar marido y tienen menos hijos, o ninguno, que serán educados por guarderías estatales.

Bajo el pretexto de los derechos de las "mujeres" y de los "gays", nos están rediseñando para que seamos andróginos y que nos comportemos como homosexuales, que, en general, ni se casan ni tienen familias. Las diferencias psicológicas y biológicas entre hombres y mujeres no son estereotipos. Pero los signatarios de la reciente convención "CEDAW" de N.U. (aprobada por el Comité del Senado de Relaciones Extranjeras de los EE.UU) serán necesarios "para modificar los modelos sociales y culturales de la conducta de hombres y mujeres". (Artículo 5)

Esta clase de rediseño social de inspiración comunista es simplemente una persecución de los heterosexuales. Tiene la finalidad de detener nuestro desarrollo natural. Entretanto, el índice de natalidad ha caído a la mitad mientras que el del divorcio se ha duplicado. Un ejército muy bien pagado de abogados, trabajadores sociales, psiquiatras y burócratas prestan asistencia a las víctimas. Estos profesionales egoístas son el pilar político de los banqueros.

La gente — aturdida, sedienta de amor, y obsesa sexualmente— sin identidad familiar, religiosa ni nacional, es fácil de controlar. (Se embarcarán en cualquier cosa; buscan una familia.) Pero por si se resistiesen, los banqueros han creado un ogro, el "terrorismo" para justificar un enorme aparto de seguridad.

La Oficina de Seguridad Nacional se ha diseñado para que nos controlen —a la población nacional. ¿Por qué tendría que hacer falta? Tenemos una deuda de billones de dólares y los banqueros tienen la intención de que la paguemos. Un día nos quitarán los juguetes. Por si fuese un problema, un estado policíaco orwelliano se pondrá en marcha. Pero en primer lugar, hay que subyugar y robar a los musulmanes.

Hablar de los EE.UU como si fuese una nación independiente es absurdo. Los políticos americanos empeñaron la soberanía de los EE.UU en 1913. Desde entonces, los soldados de los EE.UU. son los bravucones de los banqueros internacionales, y nada más.

LA SUPERPOTENCIA COMO UN SUPER CHICO PARA TODO

El contribuyente y el soldado norteamericano hicieron posible la Primera Guerra Mundial. Comenzó justo seis meses después del establecimiento de la Reserva Federal. Su propósito era aumentar la deuda, paralizar las grandes naciones europeas, diezmar una generación y establecer dos de los proyectos favoritos de los banqueros: el comunismo (Rusia) y el Sionismo (Palestina.) Después de que la guerra acabase, el gobierno banquero mundia creó la Liga de las Naciones (también conocida como "La Liga para la Garantía de la Paz").

Los Estados Unidos no entraron en la Segunda Guerra Mundial en diciembre de 1941 para salvar la civilización occidental. Inglaterra se había mantenido sola contra Alemania desde hacía más de dos años. Los EE.UU entraron en la guerra justo seis meses después de que Hitler atacase Rusia. ¡El objetivo era salvar el comunismo! [Estoy en deuda con A.K. Chesterton por este enfoque (**The New Unhappy Lords**, 1969)]. Por la misma razón, la URSS consiguió cinco mil millones de dólares en un préstamo-arriendo después de acabar la guerra.

Cuando el humo desapareció, los comunistas tiranizaron el Este de Europa en sustitución de los nazis. Los agentes soviéticos/diplomáticos de los EE.UU Alger Hiss y Harry Hopkins crearon las Naciones Unidas en tierra donada por John D. Rockefeller. Uno de los primeros actos fue crear el estado de Israel.

Ben Hecht (en **A Child of the Century**) escribió que "al Siglo XX lo cortó por las rodillas la Primera Guerra Mundial". Antes de suicidarse en 1942, Stefan Zweig (**The World of Yesterday**) escribió en idéntico tono sobre la desaparición de la civilización occidental.

Han secuestrado el planeta. Nuestros líderes son ilusos, oportunistas, traidores o las tres cosas. Casi todo lo que sabemos de la historia moderna es un camelo. Un hedor de compromiso moral se cierne sobre la vida pública y cultural. Todo lo que promocionan los media, la educación o el gobierno es sospechoso. Esto es lo que sucede cuando negamos el orden moral, es decir, a Dios.

Este es el mundo que heredarán nuestros hijos, un mundo que es seguro… para los banqueros internacionales.

Los Banqueros nos Exigen Obediencia

Los acontecimientos actuales son como una imagen del "Ojo mágico" que uno ha de mirar fijamente durante un tiempo largo. Pero si se sabe qué es lo que se busca, la imagen surge pronto.

Por increíble y raro que parezca, una sociedad oculta satánica (cabalística) ha tomado el control del planeta mediante el sistema bancario central. Busca imponer su tiranía mediante la treta de la "guerra al terrorismo" y la "globalización". Todas las guerras fueron una trampa para diezmar y brutalizar a la humanidad y para aumentar la riqueza y el poder de esta camarilla con base en el Banco de Inglaterra.

Otra confirmación de esta inquietante verdad es una carta espeluznante que merece un estudio periódico. La carta, que afloró en internet hace unos pocos años, desvanece toda ilusión de que somos ciudadanos libres que viven en una democracia benefactora. Remitida por "tu amigo globalista", la carta advierte a los ciudadanos del mundo que "sois nuestra propiedad" y debéis aceptar ser siervos "por vuestro propio bien".

"Los días en que nos pusisteis un freno pasaron ya hace mucho tiempo", escribe nuestro amigo que parece ser el Gran Hermano.

"Tenemos pleno control de la tierra y sus finanzas junto con los medios de propaganda más relevantes y, sencillamente, no hay ninguna nación ni potencia en el mundo que pueda vencernos... Podemos enviar tropas americanas o europeas adonde queramos, cuando nos apetezca, y para lo que sea, y vosotros preocupaos diligentemente de vuestros asuntos... ¿Qué más pruebas necesitáis? ¿No os parece razonable que simplemente nos obedezcáis y sirváis?"

Advierto que material como éste puede inducir a una disonancia cognitiva porque la imagen de la realidad es muy diferente de la que facilitan los mass media.

La carta, de seis páginas, la escribieron en el otoño de 1999 pero no obtuvo mucha difusión. Yo la resumo aquí pero le insto a que la lea en su totalidad en la red. (Búsquese **Letter from Your Globalist Friend**.)

La carta podría ser una patraña pero creo que describe nuestra realidad actual. Es consecuente con lo que muchos investigadores de la conspiración han descubierto por separado, aunque más gráfico e intuitivo de lo que podrían fabricar.

LA CARTA

Nuestro amigo globalista dice que quiere explicarnos la realidad política para que "sepamos cómo comportarnos en el Nuevo Orden que ahora está tomando forma en la tierra".

Como el autor de **Los Protocolos de Sión**, presume de que representa a una fuerza secreta que controla el mundo aunque nos es invisible a todos.

"Lo dirigimos todo, sin embargo, no sabéis a quién atacar. Debo decir que esta mano oculta está maravillosamente diseñada y sin ningún precedente histórico conocido a esta escala. Dirigimos el mundo y el mundo no puede ni siquiera encontrar quien los dirige. Esto es verdaderamente algo maravilloso. En nuestros medios os presentamos exactamente lo que queremos que hagáis. Luego, como en un flash, nuestros pequeños criados obedecen".

Pero él sí que se identifica. Claramente representa a los banqueros centrales: "Vuestro propio dinero ha servido para forjar las cadenas con las que os atamos puesto que controlamos todo el dinero".

Como decía, el cártel central banquero es el principal resorte del Nuevo Orden Mundial. Al dar a intereses privados extranjeros el poder de crear dinero basado en nuestro crédito, nuestros predecesores condenaron la civilización occidental. Estos intereses privados, naturalmente, compraron el control y ahora todo el mundo quiere institucionalizar su control a nivel mundial.

"Nuestro reino es el reino del dinero", escribe nuestro amigo globalista. "Os hemos dado un trozo de papel o algunos números en una pantalla de ordenador que hemos llamado "dinero". Nada lo respalda ni nada lo demuestra pero decimos que sí. Lo creamos de la nada, lo imprimimos, le damos su valor y nos llevamos su valor. Todas las cosas que tienen que ver con el dinero están en nuestras manos".

Nuestro amigo globalista nos revela que los banqueros tienen una relación simbólica con nosotros. Producimos beneficio tomándolo prestado de ellos.

"Queremos que estéis en el sistema. Cuando compráis una casa, no sólo recibimos la recaudación fiscal para usarla en nuestros fines, sino que obtenemos grandes incrementos mediante el interés del préstamo. Puede que paguéis dos o tres veces más por los intereses. El interés también está gravado, lo que de nuevo se pone para usarlo en los sectores que elegimos. No queremos que seáis libres y por eso lo hemos hecho como lo hemos hecho".

Uno de esos sectores de influencia es la educación. Nuestros impuestos pagan para "el adoctrinamiento de vuestros hijos en las escuelas públicas que hemos levantado. Queremos que crezcan bien entrenados en el sistema de nuestro modo de pensar. Vuestros hijos aprenderán lo que queremos que aprendan y vosotros pagáis por eso".

"Sois nuestra propiedad. No permitiremos que compréis ni vendáis si no os sometéis a nuestra marca de autoridad. Si os querelláis contra nosotros os agotaremos y al final perderéis. Si usáis la violencia acabaremos poniéndoos en alguno de nuestros campos de trabajo, más específicamente llamados industrias carcelarias. Necesitáis nuestro dinero, nuestras diversiones, nuestro petróleo y nuestros servicios para funcionar y si no los tenéis os sentís desposeídos. Por esto, estáis hechos para rendiros a nuestra voluntad".

NUESTROS LÍDERES

Muchos líderes políticos son elegidos entre sectores de delincuentes y pervertidos porque pueden ser chantajeados. Mostrar la depravación del presidente Clinton fue "muy útil para ajustar a la baja los hábitos morales de la juventud".

Se mofa de los intentos de hacer dimitir a Clinton: "Nos es útil y no será sustituido por nadie hasta que estemos preparados para sustituirlo … el líder que instalemos estará hasta que nos sirva para instalar a otro. En ese momento os ponemos a nuestro líder propuesto y vosotros votáis lo que queremos. De este modo os damos el vano ejercicio de votar con la creencia de que tuvisteis algo que ver con poner al presidente en su puesto".

Cita a Saddam Hussein y Slobodan Milosevic como líderes que se negaron a obedecer. "Sólo hay gloria cuando se siguen nuestros propósitos y se hace lo que decimos. Si alguien no lo hace de este modo, tendrá un resultado así de triste y trágico. De verdad que me gustaría evitaros un final parecido".

En cuanto a la gente de poca monta dice que la rebelión sólo servirá de excusa para aprobar leyes más represivas. Pueden conducir a los disidentes al juzgado, que también controlan. Pueden destruir a personas como David Korés y desacreditarlos al mismo tiempo.

Dice que liberales y conservadores "sirven con el sello de nuestra aprobación pero no se les permite presentar cuestiones auténticas. Al crear la controversia en todos los niveles nadie sabe qué hacer. Así que, en medio de toda esta confusión, continuamos avanzando y sacamos adelante lo que queremos sin estorbos".

Los media ocupan a las masas con sexo y violencia por lo que la gente está programada para luchar sin pensar y "no tienen la integridad ni el poder mental de enfrentarse a asuntos verdaderamente importantes que quedan por entero en nuestras manos".

China y Rusia no presentan ningún desafío: "No tenemos miedo de Rusia ni China porque ya tenemos pleno control de sus sistemas. China sabe que podemos paralizar cualquiera de sus empresas en América y todo su capital con un golpe de bolígrafo".

CONCLUSIÓN

Nos enseñan que la sociedad está participando en una edad de ilustración y progreso pero es una treta. De hecho una bestia depredadora y primitiva extiende su zarpa del pasado para desgarrar a la humanidad.

Antes o después nos daremos cuenta de que estamos asistiendo a la culminación de una conspiración diabólica contra la humanidad. Los acontecimientos humanos solamente tienen sentido cuando nos damos cuenta de que los discípulos de Satanás están estableciendo un régimen global dedicado a su dios malvado. Sé que esto suena demasiado raro para que pueda ser cierto. Con eso cuentan ellos.

La **Letter from your Globalist Friend** es coherente con otras grandes revelaciones del gobierno invisible: **The Harold Rosenthal Interview, The House Report, the Svali Disclosures; The Soviet Art of Brainwashing; Quiet Weapons for Silent Wars; The Report from Iron Mountain; The Red symphony and the Protocols of the Elders of Zion.**

Estamos viviendo en un paraíso absurdo. Desgraciadamente la gente no se despertará hasta que se lleven a los buenos y entonces será demasiado tarde.

La Conspiración Judía es el Imperialismo Británico

Los teóricos de la conspiración creen que la historia moderna refleja la conspiración a largo plazo de una elite financiera internacional para esclavizar a la humanidad. Como ciegos que estuviesen reconociendo a un elefante atribuimos esta conspiración a los banqueros judíos, los Illuminati, al Vaticano, los Jesuitas, los francmasones, la nobleza negra, los Bilderbergs, etc.

Los auténticos villanos están en el centro de vida económica y cultural. Son las familias dinásticas que tienen el Banco de Inglaterra, la Reserva Federal de los EE.UU y cárteles asociados. También controlan el Banco Mundial y el FMI y la mayoría de las agencias de inteligencia del mundo. Su identidad es secreta pero Rothschild es sin duda uno de ellos. El Banco de Inglaterra se "nacionalizó" en 1946, sin embargo, el poder de crear dinero permaneció en las mismas manos.

Inglaterra es de hecho una oligarquía financiera dirigida por la "Corona" que se refiere a la "City of London" no a la reina. La Ciudad de Londres está dirigida por el Banco de Inglaterra, una corporación privada. La City de una milla cuadrada es un estado soberano situada en el corazón del gran Londres. Como el "Vaticano del mundo financiero", la City no está sujeta a la ley británica.

Por el contrario, los banqueros dan órdenes al Parlamento Británico. En 1886, Andrew Carnegie escribió que "seis o siete hombres pueden sumir a la nación en una guerra sin tener que consultar al parlamento para nada". Vincent Vickers, director del Banco de Inglaterra desde 1910 hasta 1919 culpó a la City de todas las guerras del mundo. (**Economic Tribulation** (1940) citada en el trabajo de Knuth, **The Empire of the City**, 1943, 1943, pág.60)

El Imperio Británico fue una extensión de los intereses financieros de los banqueros. En realidad, todas las colonias no blancas (India, Hong Kong, etc.) eran "Colonias de la Corona". Pertenecían a la City y no estaban sujetas a la ley británica aunque se esperaba que los ingleses las conquistaran y pagaran por su mantenimiento.

El Banco de Inglaterra asumió el control de los EE.UU durante el mandato de Theodore Roosvelt (1901-1909) cuando su agente J.P. Morgan dominó el 25% del mercado americano. (Anton Chaitkin, **Treason in America**, 1964)

EL CLUB DE LAS ISLAS

Según el American Almanac, los banqueros son parte de una red que se llama el "Club de las Islas) que es una asociación informal de casas predominantemente establecidas en Europa incluyendo a la Reina. El "Club de las Islas" maneja en activos diez billones de dólares. Controla corporaciones gigantescas como la Royal Dutch Shell, Imperial Chemical Industries, Lloyds of London, Unilever, Lonrho, Rio Tinto Zinc y Anglo American DeBeers. Domina el suministro mundial de petróleo, oro, diamantes, y otras muchas materias primas. Estos activos sirven a su agenda política.

Su finalidad es reducir la población humana de cinco mil millones de personas a menos de mil millones en las próximas dos o tres generaciones para literalmente "sacrificar el ganado humano" en aras de mantener su propio poder global y sistema feudal sobre el cual se basa.

El historiador Jeffrey Steinberg está haciendo referencia a los EE.UU, Canadá y Australia cuando escribe, "Inglaterra, Escocia, Gales y, especialmente, Irlanda del Norte, son hoy poco más que plantaciones de esclavos y un laboratorio de ingeniería que sirven a las necesidades de la City de Londres…"

"Estas familias constituyen una oligarquía financiera; son el poder que se oculta detrás del trono de los Windsor. Se ven como los herederos de la oligarquía veneciana, que se infiltró y subvirtió Inglaterra en el período que va de 1509 hasta 1715 y que estableció una variedad anglo-holandesa-suiza de sistema oligárquico nueva, más virulenta que el imperial de Babilonia, Persia, Roma y Bizancio…"

"La City de Londres domina los mercados especulativos del mundo. Un grupo de corporaciones perfectamente entrelazado, implicado en la extracción de materias primas, las finanzas, los seguros, el transporte, la producción de alimentos, controla la parte del león del mercado mundial y ejerce un control virtual de "cuello de botella" sobre la industria mundial.

JUDÍOS DE VENECIA

Steinberg, que está asociado con el economista Lyndon Larouche, ha establecido el origen de esta lacra en la migración de la oligarquía mercantil veneciana a Inglaterra hace más de 300 años.

Aunque los historiadores de Larouche no lo digan, parece que muchos miembros de esta oligarquía eran judíos. Cecil Roth escribe: "El comercio de Venecia se hallaba abrumadoramente en manos de los judíos, la clase mercantil más rica". (**The History of the Jews in Venice**, 1930)

Como señala William Guy Carr en **Pawns in the Game**, tanto a Oliver Cromwell como a William of Orange los financiaban los banqueros judíos. La Revolución Inglesa (1649) fue la primera de una serie de revoluciones diseñadas para darles hegemonía mundial. El establecimiento del Banco de Inglaterra por William en 1694 fue el siguiente paso crucial. Más allá de la fachada, Inglaterra es un estado judío desde hace más de 300 años. (págs. 20-24)

Las familias banqueras judías acostumbraban a casar a su descendencia femenina con aristócratas europeos despilfarradores. En la ley judía, la descendencia mixta de una madre judía es judía. Por ejemplo, en 1878 Hanna Rothschild se casó con Lord Roseberry quien más tarde llegó a ser primer ministro. (Los herederos masculinos se casan con judías, aunque Victor y su hijo Jacob Rothschild son excepciones puesto que ambos se casaron con gentiles.)

En 1922 Louis Mountbatter, el tío del príncipe Philip y primo de la Reina, se casó con la nieta del banquero judío Ernest Cassel, uno de los hombres más ricos del mundo. La madre de Winston Churchill, Jenny (Jacobson) era judía.

En los primeros años de 1900 muy pocas familias aristocráticas inglesas no se habían casado con judíos. Cuando visitaban el continente, los europeos se sorprendían de ver a personas de aspecto judío con títulos y acento ingleses.

Según L. G. Pine, director de **Burke's Peerage**, los "judíos" se han unido tan íntimamente a la nobleza británica que es improbable que sufran pérdidas que no afecten a ambos. Tan íntimamente ligados están los judíos y los lores que no sería posible darles un golpe a los judíos sin causarle daño también a la aristocracia". (**Tales of the British Aristocracy**, 1957, pág. 219)

ISRAEL BRITÁNICA

Si no son judíos por matrimonio, muchos aristócratas europeos se consideran descendientes de los hebreos bíblicos. Los Habsburgo están emparentados por matrimonio con los merovingios quienes afirman ser descendientes de la tribu de Benjamín.

Además, muchos aristócratas pertenecen al movimiento "Israel Británica" que cree que la soberanía británica es la cabeza de las "tribus perdidas" anglosajonas de Israel y que el Apocalipsis verá la plena reconstitución del Imperio Británico.

Según Bárbara Aho, los rosacruces y los francmasones, que creen en el israelismo británico, tienen un plan para colocar una de sus líneas de sangre en el trono del reconstruido templo de Jerusalén. Esta posición de un falso mesías al que el mundo adorará como Cristo se ha planificado cuidadosamente y ejecutado a lo largo de muchos siglos.

Barry Chamis escribe, "no habría ningún estado moderno de Israel sin la francmasonería británica. En los años de 1860, el movimiento británico israelita se inició desde dentro de la francmasonería. Su fin era establecer un estado judeo-masónico en la provincia turca de Palestina … Inicialmente, las familias británicas judeo-masónicas como los Rothschilds y los Montefiores proporcionaron el capital para construir la infraestructura de la ola anticipada de inmigración. Sin embargo, atraer a los judíos a Israel estaba resultando difícil. La vida europea les gustaba demasiado para abandonarla. Por tanto Europa tenía que convertirse en una pesadilla para los judíos". (**British Freemasonry Covets Israel**, en internet.)

En conclusión, el objetivo de la elite judeo británica de dominación del mundo tomó la forma de imperialismo británico y americano y más tarde de sionismo y Nuevo Orden Mundial.

¿El Nuevo Orden Mundial es Judío?

Empecemos por definir el "Nuevo Orden Mundial".

El resorte principal del Nuevo Orden Mundial es el deseo de los banqueros centrales del mundo de traducir su vasto poder económico en instituciones globales permanentes de control político y social.

Su poder se basa en su monopolio del crédito. Ellos utilizan el crédito del gobierno para imprimir dinero y exigen al contribuyente que les pague miles de millones en intereses.

Los bancos centrales, como la Reserva Federal, aparentan ser instituciones de gobierno. No lo son. Son propiedad privada de tal vez trescientas familias. Es insignificante que la mayoría de estas familias sean judías o parcialmente judías. Yo soy un judío no religioso que cree que esta situación es letal para la humanidad y de manera parecida para los judíos.

El inventor Thomas Edison describió esta estafa colosal como sigue:

"Es absurdo que nuestra nación pueda emitir bonos y sin embargo no pueda emitir moneda. Ambas son promesas de pago, pero una engorda al usurero y la otra ayuda al pueblo".

Los bancos centrales también controlan el suministro de crédito para los negocios y los individuos. Robert Hemphill, Director de crédito del Banco de la Reserva Federal de Atlanta describió esta situación insostenible:

"Esto es asombroso. Somos completamente dependientes de los bancos comerciales. Alguien ha de tomar prestado cada dólar que tenemos en circulación, en metálico o en crédito. Si los bancos crean mucho dinero sintético, somos prósperos; si no, nos morimos de hambre. Estamos absolutamente faltos de un sistema de dinero permanente. Cuando se adquiere una comprensión completa del cuadro, la tragedia absurda de nuestras posición desesperada es casi increíble, pero ahí está...Es tan importante que nuestra civilización actual puede colapsar si no se comprende bien y los defectos se remedian muy pronto".

En una carta infame a los agentes de Nueva York en 1863, el banquero de Rothschild John Sherman calificaba su propuesta de un banco nacional en estos términos:

"A los pocos que comprendan el sistema, una de dos, estarán tan interesados en sus beneficios o tan dependientes de sus favores que no habrá ninguna oposición por su parte…La mayoría de las personas, incapaces mentalmente de comprender, llevarán su carga sin quejarse y tal vez sin sospechar que el sistema es hostil (contrario) a sus intereses".

¿SON RESPONSABLES LOS JUDÍOS?

El Nuevo Orden Mundial es un monstruo como la hidra de varias cabezas. Los banqueros trabajan en muchos frentes como el comunismo, el socialismo, el liberalismo, el feminismo, el sionismo, el neo-conservadurismo y la francmasonería. Desconocido para la mayor parte de los miembros, estos movimientos "progresistas" se hallan todos dedicados a la "revolución mundial" que es el eufemismo para la hegemonía de los bancos y el satanismo. (Véase mi artículo *Rothschild dirige la sinfonía roja*.)

Los banqueros controlan las mayores empresas del mundo, de los media, de las agencias de inteligencia, *think tanks*, fundaciones y universidades. Son los responsables de la ocultación de la verdad. Los judíos destacan en todo esto a causa del antisemitismo. Por supuesto, muchas otras personas persiguen el "éxito" también.

Los banqueros trabajan también a través de las naciones. Son ampliamente responsables del imperialismo británico y americano, cuya mira es monopolizar la riqueza del mundo. En su libro **The Jews** (1922) el crítico social británico Hilaire Belloc escribe que el Imperio Británico representaba una asociación entre las finanzas judías y la aristocracia británica.

"Después de Waterloo (1815) Londres se convirtió en el mercado monetario y la cámara de compensación del mundo. Los intereses del judío como tratante financiero y los intereses de esta gran política comercial se aproximaron más y más. Puede decirse que durante el tercio final del siglo XIX se habían convertido en prácticamente una misma cosa".

La confluencia de los intereses judíos y británicos se extendió al matrimonio.

"Los matrimonios comenzaron a tener lugar, masivamente, entre lo que una vez habían sido las fortunas territoriales aristocráticas de esta nación y las fortunas comerciales judías. Después de dos generaciones así, con el comienzo del siglo XX las grandes familias territoriales inglesas en las que no había nada de sangre judía eran la excepción".

"En casi todas ellas la marca estaba más o menos acusada, en algunas de ellas tan fuerte que aunque el nombre era todavía un nombre inglés y las tradiciones de un linaje puramente inglés con un gran pasado, el físico y el carácter se habían hecho enteramente judíos…"

Si el matrimonio de la hija de Al Gore con el nieto de Jacob Shiff es indicativo de algo, esta mezcla de lo judío y la elite gentil se extiende a América también.

La meta británica y judía de dominación mundial eran sinónimo y usaron la francmasonería como instrumento. Belloc escribe "Específicamente las instituciones judías, tales como la masonería (que los judíos habían inaugurado como una especie de puente entre ellos y sus anfitriones en el siglo XVII) fueron particularmente fuertes en Gran Bretaña, y allí surgió una tradición política, activa y en definitiva de gran importancia, por la cual se aceptaba tácitamente por parte de los gobiernos extranjeros que el estado británico era el protector oficial de los judíos de otras naciones".

"Se esperaba que fuera Gran Bretaña la que interviniese (donde quiera que tuviese lugar una persecución de los judíos) para apoyar las energías financieras judías de todo el mundo y para recibir a cambio el beneficio de esa conexión".

Si Belloc está en lo cierto, el Nuevo Orden Mundial es una extensión del Imperio Británico, en cuya elite los intereses británicos, americanos y judíos son indistinguibles.

CONCLUSIÓN: ¿QUÉ ES JUDÍO?

La mayoría de los judíos no querría ninguna participación en el Nuevo Orden Mundial, también conocido como "globalización", si conociese su carácter no democrático y cómo lo utilizan.

El verdadero espíritu judío sostiene que la verdad y la moral son absolutas y no pueden recortarse para adaptarse al interés que le conviene a uno. G. J. Nueberger expresa este espíritu en su ensayo *The Great Gulf Between Zionism and Judaism*.

"El pueblo judío está elegido no para la dominación de los demás, no para la conquista ni la guerra, sino para servir a D---s y por consiguiente para servir a la humanidad...Por tanto la violencia física no es ni una tradición ni un valor de los judíos. La tarea para la cual fueron elegidos los judíos no es para fijar un ejemplo de superioridad militar ni conquistas técnicas sino para buscar la perfección en la conducta moral y la pureza espiritual.

De todos los crímenes del sionismo político, el peor y el más básico, y que explica todas sus otras fechorías, es que ese sionismo ha buscado separar al pueblo judío de su D---s, para interpretar la alianza divina nula y vacía y para sustituir una "condición de estado moderno y una soberanía fraudulenta en lugar de los nobles ideales del pueblo judío".

Obviamente los banqueros no tienen interés en el verdadero judaísmo ni en la pureza de la raza y estuvieron dispuestos a sacrificar a millones de judíos para lograr su plan creando a Hitler. Están sacrificando miles de vidas más de judíos, americanos y musulmanes en Oriente Medio y en orwellianas "guerras perpetuas por la paz permanente".

¿Sirve el Nuevo Orden Mundial a una agenda racial judía o a una agenda de la elite banquera cabalista? Me aventuraría a decir que sirve a la última, y que el judaísmo organizado se usa para esta agenda del mismo modo que a otros muchos grupos oportunistas o inconscientes.

Dándoles a los individuos particulares la capacidad de crear dinero de la nada, hemos creado un monstruo que amenaza con devorar al planeta y a la raza humana.

El Imperialismo del Capital Judío

Un libro publicado en 1889, **The Red Dragon** de L. B. Woolfolk me hace pensar que el imperialismo se originó por la necesidad de los banqueros judíos y sus cómplices gentiles de traducir el dinero que ellos podrían crear de la nada (gracias a su control del crédito) en riqueza auténticas (es decir, la posesión del mundo.)

Cuando estos banqueros se las arreglaron para conseguir un monopolio del crédito en Inglaterra en 1694, se convirtieron en un monstruo que ahora ha secuestrado a la humanidad. El cártel banquero con base en Londres ha engullido literalmente el planeta y no estará contento hasta que lo posea todo y esclavice al género humano, mental y espiritualmente, si no físicamente. Esto, en pocas palabras, es el Nuevo Orden Mundial.

El último envite procedía de una sociedad secreta que Cecil Rhodes inició para Nathaniel Rothschild en 1891 con el fin de "absorber la riqueza del mundo" y de "tomar el gobierno del mundo entero".

Un estudio reciente de N.U. dice que el 2% de la población del mundo es dueña del 50% de la riqueza, mientras que apenas la mitad es dueña del 1% de la riqueza. Ni qué decir tiene que el 2% más rico incluye a los banqueros establecidos en Londres y a las personas asociadas con ellos.

Actualmente el imperialismo británico, americano y sionista pone de manifiesto la agenda de los banqueros para el gobierno del mundo mediante la destrucción de la religión, la nación, la raza y la familia. El imperialismo no expresa el interés ni los deseos de los ingleses, americanos o judíos corrientes, que también ellos están siendo colonizados.

EL DRAGÓN ROJO

L. B. Woolfolk era un predicador baptista americano que describió las maquinaciones del cártel banquero en las décadas siguientes a la Guerra Civil. Él confirmó sus manifestaciones por contactos con miembros de este cártel durante sus visitas a Londres. Dice que "el Gran Dragón Rojo" es el símbolo del "Poder Monetario Judío de Londres".

En su libro, disponible en internet, describe el modo en que este cártel acaparó la economía de los EE.UU mediante intermediarios y la controló antes de la aprobación de la Ley de la Reserva Federal en 1913.

En torno a 1864, hace casi 150 años, Woolfolk manifiesta que la riqueza del mundo ya se concentraba en sus manos.

"El imperialismo del capital al que aludo es una maraña de capitalistas –judíos casi todos—que tienen su cuartel general en el distrito del dinero de   Londres, en Threadneedle Street, Lombard y otras calles de su vecindad, donde los banqueros tienen su hábitat Estos capitalistas judíos han tenido éxito al concentrar en sus propias manos la industria y el comercio de la tierra. Son dueños de casi todas las deudas del mundo, las deudas de las naciones, de los estados, de las regiones, de los municipios, de las empresas y de los individuos—por un importe aproximado, según se estima, de setecientos cincuenta mil millones de dólares, por los cuales reciben anualmente cerca de cuatro mil millones de dólares en intereses. Son dueños de fábricas, del transporte y el comercio de Gran Bretaña, y de la mayor parte de las fábricas, transporte y comercio del mundo entero. —Han conseguido el control de la industria y del comercio de toda la tierra; y, rápidamente, están centralizando en sus manos todos los negocios. Tienen en sus manos todas las grandes líneas del comercio y negocios de todo tipo y regulan todos los precios con sus métodos propios y arbitrarios. Este poder monetario del distrito del dinero de Londres es el único gran imperialismo preminente que existe en la tierra".

Woolfolk rastrea el comienzo de este cártel hasta llegar a la British East India Company a comienzos del siglo XVIII.

"En 1764, la *British East India Company* era la empresa más grande y rica del mundo. Era la única empresa que dirigía un imperio territorial…hasta el punto de que la mayor parte del stock de la *British East India Company* y de las otras compañías posteriormente creadas con los dividendos de esa gran compañía, cayeron en manos de los judíos. Los judíos se convirtieron en los grandes reyes del dinero del mundo… La Historia no nos presenta ninguna otra carrera de conquista en la que el fraude, el engaño y la rapiña estuviesen tan unidas como en la conquista de la India por la *British East India Company*. Fue el primer ejemplo de la historia del mundo de una empresa comercial que se convirtió en un poder imperial; y su dominio imperial estaba marcado por la rapacidad, la argucia y el fraude que caracterizan a una gran empresa en la búsqueda desalmada y sin conciencia de las ganancias".

Después de la invención de la máquina de vapor en 1775, sólo los capitalistas de *British East India Company* tenían los medios para sacar provecho de la revolución industrial. Montaron cientos de compañías anónimas—compañías productoras de todo tipo, de minas de carbón y hierro, ferrocarriles y barcos, inmobiliarias—que escondían su titularidad.

"En las crisis comerciales, que se producían con frecuencia, y siempre manipuladas por ellos, sistemáticamente se las arreglaban para hacer quebrar a las compañías rivales, y comprarlas, y robar y hundir a los accionistas pequeños hasta que al fin estos capitalistas organizados tuvieron en sus manos y a precio bajo a todas o la mayor parte del stock de numerosas compañías, la producción, el comercio y transporte que se originaban en la manufactura. De este modo convirtieron en sistema y ciencia el arte de destrozar a las compañías rivales y de eliminar a los accionistas minoritarios".

Woolfolk especula que los Rothschild no actuaban solos sino que representaban a un sindicato de banqueros judíos.

"El ascenso de la casa de los Rothschild es memorable como la primera gran combinación de los judíos en un sindicato para la operación de un vasto negocio en el que todo su capital podía estar combinado. Los Rothschilds se convirtieron en la cabeza de los reyes judíos del dinero y desde entonces son la cabeza de los judíos, actuando como un sindicato. Esta casa es probablemente la cabeza del poder judío del dinero en el mundo. La riqueza del "Money Power" está sencillamente más allá del cálculo. No está por debajo de los 160.000.000.000 de dólares. Probablemente se aproxima más a los doscientos mil millones… El poder monetario tiene tanto dinero ahora que no sabe encontrarle inversiones. Con sólo doblarlo tendrá la propiedad entera de la tierra. Al principio de su carrera el doble de su capital implicaba tener 100.000.000 de dólares. Ahora doblar su capital significa tener 400.000.000.000 de dólares. Y toda la propiedad del mundo vale menos de 600.000.000.000 de dólares".

Según Woolfolk, los Rockefellers y los financieros industriales más importantes norteamericanos eran simples agentes del London Money Power. Standard Oil es un ejemplo clásico de cómo estableció un monopolio en cada empresa. Al ser dueños de las líneas férreas necesitaban transportar petróleo, el Money Power puso a los competidores de Rockefeller fuera del negocio aumentando sus precios.

Este cártel de cárteles mantuvo a la clase comercial en raya creando el espectro del comunismo: "Su política es mantener una agitación intensa a favor del comunismo y del socialismo en las grandes ciudades de modo que los hombres de negocios, en su antagonismo hacia esas ideas, se quedarán al lado del Money Power para mantener esta agitación al servicio de sus fines… Es parte del esmerado arte de estos reyes de dinero".

CONCLUSIÓN

The Red Dragon es un importante recordatorio de que incluso hace ciento cincuenta años, el poder y la riqueza estaban concentrados en relativamente unas pocas manos. La historia moderna da cuenta de las maquinaciones ocultas de este poder. El mundo entero ha sido colonizado.

Vemos pruebas hoy de que una mano dirige todas las grandes multinacionales. Por ejemplo, todas cantan la misma cantinela de la diversidad y el feminismo. Todos los presidentes de los EE.UU son testaferros de este cártel banquero. Sus gabinetes los eligen de entre las filas del CFR (*Council of Foreign Relations*) controlado por los Rockefeller. A los presidentes que desafían al *Money Power* los eliminan. (Por ejemplo, JFK y Nixon.) Todos los candidatos presidenciales apoyan a Israel, creada por el cártel banquero para ser su capital de gobierno mundial.

Siempre he creído que este cártel estaba principalmente motivado por un deseo de consolidar su poder pero ahora me pregunto si la herejía sabateana no será un factor mayor en su diseño. ¡Cualquiera que crea algo de la nada cree que es Dios y como prometió Satán, estos banqueros han heredado el mundo entero!

El problema letal surgió porque, aparentemente, todas las naciones confiaron en una red de banqueros judíos para crear su suministro de dinero. Ninguna nación tuvo el poder o la inteligencia para romper y alejarse de este sistema imperialista mundial.

El Siglo Judío

El libro de Kevin MacDonald **The Culture of Critique** (2002) describe el siglo XX como un "siglo judío". Hace cien años, los judíos eran un pueblo pobre que vivía principalmente en el este de Europa rodeado de poblaciones hostiles. Hoy Israel está firmemente establecida y los judíos se han convertido en la elite más poderosa de Occidente.

Y lo que es más importante, según MacDonald, el mundo occidental se ha judaizado. Las actitudes y los valores judíos constituyen ahora nuestra cultura. Debido a la tradicional y arraigada hostilidad judía hacia la cultura tradicional occidental (es decir, cristiana), a los pueblos fundadores "les han hecho sentirse profundamente avergonzados de su propia historia, seguramente el preludio de su desaparición como cultura y pueblo". (xix)

Específicamente, las organizaciones judías promueven políticas e ideologías destinadas a minar la cohesión cultural mientras ellos practican políticas contrarias. Mientras promocionan el multiculturalismo y el internacionalismo en Occidente, insisten en que Israel permanezca siendo un enclave racialmente puro para los judíos.

"La política presente de inmigración esencialmente pone a los Estados Unidos y a otras sociedades occidentales "en marcha" en un sentido evolutivo que no se aplica a ninguna otra nación del mundo," escribe MacDonald. "Dense cuenta de que los judíos americanos no tienen ningún interés en proponer que la inmigración a Israel deba ser multiétnica de modo similar, ... o que pueda amenazar la hegemonía de los judíos".(323)

EL PARTIDO DE LA DESCOMPOSICIÓN NACIONAL

MacDonald dice que el antisemitismo de la Alemania de Weimar se basaba en una percepción de que "el análisis crítico judío de la sociedad gentil estaba destinado a disolver los lazos de cohesión dentro de esa sociedad". Un estudioso se refería a los judíos como "el clásico partido de la descomposición nacional". (163)

MacDonald especula con la idea de que los judíos se sienten más cómodos en sociedades faltas de un carácter nacional diferenciador. Él se centra en cómo los movimientos intelectuales judíos conducidos por figuras autoritarias se adueñaron de la vida intelectual. Analiza a Boas en antropología, a Adorno en sociología, a Freud en psiquiatría y a Derrida en filosofía.

La "Frankfurt School", por ejemplo, era una "secta judío marxista" financiada por el millonario judío Felix Weil. El influyente libro de Theodore Adorno **The Authoritarian Personality** (1950) estuvo plenamente patrocinado por el Comité Judío Americano. Describía las afiliaciones a grupos gentiles (incluida la religión cristiana, el patriotismo y la familia) como manifestaciones de un desorden psiquiátrico (162) y atribuía el antisemitismo a la represión sexual cristiana.

La sociedad ha aceptado la visión de Adorno de que no hay ningún estándar objetivo de la verdad, ninguna realidad común. Todo el mundo está aislado y es diferente. Adorno resistió los intentos de "dotar al mundo de cualquier universalidad, objetividad o totalidad, de cualquier principio sencillo de organización que homogenizase la sociedad…"(164)

Esta filosofía ha paralizado la cultura moderna occidental. La civilización occidental se construyó sobre el fundamento de que la verdad es espiritual, universal, absoluta y conocible. Finalmente Dios es la Verdad.

Las universidades actuales han abandonado la búsqueda de la verdad y se dedican al adoctrinamiento y la ingeniería social marxista. Una educación liberal de artes no sólo es hoy una pérdida de tiempo sino venenosa. Alejadas de los portadores de la tradición occidental, las universidades de ahora son sus ejecutores con la bendición tácita del gobierno.

UNA RARA EXCEPCIÓN

Kevin MacDonald, profesor de psicología en la Universidad Estatal de California, es una rara excepción. Sus libros, indispensables y valientes, desvelan el carácter subversivo de nuestro tiempo.

Hombre de tono suave que se acerca a su materia con imparcialidad científica, MacDonald ha amasado un gran lujo de detalles. Por ejemplo, ¿sabía usted que los gentiles blancos son el grupo con menor representación en Harvard? Suponen aproximadamente el 25% del cuerpo estudiantil. Mientras que los asiáticos y los judíos que constituyen sólo el 5% de la población de los EE.UU llegan a ser, como mínimo, el 50% de la plantilla de Harvard.

"Los Estados Unidos se hallan en camino de ser dominados por una elite tecnocrática asiática y por una elite de judíos profesionales del mundo de los negocios y los medios," dice MacDonald.

Detalla el rol judío en el patrocinio del comunismo, de la inmigración no europea y de la Asociación Nacional para el Avance de las Personas de Color. Documenta la dominación judía en la vida cultural de los EE.U y muestra cómo se usa para configurar las actitudes de los americanos.

"Por ejemplo, [el show de televisión] *All in the Family*… además de mostrar a la clase trabajadora europea como estúpida e intolerante, retrataba los temas judíos muy positivamente. Después de doce años de emisión, incluso la archienemiga Archi Bunker ha criado a un niño judío en su casa, simpatizado con un judío negro (implicación: el judaísmo no tiene connotaciones étnicas), entrado en negocios con un socio judío, se ha apuntado como miembro de una sinagoga, ha alabado a su amigo íntimo en un funeral judío [etc.] Los rituales judíos se describen como "agradables y ennoblecedores"... Nunca hay ninguna explicación para el antisemitismo... [éste] se describe como absolutamente irracional y debe combatirse en todo momento". (lviii)

Por otra parte, el cristianismo se describe típicamente como malo en las películas y a los cristianos se les muestra incluso como psicópatas. MacDonald cita al crítico judío Michael Medved que se queja de que no podía encontrar una película hecha a partir de 1975 en que se mostrase positivamente al cristianismo.(lix)

RIVALIDAD JUDEO-CRISTIANA

MacDonald considera el antisemitismo como el resultado de legítimos conflictos de interés. Sin embargo, las organizaciones judías demonizan a cualquiera con el valor de dirigirse al poder judío. Suprimen el hecho de que la rivalidad judeo-cristiana tiene raíces muy profundas en la sociedad occidental.

Desde mi punto de vista, esta rivalidad se reduce al hecho de que los fariseos judíos rechazaron el evangelio cristiano de amor universal y de hermandad humana. Desde entonces, los judíos han sido marginados sociales y metafísicos, aunque unos marginados con asombrosos poderes de auto-justificación. A los judíos los han utilizado como peones los intermediarios de los poderes mundiales empeñados en destruir la civilización cristiana. La tendencia "modernista" del siglo XX puede interpretarse así.

Como he sugerido en algún otro lugar, el judaísmo es más un credo racial que una religión. A los judíos nos dicen que tenemos la misión de crear la igualdad y la justicia social. De hecho, los financieros usan a los judíos como instrumentos para construir un orden mundial totalitario. No somos ningún modelo para la humanidad. Engañados nosotros mismos, hemos engañado a los demás y recurrido a la disfunción personal y a la división social. Nuestro rol en el comunismo es una vergüenza. El trato de Israel a los palestinos es una pena. Los judíos necesitamos descubrir quiénes somos de verdad y retomarnos.

Podemos empezar por leer **The Culture of Critique** y los otros libros de la trilogía de MacDonald, **A People that Dwell Alone** (1994) y Separation and its Discontents (1998). El editor de MacDonald envió **The Culture of Critique** a cuarenta publicaciones y no obtuvo ni un solo comentario. Ni tampoco ha habido comentarios en los medios de comunicación más destacados, una confirmación de su tesis y medida de nuestro cautiverio.

MacDonald no sugiere soluciones. Pero para combatir el "Nuevo Orden Mundial", las naciones occidentales deben volver a sus raíces cristianas y nacionales. Los grupos fundadores deberían reafirmar sus valores y tradiciones como enlace común. Las minorías deberían ser bien recibidas pero no deberían ser usadas como la excusa de los banqueros para socavar el carácter y la cohesión nacionales. Los inmigrantes no quieren hacer esto.

Al nacer todos entramos en un drama que ya está en marcha. Tal vez percibamos que algo va muy mal pero no sabemos definirlo. De hecho, estamos en los estadíos avanzados de una conspiración a largo plazo para subvertir la civilización occidental. El "modernismo" del siglo XX fue una treta diseñada para arrebatarle a la gente su identidad familiar, cultural y religiosa antes de esclavizarlos en una nueva edad obscura. Las sociedades occidentales deben afirmar sus raíces cristianas y nacionales o este drama no terminará bien.

El Enigma del Antisemitismo

"Los judíos nos están inundando," le comentaba un policía del servicio de inmigración a su compañero.

Era el año 1951. Estaba revisando los papeles de una pareja joven con un bebé. Mi padre entendía el inglés. Había conseguido escapar a los nazis. Ésta fue su bienvenida a Canadá.

Afortunadamente no fue un adelanto. Encontramos poca discriminación y mi familia prosperó.

Sin embargo, mis padres querían asimilarse. A sus hijos les pusieron nombres que sonasen inglés y apenas se reunían con la comunidad judía. La observación del judaísmo se limitaba a las velas que mi madre encendía el viernes y a la celebración de las fiestas mayores.

Mis padres apenas hablaban de mis abuelos que habían fallecido. Daba la impresión de que el hecho de ser judío lo veían como una maldición. Lo asimilé. Sin embargo, resulta irónico que mi padre, que ahora tiene ochenta y cinco años, me haya repudiado porque intento comprender el antisemitismo de otra manera distinta de la simplista.

El hecho de que el antisemitismo no sea irracional no justifica la política nazi del genocidio. Uno querría pensar que los judíos quieren comprender lo que sucedió realmente. ¿De qué otro modo pueden asegurarse si no de que no volverán a encontrarse con un destino igual?

MECANISMO DE DEFENSA

El antisemitismo no es un odio irracional ni una enfermedad del alma del gentil, como los judíos se imaginan. Es un mecanismo de defensa saludable de las naciones cristianas y musulmanas principalmente, culturas, razas y religiones que están amenazadas por un proceso de extinción gradual e insidioso (por ejemplo, el feminismo, la diversidad, el gobierno mundial.)

La mayoría de los libros "anti semitas" que he visto están notablemente libres de odio y rencor. No abogan por la violencia contra los judíos sino que presentan medidas para retener el carácter nacional y racial de modo parecido a las que practican los judíos actualmente en Israel.

Tienden a ser razonables y retratan al gentil como a una víctima irresponsable de la superior inteligencia judía. Leon de Poncins aceptaría incluso el liderazgo judío si fuera benigno.

La competencia entre la visión cristiana y judía del mundo constituye el factor central en el desarrollo del mundo occidental.

"La llegada de Cristo fue una catástrofe nacional para el pueblo judío, especialmente para los líderes", escribió Leon de Poncins. "Hasta entonces, sólo ellos habían sido los Hijos del Testamento, ellos habían sido sus únicos y altos sacerdotes y beneficiarios... El antagonismo irreductible con el que el judaísmo se opone al cristianismo desde hace 2000 años es la clave y el motivo principal de la subversión moderna... [El judío] abogaba por la razón contra el mundo místico del espíritu... era el doctor de la incredulidad; el de todos aquéllos que de mente rebelde llegaban a él en secreto o a plena luz del día..." (**Judaism and the Vatican**, págs. 111-113.)

"La cuestión judía" es asunto de gran importancia desde hace cientos de años. Ya en 1879 el escritor alemán Wilhelm Marr lamentaba que no pudiera discutirse sinceramente.

"Desde 1848 si los alemanes criticábamos cualquier pequeño asunto judío se nos prohibía el acceso a la prensa. Mientras que el sentido de la delicadeza está ausente entre los judíos (cuando satirizan a los alemanes), a nosotros se nos pide que los tratemos como si fuesen cristalería fina o plantas delicadas". (**Anti-Semitism in the Modern World: An anthology**, 1991, pág.85)

THEODOR FRITSCH (1852-1934)

Llamado "el alemán antisemita más influyente anterior a Hitler," el libro más importante de Fritsch Handbuch der Judenfrage, (1896) (**Manual de la Cuestión Judía**) tuvo docenas de ediciones y se enseñaba en las escuelas alemanas durante la era nazi. La mayor parte de las copias se destruyeron después de la Segunda Guerra Mundial.

El Manual se tradujo al inglés en 1927 y se retituló **The Riddle of the Jew's Success** por F. Rodderich-Stoltheim, un pseudónimo. Es sumamente raro, las copias originales cuestan hasta mil dólares.

Fritsch no encaja con la imagen del incitador al odio que echa espuma por la boca. Su libro me impresiona como el trabajo de un hombre civilizado con discernimiento espiritual considerable. Su punto central es que el judaísmo no merece reconocimiento por su monoteísmo porque el dios judío no es universal.

"Es un error fatal de nuestros teólogos considerar al dios judío idéntico al cristiano. Con una observación más detenida, Jehová se descubre como el dios exclusivo del judaísmo y no, al mismo tiempo, de los demás hombres".

Cita muchos párrafos del Antiguo Testamento para demostrar que la Alianza entre los judíos y su dios "comporta un significado hostil para los pueblos que no son judíos".

Por ejemplo, "Pídeme y yo te daré al pagano por herencia y los más lejanos lugares del mundo como posesiones tuyas. Tú los quebrantarás con un bastón de hierro… (Salmos 2.8.9)

Como consecuencia el Talmud (código de la ley judía) distingue un sistema de moral para los judíos y otro para los gentiles a los que considera como ganado o cerdos. Fritsch cita muchas referencia para mostrar que está permitido mentir, engañar o robar a un gentil".(págs. 57-65)

Fritsch concluye que el antisemitismo es una reacción natural ante esas actitudes hostiles que él declara que se practican realmente por muchos judíos. Puesto que estas creencias se mantienen en secreto para los que no son judíos, dice que el judaísmo es una conspiración contra los no judíos. Su objetivo es desarrollar plenamente la Alianza y conseguir el dominio de la humanidad controlando la riqueza.

Manifiesta que todos los judíos son parte de este plan y que nadie puede quedar exento. Yo respeto el derecho de los alemanes y de otros no judíos a una tierra nacional pero creo que se equivoca al juzgar a todos los judíos con estándar racista.

El carácter anti gentil del judaísmo es nuevo para muchos judíos a los que se les lava el cerebro exactamente igual que a los gentiles.

¿Le gustaría a Fritsch que lo condenaran por lo que otros alemanes (ejemplo, los nazis) hicieron o dijeron? Los judíos son individuos y deberían ser juzgados por sus acciones individuales. La mayoría de ellos está apartada del judaísmo y encontraría repugnantes los párrafos citados antes de la Biblia.

CONCLUSIÓN

Los judíos necesitan volver a examinar su relación con el judaísmo. No puedo dejar de recalcar la importancia que tiene el rechazo del judaísmo de Cristo.

Cristo representa un Dios universal y una moral universal. Sus enseñanzas representaron la siguiente fase natural, que los judíos deberían haber abrazado, mientras mantenían su integridad racial.

Al rechazar las enseñanzas de Cristo, los fariseos colocaron al pueblo judío en oposición perpetua con los mejores intereses de la humanidad, con la última e inevitable senda de la evolución espiritual humana.

Han puesto a los judíos en un estado de permanente revuelta metafísica que a nivel personal lleva a una alienación y disfunción.

Cristo enseñó que Dios es amor. El amor es el Plan Maestro. El amor es la Luz. Ama a tu vecino. Haz a los demás lo qu te gustaría que ellos te hicieran a ti. ¿Qué fallo pudieron encontrar los fariseos en un evangelio que predica la hermandad humana y el poner a los demás antes que a uno mismo?

Niega su pretensión especial de ser el "pueblo elegido" de Dios y de administrar la voluntad de Dios, que en realidad es el suyo propio.

Chicago, Mejor Película, Celebra el Poder Judío y la Hipocresía

"No dispares, estoy completamente solo", un marido le suplica a su esposa armada con una pistola tras haberlo cogido en la cama con dos mujeres desnudas.

"Pero yo veo a dos mujeres" objeta ella.

"No creas lo que ves," le indica él, haciéndose eco de la propaganda. "Cree lo que yo te diga".

La esposa dispara a su marido en esta escena de la película musical *Chicago*. Pero la película está dedicada a la premisa cínica de que el marido no es tan astuto.

Chicago es una película de Fred Ebb, el autor de *Cabaret*. Así como el mantra de *Cabaret* es "el dinero hace que el mundo gire," la continuación proclama que el poder prende el engaño, las sociedades secretas y el control de los media.

Resulta significativo que cuando muchos americanos sospechaban que los sionistas se las arreglaban para meter a su país en otra guerra, una película, que en privado celebra el poder judío y la hipocresía, ganase el premio a la mejor película de 2002.

CHICAGO

Chicago se desarrolla en el pasillo de la muerte de la cárcel de mujeres de , donde las asesinas de hombres declaran sin tapujos: "se lo merecía".

"Roxie Hart" asesinó a su amante porque incumplió su promesa de convertirla en una cantante estelar y en vez de ello la dejó tirada.

El abogado "irlandés" Billy Flynn, es la única persona que puede salvarle la vida a Roxie. Flyn es interpretado por el actor mitad judío Richard Gere al que se le hace aparecer con aspecto de judío en este papel. Al hacerlo "irlandés" el autor hace pasar la experiencia judía por experiencia americana. Pero los judíos captan el mensaje.

El modus operandi de Flynn consiste en inventar una historia complaciente con la galería acerca de su clienta y crear la histeria mediática a su favor. Hay una escena siniestra en la que Flynn aparece como un maestro marionetista que maneja a los reporteros marioneta.

En otra escena es un ventrílocuo que habla con la voz de Roxie Hart. (Imagine a Duby o McCain u Obama en su regazo.) Finalmente, en una escena de la sala de audiencia intercambia guiños y señas de mano masónicas con el juez.

Cínicamente Flynn le anuncia a Roxie: "No tienes nada de qué preocuparte. Todo es un circo, niña. Un circo de tres pistas. Este juicio, el mundo entero—todo es la industria del espectáculo. ¡Pero, niña, tú estás trabajando con una estrella, la más grande!

Él irrumpe con una canción sugerente de odio, descaro, hipocresía y desdén judíos hacia los no judíos:

"Dales las viejas mercaderías…
¿Qué pasa si las bisagras están completamente oxidadas?
¿Qué pasa si, en realidad, sólo das asco?
Dales las viejas mercaderías.
¡Y ellos nunca lo detectarán!
¿Cómo pueden ellos escuchar la verdad en el estruendo?
Lánzales una falsificación y una estafa
Nunca sabrán que sólo eres una rosquilla…
Te dejan escapar con un crimen…"

Para recordar el tema, otra reclusa, una húngara devota católica no dispone del dinero ni la "inteligencia" para contratar a Billy Flynn. La vemos rezando a Jesucristo, pero Jesús no es ninguna ayuda. Va a la horca. La vemos columpiarse. Vemos que se la llevan en el ataúd. La cristiana es una perdedora.

Su muerte es significativa sólo en términos de lo que podría sucederle a Roxie. El jurado se ha retirado. Los periódicos han imprimido dos tandas con los titulares CULPABLE e INOCENTE. La audiencia sabe que Roxie es culpable. Mató a un hombre con esposa y cinco hijos pequeños sólo porque no le pagó por estar con ella.

Si Hollywood hiciese su cometido, Roxie sería declarada culpable. El mundo sería descrito como un lugar donde la argucia de Billy Flynn no puede prevalecer, donde rigen los valores eternos, donde uno no puede "resultar impune con un asesinato". Pero a Roxie la encuentran inocente, por supuesto. Así es como funciona el mundo. Cualquier otra cosa sería sermoneador.

Pero, ¿no es esto sermoneador también? ¿No es esto sermonear cinismo, corrupción y decadencia?

Chicago personifica una mala religión en la que el hombre desobedece a Dios y ganar es lo único que importa.

Según esta religión secular, el sex appeal otorga legitimidad a las mujeres. Esperan que esta legitimidad inundará el arte y el comercio. Las mujeres medio desnudas que bailan frenéticamente en *Chicago* me recuerdan los osos con tutús del circo. Ellas nos restriegan las caderas en la cara. No hay sex appeal sin dignidad, no hay dignidad sin cultura y no hay cultura sin religión.

TIRANÍA SECULAR

Al terminar Chicago, Roxie Hart y su compañera Velma Kelly, otra cliente satisfecha de Flynn, toman el escenario.

"Gracias por creer en nuestra inocencia", dicen: "Ustedes saben que muchas personas han perdido la fe en América. Y en lo que América representa. Pero nosotras somos el ejemplo viviente de lo maravillosa que es".

Irónico, ¿no es verdad? Son culpables y lo sabemos todos. Sin embargo todavía proclaman con descaro su inocencia. Proyectan su autoengaño sobre América como un todo.

El espectáculo es fiel a su mensaje. Crea lo que le decimos, no lo que vea. La grandeza de América bajo esta nueva jurisprudencia satánica es la de que te permite salir "impune con un asesinato". La grandeza de América es fingir que lo negro es blanco.

Comunismo. Una Treta para el Robo y el Crimen de Judíos Illuminati

En 1869, Jacob Brafmann, un judío convertido al cristianismo publicó un libro en Rusia acerca de la organización comunitaria judía la *Kahala*, el cual sugiere que –desconocido para muchos judíos y no judíos –el judaísmo organizado estaba conspirando efectivamente contra la población gentil de Rusia. Como la mayoría de los libros de este tipo no está disponible.

Afortunadamente, en noviembre de 1881, Mme. Z. A. Ragozin publicó un resumen eshaustivo en **The Century Magazine** (Vol. 23 Tema I) bajo el título *Russian Jews and Gentiles from a Russian Poin of View*. Este destacado ensayo está en la red.

Ragozin fue un estudioso de la historia de Oriente Próximo que publicó media docena de libros sobre los caldeos, persas y asirios en los años 1880.

LA KAHALA

El libro de Brafmann se basaba en un millar de documentos internos de la Kahala. Su revelación más sorprendente:

La *Kahala* seguía la indicación talmúdica de que la propiedad gentil es un "gratis-para-todos" los judíos que, por nada, están autorizados de antemano por parte del consejo municipal (la *Kahala*) para conseguirla. Obviamente una fuente de antisemitismo, puede explicar también la naturaleza verdaderamente predadora del comunismo (y del Nuevo Orden Mundial) que se halla detrás de la visión idealista en su fachada.

Por ejemplo, Brafmann, a quien el historiador judío Simon Dubnow llamó "informador", explica que el judío "N" compra los derechos a la casa del gentil "M".

"Él ha adquirido *khazaka*, es decir, el derecho de propiedad de la casa del gentil "M", desde ese momento se le da el derecho exclusivo, protegido de la injerencia o competencia de otros judíos, para obtener la posesión de dicha casa..." por el medio que sea". Hasta que finalmente haya adquirido su posesión oficial, sólo a él le está permitido alquilar esa casa de su dueño actual, comerciar con ella, prestarle dinero al dueño o a otros gentiles que puedan habitar en ella para obtener beneficios de ellos de cualquier modo [que] su ingenuidad pueda sugerir..."

La segunda parte nos facilita un modelo de cómo los individuos llegaron a estar sometidos a un judío.

"Algunas veces la *Kahala* vende a un judío incluso la persona de un gentil particular sin ninguna propiedad inmueble que le acompañe. [Esto se llama meropie] En algunos sitios está prohibido a los judíos entrar en relaciones con esa persona con perjuicio de la primera; pero en otros lugares es libre para todos los judíos... prestarle dinero, darle sobornos, y expoliarlo, porque se dice que la propiedad de un gentil es hefker (gratis para todos) y que el que se apodera de ella, de él es". (pág.912)

Según Brafman, los documentos "muestran muy claramente cómo es posible que los judíos, a pesar de sus derechos limitados, siempre han tenido éxito en llevar elementos ajenos a las ciudades y provincias donde se han asentado, con el fin de trasvasar a sus manos el capital y la propiedad inmobiliaria de esos lugares, y deshacerse de toda competencia en el comercio y el negocio, como así ha sido el caso de las provincias de Rusia, Polonia, Francia, Rumanía..."
Vender alcohol y prestar dinero eran formas de conseguir propiedades. Los tratantes judíos de vodka aparecían en los momentos de la cosecha y vendían a crédito alcohol a los granjeros. Antes de que transcurriese mucho tiempo los hábitos de la bebida de los campesinos y el interés compuesto se combinaban para transferir la propiedad y las cosechas futuras a manos de los tratantes de vodka. (E. Michael Jones **Russian Roulette Culture Wars**, mayo 2006 pág. 24.)

UNA FORMA REVOLUCIONARIA DE ROBAR

Cincuenta años después de que se publicase **The Kahal**, la civilización rusa fue brutalmente aniquilada por la revolución bolchevique que fue una tapadera de los banqueros judíos Illuminati. Los aspectos destacados de esta revolución, aparte de la imposición de un estado de policía terrible y depravado, fue la confiscación de la riqueza de incontables gentiles y la matanza de millones de no judíos a manos de judíos. Este holocausto recibe poca atención porque los judíos Illuminati controlan los medios de masas y el sistema de educación empleando a embaucadores muy bien pagados, y que se creen moralmente superiores, para reforzar su tiranía intelectual.

El frente *Kuhn Loeb & Co.* de los Rothschild obtuvo un bonito rendimiento por sus veinte millones de dólares que financiaron la revolución de 1917. En 1921 Lenin les dio ciento dos millones de dólares (**New York Times**, 23 de agosto de 1921.) También se quedaron las cuentas bancarias que los Romanovs (Zar) les confiaron como tontos.

Adicionalmente los banqueros judíos Illuminati se apropiaron de la industria rusa. Los documentos del servicio secreto alemán instruían a los bolcheviques para que "destruyesen a los capitalistas rusos tanto como les pareciese bien, pero que de ningún modo, en la medida de lo posible, permitiesen la destrucción de las empresas rusas".

El *German Imperial Bank* envió a los bolcheviques más de sesenta millones de rublos. En este contexto, A.N. Field cita los documentos 10 y 11 entre los banqueros y los bolcheviques: "Dan una sinopsis completa de los términos con los que los bancos alemanes tenían que controlar la industria rusa después de la guerra". (**The Truth About the Slump**, 1931, por A.N. Field, págs. 62-72)

"EL TERROR ROJO"

Lenin y Trotsky crearon el infame servicio secreto de la *Cheka* (después OGPU, luego NKVD y finalmente KGB) para robar la propiedad y triturar la resistencia.

"Las primeras unidades de la Cheka que se establecieron en cada pueblo y ciudad tenían como primer y más importante objetivo el exterminio de los burócratas zaristas, policías y oficiales de alta graduación, las familias de los guardias blancos y de todos los ciudadanos cuya propiedad estuviese valorada en diez mil rublos o más. Hubo miles de científicos e ingenieros que fueron asesinados como "explotadores" y cerca de la mitad de los médicos de la nación fueron asesinados u obligados a emigrar. A la gente la asesinaban en casa, en las calles, en las celdas de los cuarteles de la Cheka sin que importase la edad". (Slava Katamidze, **Loyal Comrades, Ruthless Killers –The Secret Services of the USSR 1917-1991**, pág. 14)

A millares de sacerdotes y monjas cristianos los enviaron al Gulag y los masacraron.

"La Iglesia se convirtió en el blanco de la hostilidad bolchevique desde el mismo comienzo. La resistencia a la confiscación de las propiedades eclesiásticas, especialmente los artículos de plata y oro, fue especialmente feroz…Seguidamente los sacerdotes instaron a sus parroquias a que impidiesen la confiscación acusando a las autoridades de embolsarse los bienes". (**Katamidze**, pág. 25)

Se calcula que la Cheka fue responsable de veinte millones de muertes como mínimo, según el valiente escritor judío Steve Plocker quien dice que la Cheka estaba dirigida y nutrida principalmente por judíos. A la Cheka la fortalecieron Lenin y Trotsky, que eran judíos Illuminati y que estaban financiados por los banqueros judíos Illuminati.

"Muchos judíos vendieron su alma al demonio de la revolución comunista y tendrán las manos ensangrentadas eternamente," escribe Plocker. "No debemos olvidar que algunos de los asesinos más grandes de los tiempos modernos fueron judíos".

No es por excusar a los asesinos, muchos comunistas judíos de rango inferior y no judíos fueron engañados de verdad creyendo que el comunismo representaba a los trabajadores pobres, el reparto de la riqueza y de la justicia social. De modo parecido al actual, a los judíos les habían lavado el cerebro los Illuminati. No obstante, algunos otros judíos sí pudieron ver el engaño y combatieron heroicamente contra el comunismo.

Los maestros titiriteros Illuminati trabajaron coordinadamente con el fin de mantener la ilusión de que la historia se desenvuelve de manera aleatoria. Así que en varios momentos, Stalin se rebeló contra sus manipuladores y persiguió a sus agentes judíos. Muchos creen que finalmente a Stalin lo asesinaron al intentar una represión final.

El reverso de la imagen del Terror Rojo fue la persecución nazi de los judíos y la confiscación de la propiedad de judíos selectos en los años treinta. Sospecho que los banqueros Illuminati judíos fueron los responsables del ascenso de los nazis y que se beneficiaron de la expropiación de la riqueza de sus "menos hermanos judíos" y de los judíos competidores que no eran Illuminati. Los grandes banqueros alemanes estuvieron implicados en la "arianización" de la propiedad judía.

CONCLUSIÓN

Un cáncer está destruyendo la civilización occidental. La fuente la constituyen los banqueros centrales Illuminati que controlan nuestras instituciones económicas, políticas, culturales y espirituales. En otras palabras, nuestros "líderes" representan un poder ocultista imperial en guerra con nosotros y ni siquiera podemos darnos cuenta porque han distorsionado nuestras instituciones.

Hoy podemos comparar a América con la Rusia de antes de la revolución. Según W. Schulgin, "el cerebro de la nación estaba en manos judías (Illuminati) y se convirtió en negocio, como de costumbre...A pesar de todas las restricciones, los judíos controlaron la mente del pueblo ruso". (Jones, **Culture Wars**, pág.429) Por supuesto, los Illuminati controlan la mente judía.

Un judío auténtico (y un cristiano y un musulmán) defiende a Dios y un orden moral universal. Por tanto, el gobierno mundial nunca puede ser "bueno para los judíos" sin que importe el estatus de elite del que gocen.

El humanismo secular no puede reemplazar a Dios. Es un inconveniente para el demencial plan demoníaco.

Los Soviéticos Respetaban las Sinagogas, Destruían las Iglesias

Un lector me envió una pregunta aguda: "Cuando el bolchevismo se adueñó de Rusia, intentaron eliminar la religión. Su filosofía declarada era el ateísmo, cerraron las iglesias y asesinaron o metieron en la cárcel al clero. Sin embargo, ¿cerraban también las sinagogas judías y asesinaban o mandaban a la cárcel a los rabinos? La respuesta a esta pregunta explicará muchas cosas acerca de los primeros días del comunismo y espero que usted pueda aportar la verdad".

La semana pasada me encontré por casualidad con la respuesta en un libro del historiador americano Edwin Schoonmaker:

"Quince años después de que se lanzase la revolución bolchevique para desarrollar el programa marxista, el director de **American Hebrew** escribió: "Según la información que el escritor pudo obtener en Rusia hace unas pocas semanas, ni una sola sinagoga fue derribada como así le ha ocurrido a centenares –tal vez miles de iglesias católicas griegas... En Moscú y en otras ciudades grandes uno puede ver iglesias cristianas en proceso de destrucción... [siempre que] el gobierno necesite el emplazamiento para un edificio grande". (**American Hebrew**, 18 nov. 1932, pág.12) Sin embargo, los apóstatas judíos que dirigían una revolución que debía destruir la religión como el "opio del pueblo" habían respetado las sinagogas de Rusia". (**Democracy and World Dominion**, 1939, pág. 211)

Si tanto odiaba el comunismo a Dios y la religión, ¿por qué no destruyeron también las sinagogas? ¿Cristianos y judíos adoran al mismo Dios? ¿O puede una religión que manifiesta la propiedad exclusiva de Dios ser una religión? ¿Podría ser que el judaísmo fuera en realidad una sociedad secreta como la francmasonería en la que sus miembros no conocen la agenda oculta, que de hecho se expresa mediante el comunismo? Aunque muchos judíos religiosos eran de verdad anticomunistas, la información de Schoonmaker sugiere que puede que haya una afinidad entre el judaísmo talmúdico y el comunismo pagano satánico.

La conspiración de la banca judeo masónica con base en Londres financió a los bolcheviques y se halla detrás del NOM. El comunismo fue parte de un gran proceso dialéctico por el cual "la vida en los Estados Unidos... puede fundirse cómodamente con la Unión Soviética," en palabras del presidente de la *Ford Foundation* Rowan Gaither al investigador del congreso Norman Dodd en 1952.

Si verdaderamente comunismo y democracia se "están fundiendo cómodamente" bajo el pretexto de esa farsa llamada "guerra al terror", entonces la destrucción de iglesias será preocupante para los cristianos y todos los temerosos de Dios, incluyendo a los judíos étnicos como yo.

La presencia decisiva de judíos en los movimientos comunistas está bien documentada. De lo que los judíos no se dan cuenta es de que el comunismo satánico es la fuente del antisemitismo. La estrella de cinco puntas es el símbolo tanto de lo ocultista como de la Unión Soviética. A lo largo de la historia los cristianos han considerado a los judíos como agentes de Satán. Puede que algunos judíos se hayan merecido esta reputación pero todos han sufrido las consecuencias.

A los judíos laicos les tomaron el pelo con promesas de "propiedad pública", "igualdad", y "justicia social". Al rechazar la salvación espiritual abrazaron el señuelo del diablo de una utopía mundial. Los mismos cebos se usan ahora para atraer tontos útiles al gobierno mundial. Es terrible que el comunismo, una ideología que representa el mal puro, cuyo fin manifiesto es robarnos la propiedad y destruir nuestro amor de la familia, de Dios, de la nación, la raza y la libertad, no sólo se acepta sino que además goza de prestigio en nuestra sociedad. ¡Hasta dónde hemos caído! El comunismo ataca nuestra propia humanidad. Por supuesto, ahora el comunismo circula bajo nuevos nombres—derechos del hombre (para algunos), feminismo, diversidad, post-modernismo, comunitarismo, gobierno mundial— siempre presentando una cara feliz, la mejor para embaucar.

Los mass media propiedad de los banqueros silencian la historia de cómo el comunismo arrasó la civilización en Rusia y asesinó a más de veinticinco millones de personas. Debemos reactivar este conocimiento antes de que vuelvan a hacerlo. Recuerde que el credo de los Illuminati es que "el fin justifica los medios".

Los nazis no inventaron los vagones de ganado para el transporte humano. Schoonmaker cita a Eugene Lyons, un comunista embaucado, que escribió sobre la expulsión de los agricultores: "Millones de casas de agricultores fueron destruidas, sus ocupantes cargados en vagones para el ganado y arrojados al gélido norte o a la sedienta Asia Central... Vi a montones de desdichados, hombres, mujeres y niños que miraban fijamente a través de los agujeros de ventilación de los vagones de ganado como si fueran animales enjaulados". (239)

Al igual que los nazis, los bolcheviques tuvieron problemas para matar grandes cantidades de personas y deshacerse de los cuerpos. Schoomaker narra que los submarinistas de la armada francesa hallaron montones de cadáveres anclados al fondo del puerto de Odessa: "El lecho marino está poblado de cuerpos humanos en posición erguida, que el bamboleo del agua... mecía suavemente como si fuesen algas monstruosas, los cabellos erizados y los brazos levantados a la superficie... estos cementerios marinos fueron los últimos lugares para el descanso de la mayor parte de los hijos e hijas de Rusia con mejores cabezas".(235)

Estas atrocidades tuvieron lugar en 1920, dos años después de que Grigory Zinoviev (es decir, Hirsch Apfelbaum) jefe de la Tercera Internacional hiciese un llamamiento al exterminio de la burguesía rusa, es decir, ¡de diez millones de personas!

Es evidente que el uso recurrente a los judíos como víctimas inocentes está diseñado para apartarnos la imagen del judío bolchevique asesino. "La Historia... no ha registrado nada tan profundamente repugnante como las crueldades innumerables en las que estos fanáticos humanos se deleitaban con frecuencia," escribió E.J. Dillon.

Según el periodista estonio Jyri Lina, Karl Marx, Lenin y Trotsky, todos ellos judíos francmasones, fundamentalmente fueron unos perdedores disfuncionales contratados por los banqueros Illuminati para engañar a las masas. Lenin, por ejemplo, había sido un abogado sin éxito que sólo tuvo seis casos en los que defendió a unos rateros. Los perdió todos. Una semana después abandonó el derecho para convertirse en un revolucionario muy bien pagado.

Lenin declaró: "La paz significa sencillamente el dominio del comunismo sobre el mundo entero". Su reino del terror produjo nueve millones de muertes pero nunca se le compara con Hitler. La policía secreta, la Cheka, dominada por judíos, publicó los nombres de un millón setecientas mil personas que ellos habían asesinado entre 1918 y 1919, incluyendo a trescientos mil sacerdotes.

"Un río de sangre atravesaba Rusia", escribe Lina. "Según los informes soviéticos oficiales, 1.695.904 personas fueron ejecutadas entre enero de 1921 y abril de 1922. Entre estas víctimas figuraban obispos, profesores, doctores, oficiales, poilcías, abogados, funcionarios, escritores… Su delito fue: el "pensamiento anti social". (**The Sign of Scorpion**, pág. 90)

DE LA BURGUESÍA A LOS CRISTIANOS

Con el mismo celo que los comunistas masacraron a la burguesía, Shoonmaker escribe que "dieron caza al clero. Las fiestas cristianas se abolieron… a los padres se les prohibió que instruyeran religiosamente a sus hijos… una Liga de los Sin Dios se organizó para burlarse de todos los vestigios de fe y reverencia".

Los juzgados se reorganizaron. La ortodoxia bolchevique definió seguidamente la justicia. El antisemitismo se convirtió en crimen de estado. La ciencia, el arte y la educación se sometieron al estándar marxista y con frecuencia eran suprimidos implacablemente. Los clásicos e incluso los cuentos de hadas desaparecieron de las bibliotecas y colegios.

La institución del matrimonió se cambió. Podía obtenerse el divorcio simplemente enviándole una tarjeta a la pareja. Incluso consideraron la "posesión pública de las mujeres" pero pusieron reparos. En 1936, "la emancipación" se redujo a que las mujeres consistuían el "26 por ciento de todos los trabajadores del metal y comercio de la maquinaria, el 40% de la madera y el 24% de todos los mineros soviéticos…"(201)

Hoy en América asistimos como testigo a la decadencia constante de la cultura, la educación, la religión, el matrimonio, la libertad de expresión, la libertad de prensa y a la verdad objetiva. Podemos ver intentos crecientes de controlar todos los aspectos de nuestras vidas a medida que los dos sistemas "se fusionan cómodamente".

CONCLUSIÓN

Los comentaristas judíos se retuercen las manos intentando comprender la enfermedad "irracional" gentil del antisemitismo. No hace falta más que mirar el intento del comunismo y de los banqueros de secuestrar a la raza humana de su curso natural: familia, nación, raza y religión (Dios).

Si los judíos se negaran a ser los agentes y embaucadores de la camarilla banquera megalómana, si ellos hubieran combatido el comunismo junto a sus vecinos cristianos, no habría habido ningún antisemitismo. (Aunque muchos judíos nunca fueron comunistas, nunca habría habido comunismo sin los judíos.)

Los comentaristas judíos deben preguntarse dónde se origina el espíritu diabólico que amenaza a la humanidad. Deben denunciarlo como malo y ajeno a ellos.

El "Dios" que Sirve a los Judíos de la Elite

Hace poco tiempo me di cuenta de que los soviéticos destruyeron miles de iglesias pero protegieron las sinagogas. Si los comunistas consideraban la religión como "opio de las masas", ¿por qué no incluyeron el judaísmo? ¿Adoran cristianos y judíos al mismo Dios? ¿Hay alguna afinidad entre el comunismo y el judaísmo?

Tal vez la elite judía tiene un dios diferente. Un lector, "George", conoció a la heredera de una rica familia de banqueros judíos "no los Rothschilds, aunque su familia vivía en un palacio vecino de los Rothschilds".

"Leah era una de mis compañeras de clase en la Universidad de Ginebra (Suiza) donde yo estudiaba psicología...Era una joven atractiva de ojos azules...Como llevaba una estrella de David, le pregunté si era creyente. Respondió que "sí y no" y añadió que ella creía en un dios de los judíos que servía a los judíos más que ellos a él. Inmediatamente le pregunté si estaba hablando de un egrégor... Su única respuesta fue un "sí", y cortó la conversación. Nunca más volvimos a hablar del tema".

Según Wikipedia, un "egrégor" es un concepto ocultista que representa una forma de "pensamiento" o la "mente de un grupo colectivo", una entidad psíquica autónoma hecha, e influyente, de los pensamientos de un grupo de personas. La relación simbólica entre un egrégor y su grupo se ha comparado a los conceptos más recientes no ocultistas de la empresa (como entidad legal) y el meme".

George especula con que la elite judía creó el Dios judío como su "egrégor", es decir, un instrumento de su voluntad colectiva, es decir, su deseo de derrotar a los paganos y reinar con supremacía:

"¿Es posible que los antiguos sacerdotes levitas hallaran la forma de crear una entidad supernatural de la mente colectiva de la tribu de Judá? ¿Una entidad nacida de una mente colectiva que los levitas estaban convirtiendo en auto aislamiento y etnocentrismo segregacionista extremo?... ¿Una entidad diseñada para ayudar al "pueblo elegido" a destruir a las naciones extranjeras y entregarle recompensas materiales? ¿Una entidad resultante de la magia negra de los sacerdotes levitas que, como los primeros ateos adoctrinados, negaban al Dios universal de Moisés porque no querían someterse a un "Señor y Amo sino antes bien convertirse ellos mismos en "Señores y Amos" mediante su dios servil y egregorio?"

Este egrégor es Lucifer. Los judíos de la elite lo han convertido en el meme amo del Nuevo Orden Mundial. Los judíos de la elite son la "Internacional Capitalista Comunista", las familias mixtas mediante el matrimonio de banqueros judíos y alemanes que, según Christian Rakovsky, incluye los Rothschild, Warburgs, Schiffs y muchas otras.

También se han casado con las elites gentiles corruptas de Europa y América, muchas de las cuales se consideran judías.

EL ESPÍRITU DEPRAVADO DE NUESTRA ÉPOCA

Puesto que el egrégor judío se encuentra detrás del Nuevo Orden Mundial, deberíamos recordar que según esta mentalidad, sólo los partidarios ("creyentes") son humanos; todos los demás son animales que deben ser explotados o asesinados.

Nicolas Lysson, en su brillante ensayo sobre el holocausto ucraniano (**Holocaust and Holodomor**) facilita ejemplos de este pensamiento de "nosotros-contra-ellos" en el Talmud y el Antiguo Testamento. Por ejemplo; Isaías 60:12 ("…La nación y el reino que no sirva (a Israel) perecerá; sí, esas naciones serán completamente arrasadas" 9; Isaías 61:5-6 ("…Y serán extranjeros y apacentarán tus rebaños… Vosotros comeréis las riquezas de los gentiles…")

Nicolas Lysson dice que los párrafos más mordaces del Talmud no se traducen o se les rebaja el tono. La información acerca del temido sistema "Arendar" se suprime. (Véase más adelante *La Verdadera Causa del Antisemitismo*.)

Lysson comenta cómo los líderes judíos provocan activamente el antisemitismo porque es indispensable para la cohesión y la supervivencia judía. Los judíos lo admiten. ¿Dicen que sin su "egrégor", es decir, sin su agenda depredadora, los judíos no tendrían ninguna raison d'être corporativa? Por supuesto, este secreto se oculta a las bases, como en la francmasonería de la que Rakowsky dijo que está diseñada para traer el "triunfo del comunismo".

EL EGRÉGOR COMUNISTA

La mayor matanza masiva en la historia no fue el holocausto judío sino el genocidio por hambre de los ucranianos. Según las estimaciones de Stalin, murieron diez millones de ucranianos, la mayoría a manos de judíos bolcheviques.

El holodomor se produjo porque los bolcheviques confiscaron todos los cereales. Escribe Lysson: "Un cuarto de la población rural, hombres, mujeres y niños, yacían muertos o moribundos en una gran extensión del territorio de aproximadamente cuarenta millones de habitantes, como un vasto Belsen. El resto, en diversos grados de debilitamiento, no tenían ni fuerza para enterrar a sus familiares o vecinos. [Como en Belsen] escuadrones bien alimentados de policía vigilaban a las víctimas".

El exterminio de los "kulaks" ucranianos se dirigió desde el Kremlin donde los líderes bolcheviques vivían en apartamentos familiares y mantenían una atmósfera fraternal llena de idealismo colectivista, es decir, de su egrégor. Así es como el historiador Simon Seba Montefiore, el vástago de una familia de la elite judía británica, describe la escena durante el holodomor. Por supuesto, no menciona que la mayor parte de los principales actores eran judíos.

"El Partido era casi un negocio familiar. Clanes enteros formaban parte de la dirección…Esta fraternidad despiadada vivía en un frenesí insomne de excitación y actividad dirigido por la adrenalina y la convicción. Considerándose a sí mismo como Dios el primer día, estaban creando un nuevo mundo en un frenesí al rojo vivo ..." (**Stalin: The Court of the Red Tsar**, PÁG. 40, 45)

CONCLUSIÓN

Los soviéticos no destruyeron sinagogas porque el comunismo expresaba el egrégor judío. Cristianos y judíos en apariencia no adoran al mismo Dios. El Dios cristiano representado por Jesús es amor y hermandad universales. El Dios judío ha sido suplantado por un egrégor cabalístico que sirve únicamente a los judíos de la elite. Representa su impulso sociopático y despiadado de dominio mundial. El mismo egrégor —el deseo de suplantar a Dios—anima al Nuevo Orden Mundial.

El comunista corriente judío o no judío fue un idealista incauto. El marxismo, igualdad, etc, fueron sólo fachadas para ocultar el verdadero plan: la destrucción de la raza, religión, familia y nación; la acumulación de todas las riquezas y la esclavitud de la humanidad. Los métodos han cambiado pero la agenda no.

El mismo sucedáneo de idealismo infunde el movimiento, que está lleno de oportunistas piadosos que han vendido su herencia por un asiento en la mesa globalista.

No nos engañemos. Nos enfrentamos a un mal diabólico, sanguinario y astuto con recursos ilimitados. A pesar de esto, judíos y no judíos deben unirse para desterrar a Lucifer y declarar que sólo Dios es Dios, Él es moral nosotros sólo debemos servirle a Él.

La Verdadera Causa del Antisemitismo

Nacida en Polonia en 1919, mi madre judía se acordaba de cuando visitó la "finca" de su abuelo siendo una niña y de que paseaba en un carro tirado por un caballo grande.

Este recuerdo contradecía mi impresión de que los judíos de Polonia eran perseguidos y pobres. La mayoría, como la familia de mi padre, eran en realidad muy pobres. Pero el recuerdo de mi madre revela que otros judíos formaban parte de la clase dirigente.

El libro de Israel Shahak **Jewish History, Jewish Religion; The Weight of 3000 Years** (1994) sugiere que este modelo social que se desarrolló a lo largo de los siglos tal vez ha continuado hasta el día de hoy.

Según Shahak, históricamente, la elite judía tenía frecuentes relaciones con la clase gobernante. Los judíos "administraban la opresión" a las masas. A cambio, la clase gobernante obligaba a los judíos a que obedeciesen a sus "jefes". A veces un pogromo hacía lo que faltaba para lograrlo.

Hoy, judíos concretos (en las finanzas, el gobierno, la educación y los medios) juegan un papel destacado en la preparación de la elite para la "globalización", a la que muchos ven como una forma moderna de feudalismo.

LA VERDAD ES AMARGA

La historia es propaganda del pasado. La mayoría de los historiadores no nos dicen la verdad porque serían despedidos. Israel Shahak, que murió en 2001, no era historiador. Fue profesor de química orgánica en la Universidad Hebrea. Tenía un respeto de científico por la verdad objetiva. Fue también superviviente de un campo de concentración, un veterano del ejército de Israel y un defensor de los derechos humanos de los árabes.

Shahak cree que los judíos necesitan una reeduación acerca de su historia y religión. Los judíos son una "sociedad cerrada" que usa el antisemitismo para aplastar la crítica a la cual se la considera "odio" u auto-odio. (De hecho, exponer la locura es amor, no odio.)

Shahak dice que el judaísmo es en gran medida un credo primitivo, materialista y autoritario. El Talmud está dedicado a la supremacía judía y al desprecio de Cristo, a la cristiandad y a los no judíos en general. La Cábala adopta muchos dioses incluido Satán. (Shahak, pág. 33)

Lo siguiente es un resumen breve del argumento de Shahak en el capítulo *The Weight of History"*.

A pesar de la persecución, los judíos a lo largo de la historia siempre formaron parte integral de las clases privilegiadas. El judío más pobre estaba en circunstancias inmensamente mejores que los siervos. Hasta apenas 1880 su función social más importante "era actuar de mediador en la opresión de los campesinos en representación de la nobleza y la corona".

El judaísmo clásico (1000-1880 d.C) desarrolló el odio y el desprecio por la agricultura como ocupación y por el campesinado como clase. "La supuesta superioridad de la moral e inteligencia judías... está ligada a una falta de sensibilidad hacia el sufrimiento de la mayor parte de la humanidad que ha estado especialmente oprimida durante los últimos mil años, el campesinado".(53) Shahak examina paso a paso el "odio y el desprecio" de los judíos hacia los campesinos—"un odio del cual no conozco paralelo en otras sociedades"— hasta la gran revuelta ucraniana de 1648-54 en la que el jefe de los cosacos ucranianos Bohdan Khmelnytski mató a decenas de millares de "malditos judíos".

En aquel entonces los judíos servían a la szlachta (nobleza) polaca y al clero católico romano en sus latifundios ucranianos como arendars—peaje-, agricultores arrendadores, matones,   concesionarios de monopolios feudales (por ejemplo, bancarios, molienda, almacenamiento y destilación y venta del alcohol). Sirvieron también de azotes anticristianos que recaudaban el diezmo a las puertas de las iglesias ortodoxas griegas y exigían honorarios por abrir las puertas para bodas, bautizos y funerales.

Tenían poderes de vida y muerte sobre la población local (la forma típica de ejecución era el empalado) y no había ninguna ley por encima de ellos a la cual pudiera recurrir la población. Los arrendadores prestaban fincas durante períodos de sólo dos o tres años y tenían todos los medios para exprimir a los campesinos sin piedad, sin preocuparse de las consecuencias a largo plazo.

Shahak señala que en el judaísmo tradicional, un no judío nunca era "tu prójimo" para los fines del Levitico 19:18—lo que sin duda era una ventaja en el asunto de cobrar impuestos como arrendador.

Mientras que a los gentiles en general se les inJyriaba, las leyes judías exceptuaban a la elite. Un rey, noble, papa u obispo podía confiar en los judíos médicos, cobradores de impuestos y alguaciles como no podía hacerlo un cristiano. (53)

En palabras de Shahak, "Israel y el sionismo son un retorno al rol del judaísmo clásico, a escala mundial..."

"El estado de Israel desarrolla con los campesinos oprimidos de muchos países, no sólo de Oriente Próximo, sino de mucho más allá, un papel que no es distinto del de los judíos de la Polonia de antes de 1795: el de un matón al servicio del opresor imperial". Él se refiere a Israel como un eje del sistema imperial. Ayuda a mantener los regímenes árabes vecinos en el poder y arma a los dictadores del Tercer Mundo. Se pregunta por qué los judíos religiosos son los principales participantes en el comercio de armas y los rabinos callan.

Shahak cree que el pueblo judío necesita vencer la "tiranía" de su religión. Sólo mediante "una crítica implacable" del pasado alcanzarán una "revolución genuina". (74)

CONCLUSIÓN

Un lector judío me escribió: "Ser luz o guía espiritual de las naciones, ésa es la misión judía ... Nosotros sostenemos un Dios ético y moral, sin el cual caeríamos en la barbarie en un instante. Y es ESTO lo que ha provocado que la cristiandad asesinase a los judíos a lo largo de los siglos".

No estoy de acuerdo. Lejos de ser una "luz para la humanidad" muchos judíos "administran la opresión" de la clase gobernante. Esto, y una tendencia general a monopolizar el dinero, el poder y la cultura con fines socialmente destructivos, es la verdadera causa del antisemitismo.

LIBRO SEGUNDO

Illuminati, Sabateos y los Protocolos

La Conspiración es contra Dios

¿Se ha dado cuenta?

Todos los años hay un poco menos de Cristo en Navidad, un poco menos de espíritu cristiano.

Ahora el espíritu de dar se reduce a los regalos. Apenas hay mención del amor cristiano. Eso podría ofender a algunas personas, satanistas quizá.

Dios es amor. Los satanistas no son grandes seguidores del Amor. Actualmente tienen mucha influencia.

Por increíble y raro que resulte, una secta satánica, la de los Illuminati, dirige el mundo. Barack Obama es un miembro de ella, como lo son muchos de la elite mundial política y económica.

Los Illuminati los integran muchas de las familias más ricas del mundo, incluyendo a los Rothschild, los Rockefeller y los Windsor. Mientras defienden la religión, adoran a Lucifer. Sus agentes controlan los mass media del mundo, la educación, los negocios y la política. Puede que estos agentes piensen que consiguen el éxito, pero el éxito con frecuencia significa servir al diablo.

Prisioneros de su riqueza, los Illuminati prefieren el odio y la destrucción al amor. Comprensiblemente no pueden hacer público esto. Fingen que son morales, mientras trabajan entre bastidores para esclavizar a la humanidad en un Nuevo Orden Mundial.

Hiroshima, Dresden, Auschwitz, Camboya y Ruanda fueron sacrificios a su dios satánico. Son responsables de las dos guerras mundiales, la Depresión y la Guerra Fría. El 11-S, la "Guerra al Terrorismo" y la Guerra de Irak son sus últimos logros.

Nos imaginamos que quieren el poder ilimitado y la riqueza pero estos son subproductos. A los Illuminati les motiva el odio a Dios y a la Humanidad.

NUESTRA AMOROSA ELITE DE LUCIFER

El propósito del Nuevo Orden Mundial es el mismo que el del comunismo. Los Illuminati crearon el comunismo como una manera de desobedecer a Dios y de esclavizar a la humanidad. Contrataron a Carlos Marx para vender la regla totalitaria ("la dictadura del proletariado") fingiendo que apoyaban la igualdad. Fue un satanista como lo fueron Trotsky, Lenin y Stalin.

En su libro Marx and Satan (1986) Richard Wurmbran pone de manifiesto el verdadero odio de Marx a Dios y a la humanidad. Ya en 1848 Marx escribió acerca de la "inminente guerra mundial" que eliminará a la gentuza como los rusos, los checos y los croatas.

"La inminente guerra mundial causará la desaparición de la faz de la tierra no sólo de clases y dinastías reaccionarias sino también de pueblos enteros reaccionarios. Y eso será el progreso...la revolución...se preocupa poco por las vidas que destruye... como un terremoto se preocupa poco por las casas que arrasa. Las clases y las razas que son demasiado débiles para dominar las nuevas condiciones...serán vencidas... su propio nombre se desvanecerá".(42)

En su poema Human Pride Marx escribe que él se paseará como un dios por las ruinas del mundo...Me sentiré como el Creador".(31)

Lejos de defender a la clase trabajadora, Marx fue un espía de la policía. En 1960 el canciller austríaco Raabe le entregó a Khrushchev una carta original de Marx demostrando que el "fundador del comunismo" informaba acerca de los demás revolucionarios.(33)

La razón por la que sólo se han publicado trece de los cien volúmenes de los escritos de Marx es la de ocultar el verdadero carácter del comunismo.(32)

ODIAN AL DIOS QUE HAY DENTRO DE TI

Wurmbran, un pastor al que encerraron en la cárcel en Rumanía, dice que el comunismo es en definitiva satanismo fortalecido. A los cristianos no sólo se les persiguió y asesinó brutalmente, se les obligaba a blasfemar. La meta del comunismo, la meta del Nuevo Orden Mundial, es ridiculizar a Dios y ensalzar a Lucifer. Un periódico comunista confesaba, "luchamos contra Dios: para raptarle a sus creyentes". (77)

En **German Ideology** Marx se refería a Dios en términos hegelianos como el Espíritu Absoluto. Marx opinaba, "estamos centrados en un tema sumamente interesante: la descomposición del Espíritu Absoluto". (77)

Según Wurmbrand, la Revolución Rusa fue una época en la que "el amor, la bondad y los sentimientos sanos se consideraban mezquinos y retrógrados. Una chica ocultaba su inocencia, y los maridos su fidelidad. Se alaba la destrucción como señal de buen gusto, la neurastenia como señal de una mente refinada. Este era el tema de los nuevos escritores que salían al escenario de la obscuridad. Los hombres inventaron vicios y perversión, y eran meticulosos en su intento de evitar que se pensara que eran morales".(85)

Los luciferinos describen su rebelión contra Dios y la naturaleza como progreso y libertad. Esta tolerancia sólo es de aplicación a la destrucción del orden Divino. En la iniciación al grado séptimo de satanismo, el adepto jura "Nada es verdad y todo está permitido". En **Communist Manifesto** Marx decía que todas las religiones y morales se abolirán y que todo estará permitido.

La religión de la moderna sociedad occidental, el humanismo secular, es una tapadera del Iluminismo (adoración de Lucifer). El propósito del Iluminismo es divorciar a la humanidad del fin Divino y consagrarla a Lucifer (es decir, a los Illuminati) en lugar de a Dios. Bajo el disfraz de una utopía humanista, están construyendo un infierno orwelliano—el Nuevo Orden Mundial, también llamado globalismo.

La meta del globalismo es la misma que la del comunismo. La elite mundial enmascara su luciferismo en el paganismo de la new age y la secta Gaya. La Lucifer Trust dirige su única capilla en los Estados Unidos y la única estatua en el edificio de la ONU es la del dios pagano Zeus.

A CRISTO LO CRUCIFICARÍAN HOY

Cristo representaba la regla de Dios. Los fariseos adoraban a Lucifer. La cuestión a la que se enfrenta la humanidad no ha cambiado. ¿Servimos a Dios o a Lucifer?

Los satanistas nos han condicionado para cortocircuitarnos ante la mención de la religión. Han hecho que Dios parezca misterioso, no conocible o no existente.

Cristo dijo, "Dios es Espíritu, obedécele en espíritu y en la verdad". (Juan 4:23,24). Dios es Amor Absoluto, Verdad, Justicia, Bondad y Belleza. Si uno cree que estas cosas son reales, tanto si las sigue como si no, uno cree en Dios.

El amor es el principio de la evolución humana. Dios quiere manifestarse mediante su creación. Esto requiere que le obedezcamos. Nos hicieron a imagen de Dios. "Sed por tanto perfectos, como vuestro padre que está en el cielo es perfecto," (Mateo 5:48). Cuanto más encarnamos los ideales espirituales tanto más nos asemejamos a Dios y más reales nos hacemos. Lo contrario también es verdad.

Nos sacrificamos por lo que queremos. Si amamos a Dios, nos sacrificamos a Él. La gente pregunta cómo podemos luchar contra el Nuevo Orden Mundial. Nada perturba más a los Illuminati que el renacer de la creencia en Dios. Millones de personas deseosas de luchar y morir por Dios es algo que les aterroriza. Por eso están desarraigando el Islam.

CONCLUSIÓN

Nos están preparando psicológicamente para la esclavitud o la destrucción. Se están sentando ya las bases mediante la "lucha contra el terrorismo". Una vez controlen el islam, se dirigirán al Oeste con toda su fuerza.

Entretanto, los mass media (películas, música, vídeo-juegos y TV) nos acostumbran a la brutalidad y la violencia. Hay una obsesión repetitiva y reduccionista al sexo, la desnudez, las funciones corporales y la homosexualidad.

Si nuestros líderes no fuesen luciferinos, los media y las artes estarían preocupados por temas como la verdad y la mentira, el bien y el mal, la belleza y la fealdad. Nos estimularían para la inspiración y el ennoblecimiento.

En lugar de ello alimentan nuestros espíritus con basura. Nos degradan, nos distraen y nos engañan como a pacientes terminales, como si fuésemos ocupantes ilegales de un planeta que no nos pertenece.

Si el propósito verdadero de los Illuminati es eliminar a Dios, se desprende que deberíamos convertir a Dios en el centro de nuestra consciencia. La gente pregunta "¿Qué deberíamos hacer?" No le pidamos a los demás la respuesta. Busquémosla en Dios. La mejor forma de combatir la obscuridad es dejar brillar la luz.

A esto es a lo que tienen miedo los Illuminati. En **Los Protocolos de los Sabios de Sión** (5) el autor escribe: "No hay nada más peligroso para nosotros que la iniciativa personal; si hay genio detrás, esa iniciativa puede hacer más que los millones de personas entre quienes hemos sembrado la discordia".

No se sienta oprimido por el mundo. No ha cambiado sólo porque ahora seamos conscientes de su verdadera naturaleza. Dedique cada nuevo día a realizar el fin que Dios le tiene asignado.

El Problema de Fondo:
¿los Illuminati o los Judíos?

"Henry. La única solución a todos estos problemas es matar a todos los judíos".

Recibí este email de Bob la semana pasada en respuesta a mi artículo sobre las mujeres biónicas.

"Mata a todos los judíos y al día siguiente estas cosas cambiarán. Sé que usted nunca lo sugerirá, pero es la única solución. Los Protocolos han dado sus frutos. Simplemente dígale a la gente que mate a los judíos y nuestros problemas se solucionarán. Usted, Henry, podría hacerse marrano y morir como un bastardo".

A medida que las condiciones económicas y políticas empeoren, el resentimiento contra los judíos crecerá.

"Pronto llegará un tiempo en el que tendremos que luchar contra los judíos porque ellos son judíos y nosotros no"., proclamó J.N. Campbell en Jewish Rule publicado en Rense.com. "No nos dejarán otra opción, exactamente igual que no les dejaron ninguna opción más a los rusos y palestinos y a los húngaros, y ahora a los libaneses, que la de luchar o tener una muerte cruel después del cautiverio, la sed, el hambre y la tortura".

Escribe John Kaminski, "Los Illuminati son judíos en su totalidad, iniciado por un judío convertido al catolicismo, dirigido por los judíos que controlan el dinero. Ahora se usa por parte de los escritores judíos como un mito conveniente para decir que el problema no es realmente judío".

Kaminski se está refiriendo a mí. Me ha llamado "topo sionista". El culto satánico judío, los sabateos, podrían ser el centro del problema pero el problema ha ido más mucho más allá de ellos hasta abarcar el mundo del ocultismo en general.

El epíteto "topo sionista" podría devolvérsele. La gente como Kaminski sirve sin darse cuenta al proyecto de los Illuminati al convertir a los judíos corrientes en cabeza de turco. Distraen la atención de la verdadera fuente del problema.

Como veremos, los Illuminati no son "judíos en su totalidad" ni mucho menos. Mata a todos los judíos y el problema continuará. (Por supuesto que esto no absuelve de culpa a los judíos Illuminati ni a sus numerosos embaucados/agentes judíos, es decir, sionistas, comunistas, feministas, liberales, socialistas, neocons, etc. Ni absuelve a aquellos judíos que rechazan separarse del judaísmo organizado).

Me refiero a Kaminski y su seguidor Fritz Springmeier, un héroe olvidado de la humanidad, ahora prisionero político americano, que ha dado parte de docenas de desertores Illuminati. La autoridad pionera de los Illuminati dice que el problema va más allá de "los judíos". Es anti religioso (como lo satánico) no racial.

"Llamar judía a la conspiración es engañoso. El padre de toda ella es Satán. Es satánica y utilizará a todo el que pueda". (**Bloodlines of the Illuminati**, pág. 126)

FRITZ SPRINGMEIER

La humanidad tiene una deuda de gratitud con Frits Springmeier por descubrir a los Illuminati y sus métodos en media docena de trabajos mayores.

Sus trabajos de mayor autoridad son **Be Wise as Serpents** (1991) y **Bloodlines of the Illuminati** (1999). En la parte posterior enumera cientos de nombres de miembros de las organizaciones de los Illuminati como la Pilgrim Society, Bohemia Gove, Skull and Bones y demás fraternidades asociadas. Sus nombres reflejan el establishment americano de ayer y hoy. No son exclusivamente judíos.

Enumeraré unos pocos nada más: Astor, Ball, Bennett, Bundy, Grace, Hammer, Kennedy, Brady, Acheson, Rockefeller, Dulles, Bedell Smith, Carnegie, Cowles, Dupont, Harriman, Schiff, Roosa, Brzezinski, Kissinger, Forbes, Donovan, Javits, Mellon, Turner, Coffin, Heinz, MacLeish, Stanley, Pinchot, Whitney, Walker, Steadman, Taft... etc.

Un análisis similar de los miembros podría hacerse de los otros frentes Illuminati tales como los Bilderbergers, el Council on Foreing Relations, la Trilateral Commision y el Club of Rome.

Sin embargo, es probable que los sabateos judíos como los Rothschild sean el resorte principal que hay detrás de los Illuminati, pero no faltan los no judíos que quieren una porción de la acción satánica.

¿Sabía usted que Gary Trudeau, el dibujante de Doonesbury es un miembro de Skull and Bones? Ned Lamont que intentó desbaratar los planes de Joe Lieberman es el bisnieto de Thomas Lamont, el presidente de J.P. Morgan, que financió a los comunistas. Estos muchachos hacen como si fueran adversarios. Tenemos que elegir a los satanistas que queremos.

Es frustrante que gente como Kaminski sólo puedan ver judíos y nunca no judíos. Ellos echan la culpa a todos los judíos con independencia de su culpa y permiten que todos los judíos culpables se libren. Da la impresión de que necesitan una solución simple, de blanco y negro, para todos los problemas del mundo. No pueden enfrentarse a la traición de sus propios líderes étnicos, nacionales y religiosos. Es más fácil despreciar a los judíos corrientes que enfrentarse a los ricos y poderosos. Yo invito a Kaminski et al a que lean a Fritz Springmeier y a que se centren en la culpa, sean o no judíos.

ACTIVISTAS Y AGITADORES

Por haber sacado a la luz a los Illuminati, a Fritz Springmeier lo culparon de robo y lo condenaron en 2003 a nueve años de cárcel. Intentaron convertirlo en un Ted

Kaczynski *Unabomber*. Lea extractos de esta entrevista con Sppara ver lo inteligente que es él y lo perversos que son ellos.

¿Quiénes son los Illuminati?

Los Illuminati son los activistas y agitadores del mundo. Son el grupo de elite de linaje –yo los llamo tribus o familias- hay trece linajes mayores. Son lo que llamamos "satanistas generacionales". Eso significa que practican su brujería secreta desde hace muchos siglos y que transmiten su religión de generación en generación. Llevan doble vida. Tienen la vida que el mundo conoce y luego tienen una vida oculta que el mundo no conoce. Son muy pocas las personas que han podido romper el secreto". "Los trece linajes más altos son los Astor, Bundy, Collins, Dupont, Freeman, Kennedy, Li, Onassis, Rockefellers, Rothschild, Reynolds, Krupágs., Russell… después hay un décimo tercer linaje que es el linaje merovingio. Yo lo llamo simplemente el decimotercero y después está el linaje Illuminati de Van Duyn. El linaje decimotercero, el merovingio, es sumamente importante. Incluye a las familias reales europeas.

¿Cuál es su meta?

"Últimamente [su meta] es traer lo que la gente ha denominado el Nuevo Orden Mundial con un hombre que atraerá la atención del mundo y llevará el título de "El Anticristo". Esa es su última meta y no pretendo parecer religioso ante la gente pero es simplemente eso. Cuando se entra en la desprogramación de las personas se ve que muchas de las cosas que se les ha programado para hacer enlazan con un plan sofisticado para unificar el mundo bajo el reino del Anticristo".

"[El historiador de Princeton] James Billington (Fire in Minds of Men) analiza la forma en que esta elite oculta comenzó las revoluciones. El término revolución procedía de la idea oculta de que nosotros íbamos a rotar sobre nostros mismos hasta regresar a la Edad de Oro. Ahí hay una gran búsqueda de la Edad de Oro, este milenarismo. De eso trata el comunismo. Si uno observa a los primeros fundadores del comunismo—intentaban retrotraernos a la Edad de Oro que se había perdido… es siempre para una especie de utopía socialista, comunista [un cruce entre] 1984 y Animal Farm".

¿Por qué usan el control mental tipo trauma con los miembros de su propia familia?

Es realmente esencial. Si uno va a participar en la vida secreta de los Illuminati, ser una personalidad programada múltiple es básico. Hay unos pocos en los Illuminati que no son programados múltiples… Se están aplicando muchos rituales estándar— St. Weinbald, St. Agnes, Grand Climax, Walpurgis, Beltane, todos los solsticios y equinoccios, Lamas, All Hallow's Eve, High Grand Climax. Estos rituales son espantosos. Implican sacrificios humanos. Los sacrificios de bebés tienen lugar en el ritual High Grand Climax. En diversos Sabbat se sacrifica a algún joven, mujer u hombre.

Esto no es algo que la mente normal vaya a ser capaz de manejar. Es el control mental y la creación de personalidades múltiples en las que se obtiene el efecto Dr Jekyll y Mr Hyde—es crucial que esto continúe de generación en generación. Se les entrenará en la alquimia, la brujería india, druidismo, magia enochian, gnosticismo, magia hermética, cabalismo, Platón, sufismo—conocerán todas las diferentes ramas de los sistemas ocultistas".

¿Cuál es la función del trauma?

Los Illuminati cogen a un niño de alrededor de dos años y comienzan a determinarlo con los peores traumas imaginables con el fin de poder crear estos muros de amnesia. Ellos encuentran que estas piezas disociadas de la mente son únicamente como disquetes de ordenador, con frecuencia introducen su programación para las partes disociadas de la mente de las que quieren formar parte… [En otra parte dice que el control de la mente se hallaba detrás de los experimentos de Joseph Mengele, que Mengele era Illumunati, que continuó su trabajo en EE.UU. después de la guerra.]

Los Illuminati pueden coger a un niño concreto y manipular las cosas entre bambalinas y abrirle todas las puertas adecuadas, y pueden conseguirle becas y formación y todo lo que necesita e impulsar la carrera de esta persona. El producto final es que se termina consiguiendo a un ingeniero, abogado o político muy cualificado para lo que ellos quieren. Barack Obama encaja con esta descripción.

Una estimación muy conservadora –ni siquiera debería decir estimación porque la he computarizado desde siete ángulos diferentes—es que dos millones de americanos han sido programados mediante un control total de la mente recurriendo al trauma.

¿La meta última?

"La meta a largo plazo de todo esto es, y cuando digo a largo plazo, no es que les vaya a costar mucho llevarnos allí a la velocidad en que están yendo- la meta final de todo esto es crear finalmente un planeta entero de esclavos controlados mentalmente que puedan ser controlados por un súper ordenador. Están manipulando nuestros pensamientos y nuestras actitudes y dirigiéndonos, pastoreándonos (nos consideran animales—los Illuminati se consideran dios, hombres dios y a nosotros animales) nos están pastoreando en la dirección que quieren que vayamos".

CONCLUSIÓN

No caigamos en la trampa del divide y vencerás de los Illuminati. Springmeier dice que esto es una "guerra contra el mal no la raza". Dice que como un virtuoso con un viejo violín, "la mano de un maestro puede convertir a culquiera en algo maravilloso". Dice que muchos miembros de las familias Illuminati han encontrado a Cristo y se han liberado. De modo parecido se puede llegar a muchos Illuminati embaucados, ya sean judíos o no, a través de un mensaje de verdad y amor. Todos podemos ser desprogramados.

El Desertor más Relevante de los Illuminati: "los Rothschild Dirigen con Brujas Druidas"

Halloween es un tiempo apropiado para aprender que un "gran consejo druida" de trece brujas controlan a los Illuminati; se reúne ocho veces al año en el "Sabbat de las brujas" (incluido Halloween) en el que millones de practicantes ocultistas se envuelven en orgías, que a veces entrañan sacrificios humanos.

Mi fuente es el desertor más relevante de los Illuminati, un sumo sacerdote brujo, un miembro del Consejo de los Trece, y parte del linaje de los Collins Illuminati que trajo la brujería a los EE.UU en el siglo XVII.

Describe a los Illuminati como una gran conspiración altamente organizada y poderosa que mantiene a la humanidad en un vicio satánico.

Los Illuminati son "miles de conspiraciones que operan en paralelo", dice. Por ejemplo, los juramentos y los ritos de iniciación en la brujería se asemejan enormemente a la francmasonería.

Se llama John Todd (también Cristopher Kollyns). En 1972, cuando Todd se "salvó" y descubrió ante el mundo a los Illuminati, dirigía una región de trece estados que componían cinco mil aquelarres, que totalizaban sesenta y cinco mil sacerdotes y sacerdotisas. Eso se refiere solamente a los ministros, no a la congregación.

Este campeón de humanidad sería desconocido hoy si no fuese por una página web que mantiene "James", un americano que vive en Japón, y otra que pertenece al temible Wes Penre.

Los escépticos dicen que si los Illuminati fuesen de verdad, habría desertores. Hay bastantes desertores, las clínicas que luchan contra el control mental de la CIA y el abuso ritual satánico están llenas de ellos.

Pero a los que se hacen oír se les aparta. En 1987 a Todd le tendieron una trampa para incriminarle en una violación y lo sentenciaron a treinta años de internamiento. Según Fritz Springmeier, Cuando Todd salió libre en 1994 "se lo llevaron en un helicóptero" y lo asesinaron. (**Bloodlines of the Illuminati**, pág.93)

Pero el sitio web de James recoge que Todd salió de la cárcel en Carolina del Sur en abril de 2004 y volvieron a encarcelarlo en la "unidad de tratamiento de desorden de la conducta" del Departamento de Salud Mental de Carolina del Sur. Las llamadas al director Chad Lominick no recibieron respuesta. (¿Podría alguien averiguar si Todd está allí y sigue vivo? Como mínimo le debemos eso).

Todd ha facilitado muchas revelaciones impactantes que según confirma Fritz Springmeier sólo podrían proceder de un hombre que hubiera sido de verdad miembro del Consejo de los Trece.

LOS ILLUMINATI USAN A LOS JUDÍOS

En 1978 haciendo uso de la palabra, Todd dijo que los Illuminati usan a los judíos como pantalla.

"Los Illuminati saben que la gente va a descubrirlos…lo mejor que pueden hacer es llamar la atención hacia algo más y decir que es eso. Así que han desviado la atención hacia el sionismo…El único problema es que la mayoría de las personas en los Illuminati no son judíos. Sus fundadores eran judíos de nacimiento, pero no de religión. No obstante la mayoría de sus líderes, exceptuando a los Rothschild, son gaélicos. Escoceses o gaélico franceses. No tienen nada que ver con los judíos.Los árboles genealógicos de mi familia y de la mayoría de las personas que sirven en el Grand Druid, llegan hasta los templos paganos de Roma, Grecia e Inglaterra, hasta el sacerdocio original. Algunos se remontan a Egipto y Babilonia. No tiene nada que ver con los judíos".

[David Livingstone escribe: "Elizabeth Hirschmann y Donal Yates en su estudio When Scotland Was Jewish documentan el origen judío de muchas familias líderes de Escocia, comenzando por los Sinclairs y los Stuarts, al igual que las familias de los Forbes, Bruce, Campbell, Gordon, Caldwell, Fraser, Leslie, Christie, Kennedy y Cowan (Cohen).]

Todd deja claro que los Rothschild, una familia de cabalistas sabateos judíos, se hallan en lo alto de la jerarquía de los Illuminati:

"Los Rothschild dirigen los Illuminati y en todos los países tienen una familia…que es la responsable de los Illuminati. En los Estados Unidos tenemos a los Rockefellers. David Rockefeller es tanto el responsable del Council of Foreing Relations y la Trilateral (Commission) que es el nombre de los Illuminati en los Estados Unidos".

"En lo alto de cada pirámide se ve el toque final con un ojo dentro. El toque final es la familia Rothschild o Tribunal que dirige a los Illuminati. Ellos fueron sus creadores. El ojo es Lucifer, su dios y su voz. Los tres primeros bloques superiores están en todas las pirámides. Es en el bloque superior, en el que me iniciaron, el consejo de los trece, llamado el Grand Druid Council. Sólo reciben órdenes de los Rothschild y de nadie más. Son su sacerdocio particular. El consejo de los treinta y tres esta directamente por debajo de ellos, son los treinta y tres masones de mayor grado del mundo. El siguiente es el consejo de los quinientos, algunas de las personas y grupos más ricos del mundo—incluyendo a los Bilderbergs y familias como los Duponts y los Kennedys.]

"La Golden Dawn es la organización de la brujería, el cuarto bloque por arriba, y es el aquelarre particular de los Rothschild. Eligen a cada miembro personalmente". Dice que C.S. Lewis and J.R.R. Tolkein fueron miembros de la Golden Dawn. El Grand

Druid Isaac Bonewitz y la ACLU iniciaron una organización para querellarse contra los cristianos que difamasen lo Oculto. Él incluye a la cienciología y al National Council of Churches dentro de la estructura Illuminati.

LA DESERCIÓN DE TODD

Todd sitúa su deserción en un mitin que tuvo lugar con motivo del Día del Trabajo de 1972. Habían recibido ocho cartas por valija diplomática de Londres.

"El Dr [Raymond] Buckland rompió el sello y extrajo seis cartas que venían selladas con la divisa de Illuminati. Las cuatro primeras eran sólo comerciales, dinero que habíamos de pagar aquí y allá y demás. En realidad, el Grand Druid Council no es más que banqueros con pretensiones. Extienden cheques por valor de millones de dólares a las personas de la política y la religión todos los meses. Pero las dos últimas cartas me llevaron a desear salirme.

"Aun cuando yo formaba parte del establecimiento de un gobierno mundial, siempre me reía de que esto fuera a suceder, de que fuéramos en serio, pensaba que era una especie de jueguecito al que estábamos jugando. Mientras los Rothschild tuvieran todo el dinero para gastarlo en nuestros planes seguíamos adelante y gastábamos el dinero. Por ello nunca lo tomé en serio hasta que abrimos las dos últimas cartas.

"En la primera de las dos cartas que abrimos, había un gráfico, y en ese gráfico se enumeraba un plan de ocho años para el apoderamiento del mundo a concluir el mes de diciembre de 1980... Seguidamente, la última carta que abrimos... decía:

"Hemos descubierto a un hombre que creemos que es el hijo de Lucifer. Creemos que a través de sus trabajos y nuestro apoyo puede convertirse en el gobernante de este mundo, parar todas las guerras y traer la paz, finalmente, a este mundo asolado por la guerra". ¡Aquello quería decir literalmente que habíamos encontrado a una persona con poderes tan fantásticos que podría convencer a la gente de que él era su única salvación! ¡Aquello quería decir que, literalmente en términos cristianos, estaba poseído por el diablo como nunca jamás se había visto!"

Todd decía que el plan para apoderarse del mundo incluía una quiebra económica en la que incluso las compañías de los Illuminati quebrarían. Ellos tienen los medios para sobrevivir a una catástrofe así. Él dice que Phillip de Rothschild entregó el plan a su ministra Ayn Rand para su novela Atlas Shrugged (Curioso, una película de esta novela la protagoniza Angelina Jolie miembro del CFR (Council of Foreign Relations).

Todd dice que ante la quiebra económica, los Illuminati han entrenado una fuerza militar (que incluye a presidiarios) para tomar los EE.UU. Esto coincide con Svali, otra desertora Illuminati que vive oculta.

Él dice que, como en la Revolución Bolchevique, asesinarán a millones en una espiral de terror. Todd dice que lo único que puede detener este plan es una posesión generalizada de armas entre la población de los Estados Unidos.

En los años de 1980 habló de un plan para reducir el mundo a escombros en la Tercera Guerra Mundial, para salvar úicamente Jerusalén y gobernar desde allí.

ÚLTIMOS APUNTES

Como se ha sugerido anteriormente, Todd dice que los Illuminati gastan mucho dinero en sobornar a las personas, especialmente a los predicadores y evangelistas cristianos.

"Mucho de lo que se ve en las iglesias y que se piensa que es tan sólo liberalismo es "sobornismo". ...Resulta un poco difícil para un ministro ...rechazar medio millón de dólares si se entrega como soborno, y pueden dar aún mayores sumas. De hecho, una iglesia que conozco recibió ocho millones de dólares en dos años, y otra recibió diez millones de dólares en un solo año. Así reciben dinero.

Todd dice que la música de rock and roll está diseñada para lanzar un maleficio demoníaco en el oyente. Sé que esto suena inverosímil pero le insto a que escuche la presentación de Todd *Witchcraft of Rock and Roll* en internet. Él dice que los Illuminati iniciaron Jesus Rock para controlar este mensaje. El grupo KISS significa Kings in Satanic Service.

CONCLUSIÓN

Cualquiera que lea las charlas de Todd puede comprobar que lo educaron en el satanismo como él dice y adquirió un conocimiento profundo. Fritz Springmeier decía que Todd sabía cosas que a él (Springmeier) le había costado años comprender.

El mensaje de Todd parece demasiado raro para poder creérselo. Pero en el contexto del montaje de los ataques del 11-S, el montaje de la guerra al terrorismo, la suspensión de las garantías constitucionales, el establecimiento de un estado policial, el fracaso del congreso y de los media, el empobrecimiento mental y la homosexualización de la sociedad, la sexualización de los niños, el satanismo explícito, la depravación y la pornografía en la industria del "entretenimiento", el mensaje de Todd tiene mucho sentido.

La humanidad es víctima de una conspiración monstruosa de proporciones indescriptibles. Nuestros líderes, a quienes les pagamos para que nos defiendan de este tipo de cosas, o son unos ilusos o son unos traidores.

La humanidad tiene la inteligencia y los medios para evolucionar como estaba previsto, pero el mal encarnado nos arrastra al abismo. ¿Qué podemos hacer? Dígamelo usted. Necesitan engañar a las masas. Ayude a difundir la verdad mientras todavía podemos.

Esclavas Sexuales Illuminati Describen Imágenes Horribles

Dos mujeres torturadas, el cerebro lavado y prostituidas por los Illuminati, describen una imagen inquietante de cómo se está dirigiendo el mundo. Ambas dicen que las prostituyeron siendo niñas para los líderes mundiales.

Ellas son Brice Taylor, autora de **Thanks for the Memories** (1999) y Cathy O'Brien (con Mark Phillips) autora de **Trance-Formation of America** (1995).

Estos libros son consecuentes y confirman las revelaciones de la programadora Illuminati "Svali" (Véase en mi página web *Illuminati Defector Details Pervasive Conspiracy*).Si uno quiere comprender el mundo debe leer a estas tres mujeres.

Básicamente todos los países están dirigidos por un gobierno en la sombra que debe lealtad al Nuevo Orden Mundial controlado por el consejo Illuminati de los trece miembros.

Según "Svali" cada gobernante representa una zona de Europa sujeta a su dominio y cada uno representa un linaje dinástico antiguo". Los líderes americanos son frecuentemente descendientes directos, ya sean legítimos o ilegítimos.

Según Taylor, Henry Kissinger es el CEO para los Illuminati que naturalmente prefieren permanecer en la sombra. Nuestros líderes políticos son elegidos por su endeblez moral, capacidad para ser chantajeados, y voluntad de desarrollar el plan de los Illuminati. Las cuerdas se tensan y ellos misteriosamente alcanzan la preeminencia. No importa a qué partido pertenezcan. Secretamente sirven a la "causa".

Muchos son producto de una vida que puede incluir la pedofilia, el tráfico y consumo de drogas, la pornografía infantil, el bestialismo, el control mental, la violación, la tortura, los rituales satánicos y los sacrificios humanos. Les ofrecen muchas oportunidades de satisfacer sus vicios, lo cual asegura obediencia y solidaridad constantes.

El tráfico de drogas, la trata de blancas, la prostitución y la pornografía financian los programas secretos del Nuevo Orden Mundial. Elementos de la CIA, el FBI, la Guardia Costera, el Ejército y la policía se hallan implicados, como en la mafia.

Puede que esta información disguste o enfurezca a algunas personas, yo no fui capaz de acercarme a estos libros durante más de dos años. La tortura y depravación que describen es insoportable. Mis filtros mentales no lo soportaban. Escribir sobre ello es difícil.

El público tiene una confianza infantil en sus líderes, especialmente en los presidentes. La acusación de que ellos pertenecen de verdad a un sindicato sádico, criminal y conspirador es una traición inconcebible.

Respondemos con la negación y el enfado. No queremos admitir que somos unos inocentones y que nuestra percepción de la realidad es falsa. Resumiendo, somos incapaces de actuar con sentido común y de realizar acciones concertadas. Rechazamos contemplar lo que puede haber en la trastienda. Es mejor ridiculizar al mensajero y cambiar de canal.

Estas mujeres podrían haber permanecido en silencio y haber encontrado un poco de paz y felicidad merecidas. En lugar de ello están asumiendo grandes riesgos por prevenir a la humanidad de nuestro peligro. ¿Vamos a escucharlas?

ROBOTS SEXUALES

Tanto Cathy O'Brien como Brice Taylor fueron víctimas del programa MK de ultra control mental de la CIA diseñado para crear robots humanos con funciones que van desde prostitutas a correos de asesinos.

Sus familias pertenecen a las sectas secretas satánicas que abusan sexualmente de sus hijos generación tras generación para producirles traumas que causan el desorden múltiple de la personalidad. En esta situación de trauma la mente se astilla en muchos compartimentos. Las víctimas dan muestras de poderes extraordinarios para recordar y soportar y pueden ser programadas fácilmente para hacer cualquier cosa.

Estas sectas operan dentro de muchas organizaciones que incluyen entidades benéficas, iglesias, clubs de chicas y chicos, logias masónicas, guarderías y colegios privados.

A la sociedad la están sometiendo al mismo tipo de programa basado en el trauma mediante el uso constante de la guerra y atrocidades que incluyen Auschwitz, Hiroshima, el asesinato de Kennedy, el 11-S, Abu Ghraib y las turbulencias financieras. Por una parte se nos desensibiliza y por otra parte se nos programa para que nos centremos en el sexo, la violencia y los rituales sociales banales y vacíos.

Abusaron de las dos mujeres cuando eran niñas. Con frecuencia a Cathy O'Brien le daban el pene de su padre en vez del biberón. El congresista Gerald Ford, implicado en tráfico de drogas y pornografía infantil con la mafia de Michigan, la inició en el Ultra Program MK. (No hay que asombrarse de que Betty Ford bebiese).

El padre de O'Brien la prostituyó siendo niña entre los amigos, asociados comerciales y políticos como un favor o por dinero. Apareció en muchas películas de pornografía infantil y bestialismo. Cuando lea este libro comprenderá quién fue Jon Benet Ramsay y por qué no se resolvió su asesinato.

DEPRAVACIÓN

O'Brien (nacida en 1957) dice que atendió a muchísimos políticos, incluyendo a los esnifadores de cocaína como los Clinton (a tres bandas), Ronald Reagan, George H.W. Bush, Dick Cheney, Pierre Trudeau, Brian Mulroney, los gobernadores

Lamar Alexander y Richard Thornburgh, Bill Bennett (autor de **The Book of Virtues**), los senadores Patrick Leahy, Robert Byrd (su encargado) y Arlen Spector. Significativamente por su ausencia estaban Jimmy Carter y Richard Nixon. Taylor (nacida en 1951) se acostó con JFK y LBJ siendo una adolescente y preadolescente.

En 1980, cuando nació Kelly, la hija de O'Brien, frecuentemente trabajaban en un equipo de madre-hija. A George H.W. Bush le gustaba especialmente Kelly. Cheney no es un pederasta porque sus enormes genitales asustan a los niños.(195)

Refiriéndose a George Bush, Dick Cheney le dijo: "Un "vice" presidente es sólo eso, un agente clandestino que controla la industria de la droga para el presidente".(158)

George Bush Jr. estuvo presente en una ocasión pero no está acusado. (196) A O'Brien la rescató Mark Phillips en 1988. Es probable que Bush Jr. esté implicado en este control mental, en asuntos de drogas y sexo. Los rumores giran en torno a él y su conducta es errática. ¿Recuerda el incidente de la galleta? En 2003, Margie Schoedinger, una tejana negra que había demandado al presidente por violación, "se suicidó".

El senador Robert Byrd, que controla los hilos del monedero de la nación, justificaba la implicación de Cathy en la distribución de drogas, la pornografía y la trata de blancas como medio de "ganar el control de las actividades ilegales en todo el mundo" con el fin de financiar las actividades encubiertas de los fondos secretos que "traerían la paz mundial mediante el dominio y el control total del mundo".

Decía que "el 95% de las personas quiere ser dirigido por el 5%". La prueba es que "el 95% no quiere saber lo que de verdad sucede en el gobierno". Byrd pensaba que la humanidad debe dar un "paso gigante en la evolución mediante la creación de una raza superior".

Byrd creía en la "aniquilación de las naciones y culturas desfavorecidas" mediante el genocidio y la ingeniería genética para criar "a los más dotados, a los rubios del mundo". (118)

O'Brien visitó una serie de barracones secretos paramilitares por todos los EE.UU como el de Mount Shasta en California. "Aprendí que este edificio militar no tan secreto lo formaban fuerzas especiales compuestas por soldados robóticos entrenados, helicópteros negros no identificados y armamento de alto secreto que incluía equipos electromagnéticos de control mental".

En estos barracones a O'Brien y a su hija se les cazaba con frecuencia como si fueran animales salvajes, se las torturaba y violaba para diversión de la CIA, de los militares y los políticos.

O'Brien trabajó como esclava sexual en Bohemian Grove, el terreno de juegos de perversión de la elite en Russian River, California. Ella dice que el lugar está conectado por vídeo con el fin de captar a los líderes mundiales en actos comprometedores.

"A los esclavas de edad avanzada o con programaciones vencidas se las asesinaba ritualmente al azar en los campos boscosos de Bohemian Grove … Había una habitación con grilletes, para torturas, un fumadero de opio, altares para rituales de sexo, habitaciones para orgías en grupo…Me usaban como a "una muñeca de trapo" en el almacén de juguetes y de orinal en la habitación de los "arcos dorados". (169-170)

Aunque parezca extraño, usan a las esclavas sexuales controladas mentalmente como diplomáticas y lobistas también. En una conferencia de gobernadores, el secretario de educación Bill Bennett aconsejó a O'Brien que "persuadiera a estos gobernadores en su momento de mayor debilidad, que los pusiera de rodillas mientras lo ella estaba también, y los convenciera de que la educación global [la iniciativa de educación del 2000) es el camino del futuro si es que va haber algún futuro". (173)

¿Por qué los Illuminati dejaron a estas mujeres con vida? No lo sé. No sé a cuantas habrán asesinado. Tal vez quieran que se sepa la verdad poco a poco. Tal vez les quede una pizca de decencia. Tal vez confían en su poder y piensan que no creerán a estas mujeres.

Como demuestran el asesinato de Kennedy, el 11-S, los Estados Unidos (y la mayoría de las naciones) han sido completamente subvertidas por la elite criminal e internacional luciferina. El papel de los políticos, los media y la educación es mantener engañado y distraído al rebaño mientras la elite avanza bajo control su proyecto de tiranía mundial. La sociedad occidental de hoy es un fraude.

Es una tragedia que les hayan lavado el cerebro a los valientes y jóvenes soldados americanos para creer que están avanzando en la libertad cuando se trata de todo lo contrario. Me dice un lector que este artículo es una traición. ¿Es patriótico obedecer a los traidores?

La población de Occidente está echada a perder, es egocéntrica y complaciente. ¿Cómo pueden estar mal las cosas cuando tenemos tanto? No nos damos cuenta de que las golosinas nos las pueden quitar en un segundo apretando el crédito.

No nos damos cuenta de que nos están distrayendo mientras están infiltrándose y desmantelando nuestras instituciones políticas y sociales, nuestros baluartes contra la tiranía. A nuestros hijos les están lavando el cerebro.

No me pregunten: "Qué podemos hacer?" Esto es desamparo programado. Resuélvanlo ustedes mismos. Asuman la responsabilidad. No existe una solución rápida para este conflicto. Pero debemos luchar por la verdad. Puede que ellos tengan las armas para el engaño masivo, pero, como Cathy O'Brien dice, "la verdad no desaparece".

Un Manual de los Illuminati

Los políticos han desterrado la religión del discurso público pero la religión todavía ofrece la mejor descripción de la realidad política.

La esencia de la lucha política es en realidad espiritual, una batalla cósmica entre Dios (el bien) y Satán (el mal) por el alma del hombre.

La lucha es entre la elite financiera internacional dedicada a Satán y conducida por los Illuminati y el resto de la humanidad que todavía defiende el plan de Dios. Las masas confiadas viven como niños en Babia.

Esta lucha no es entre naciones o religiones, ni entre ideologías de izquierda y derecha. Esta elite oculta crea y controla los dos lados de todos los conflictos con el fin de encubrir y al mismo tiempo avanzar su agenda de largo plazo.

El plan de la elite es reconvertir el planeta en su coto neo feudal privado. Esto exige la reducción de la población mundial mediante plagas, la catástrofe o la guerra, el control mental y la cría de los supervivientes como esclavos y el ascenso de Lucifer como Dios.

En los próximos diez o veinte años podría producirse un cataclismo. Estamos viviendo un tiempo prestado, embaucados por los medios de comunicación y distraídos con el sexo, mientras la elite experimenta e impone diversos métodos de manipulación y control.

Miles de organizaciones como la ONU promueven la agenda del "gobierno mundial" de la elite sin prácticamente ninguna encuesta pública. Más recientemente, la elite instigó los ataques del 11-S con el fin de justificar su "guerra contra el terrorismo", la represiva Patriot Act y la guerra de Irak. La inundación de Nueva Orleans, las vacunaciones y la epidemia de la gripe aviar y los apagones de luz son otros experimentos o preludios posibles. Han establecido un banco de semillas en una isla remota de Noruega por si hay una guerra nuclear.

La gente sofisticada y comprometida se queda perpleja cuando se les habla de esta conspiración. Están hipnotizados por la "educación" y los mass media.

Los Illuminati suenan a algo fantástico pero NO es ninguna quimera. Oculta en la francmasonería está la iglesia de Satán. Se conoció a sus miembros; se registraron sus locales. Se incautaron y publicaron sus planes y su correspondencia. En investigaciones formales los desertores testificaron sobre el grave peligro que suponían. Fueron reprimidos, pero continuaron en la clandestinidad. Desde entonces se han hecho tan poderosos que han definido literalmente la edad moderna (bajo el disfraz del "progreso", la "reforma" y la "revolución") y ahora amenazan el futuro de la humanidad.

EL ORIGEN DE LA DISFUNCIÓN MODERNA

El término "Illuminati" significa "iluminados" y se refiere a Lucifer, el "portador de la luz". Su filosofía esencial consiste en sustituir la "razón" (en otras palabras, la conveniencia) por lo que se llamaba la "recta razón" (en otras palabras, la moral universal).

"Haz lo que te plazca" (es decir, "tolerancia) era la divisa de la francmasonería-Illuminati. Los Illuminati definirán la realidad, no Dios ni la naturaleza. El iluminismo o el "humanismo" es una religión secular y una transición al satanismo. La decadencia de la decencia pública lo evidencia cada vez más. El mundo se asemeja cada día más al juego del Grand Theft Auto o a una película de miedo de Hollywood o de desastres.

Ya sea una planta, un perro o un niño, cuando se les da un poco de alimento y amor se desarrollan según su diseño innato. Los Illuminati desean desconectarnos de este diseño inherente mediante la promoción de la disfunción bajo disfraces como la "liberación sexual" y la "igualdad."

En 1770 Mayer Rothschild contrató a Adam Weishaupt, 22 años, profesor universitario (hijo de un rabino educado como católico) para atraer a la crema de la sociedad europea a un culto secreto diseñado para revertir el curso de la civilización occidental (en otros términos, cristiana).

Hago referencia a Final Warning un libro online de David Allen Rivera y al excelente libro de James Wardner **Unholy Alliances** (págs. 34-51)

Los Illuminati se crearon el 1 de mayo de 1776. Weishaupt escribió: "La gran fuerza de nuestra Orden yace en su ocultación, que nunca aparezca en ningún lugar ni con su propio nombre, sino siempre encubierta bajo otro nombre y otra actividad. Nada es más apropiado para ello que los tres grados inferiores de la francmasonería; el público está habituado a ella, espera poco de ella y por consiguiente se fija poco en ella."

En el congreso de Wilhelmsbad el 20 de diciembre de 1781 se llegó al acuerdo de añadir la jerarquía de los Illuminati a los tres primeros grados de la masonería. Al volver a casa, el conde de Virieu, un masón de la logia martinista de Lion informó: "sólo puedo decir que todo esto es mucho más serio de lo que ustedes piensan. La conspiración que se está entretejiendo está tan bien calculada que será imposible que la monarquía y la iglesia escapen de ella."

Nesta Webster en su libro **World Revolution** describe el modus operandi de los Illuminati. Es aplicable a Adolf Hitler como a Timothy Leary: "El arte del Iluminismo consiste en reclutar a ingenuos así como a adeptos y alentado sueños de visionarios honrados o planteamientos de fanáticos, halagando la vanidad de egoístas ambiciosos, trabajando las mentes de desequilibrados o jugando con las pasiones, como la codicia y el poder, hacer que hombres de fines totalmente divergentes sirvan al fin secreto de la secta."

Los Illuminati también usaron el sexo y el dinero como soborno para ganar el control de los hombres en puestos elevados y después chantajearlos con la amenaza de la ruina financiera, dejarles en evidencia ante la sociedad o asesinarlos. Esto continúa actualmente.

Weishaupt escribió: "A veces hay que hablar de un modo y otras de otro, de manera que nuestro verdadero propósito permanezca impenetrable para nuestros inferiores." Y, ¿cuál era ese propósito? Era "nada menos que conseguir el poder y las riquezas, socavar el gobierno secular o religioso y obtener el dominio del mundo."

La primera prioridad era captar escritores, editores y educadores. El panteón moderno de grandes pensadores, desde Darwin a Nieztsche y Marx, lo formaron peones o agentes Illuminati. De una universidad Weishaupt escribió: "todos los profesores son miembros de los Illuminati... así que todos los alumnos se harán discípulos del Iluminismo."(Wardner, 45)

A medida que la Orden se extendía por Alemania el dinero llegaba de familias relevantes judías como los Oppenheimers, Wertheimers, Schusters, Speyers, Sterns y, por supuesto, los Rothschild. Gerald B. Winrod escría en su libro Adam Weishaupt: A Human Devil, "de los treinta y nueve subjefes de Weishaupt, diecisiete eran judíos."

Desde Bavaria la Orden de los Illuminati se extendió como el fuego... Pronto tuvieron más de trescientos miembros procedentes de todos los sectores de la vida, incluyendo a estudiantes, comerciantes, doctores, abogados, jueces, profesores, funcionarios, banqueros e incluso ministros de la iglesia. Algunos de estos miembros más notables fueron: el duque de Orleans, el duque Ernst Augustus de Saxe-Wiemar-Coburg-Gotha, el príncipe Charles de Hesse-Cassel, Johann Gottfried von Herder (filósofo), el conde Klemens de Constanza ("Diomedes"), el duque Ferdinand de Brunswick ("Aaron"), el duque Karl Augustus de Saxe-Weimar, Johnn Wolfgang von Goether (poeta), Joseph II de Rusia, Christina VII de Dinamarca, Gustave II de Suecia y el rey Poniatowski de Polonia.

Durante la época del tercer congreso masón de Frankfurt en 1786, los Illuminati controlaban prácticamente todas las logias masónicas, lo que representaba tres millones de miembros de la sociedad secreta de las diferentes provincias alemanas, de Austria, Hungría, Inglaterra, Escocia, Polonia, Francia, Bélgica, Suiza, Italia, Holanda, España, Suecia, Rusia, Irlanda, África y América (Wardner, pág. 39)

En los años de 1790 había miedo a los Illuminati en los Estados Unidos. En Charlestown, en 1798, el reverendo Jededia Morse decía desde el púlpito: "Prácticamente todo el establishment civil y eclesiástico de Europa se ha visto sacudido hasta sus cimientos por esta terrible organización, la misma Revolución Francesa es sin lugar a dudas resultado de sus maquinaciónaciones..." (Wardner 48)

En 1832 William Russell estableció una sucursal de los Illuminati en Yale que se llamó Skull and Bones. El presidente G.W. Bush, su padre y John Kerry son miembros.

El nueve de septiembre de 1785 Joseph Utzschneider, abogado, y otros desertores revelaron las metas de los Illuminati ante una comisión de investigación de Bavaria: abolición de la monarquía y de todos los gobiernos constituidos, abolición de la propiedad privada (que asumirán los Illuminati), abolición del patriotismo (naciones), familia (mediante la abolición del matrimonio, la moral y mediante la educación de los niños por el gobierno) y por último, abolición de todas las religiones, particularmente del cristianismo.

Estas son exactamente las metas del comunismo que enunció Marx en 1848. Los Illuminati y el comunismo van de la mano. El término rojos procede del "escudo rojo" de la familia Rothschild.

En 1794 el duque de Brunswick emitió un manifiesto que se basaba en los documentos confiscados a los Illuminati. Decía: "la agitación que reina entre la gente es trabajo de ellos…Empezaron por lanzar el odio a la religión…Inventaron los derechos del hombre…e incitaron a las personas a que les arrancasen a sus príncipes el reconocimiento de sus supuestos derechos. El plan que trazaron para romper todos los lazos sociales y destruir toda clase de orden se desvelaba en sus charlas y actos. Inundaron el mundo con multitud de publicaciones, reclutaron aprendices de todo nivel y lugar, engañaron a los hombres más perspicaces alegando falsas y diversas intenciones." (**Light-bearers of Darkness**, pág. 10)

CONCLUSIÓN

La humanidad ha tomado un giro equivocado y parece condenada. La elite política, cultural y económica está formada por ingenuos o por voluntariosos agentes de una conspiración satánica de proporciones cósmicas.

Si nosotros y nuestros hijos hemos de sufrir y morir prematuramente, al menos sabremos cuál es la verdadera razón. Ese es un privilegio que no se le concedió a millones de nuestros antepasados.

Dios y Satanás apostaron por el alma del hombre. Si gana Dios, el hombre revive en la gloria de su derecho divino. Si gana Satán, el hombre se destruye. En pocas palabras, ésta es la naturaleza religiosa de la política.

La Humanidad Sometida a un Ataque de lo Oculto

Es sabido que la elite financiera concede gran importancia a proporcionarnos un enemigo externo: hunos, nazis, comunistas, terroristas musulmanes, etc. También nos crea enemigos internos dividiéndonos en cuestiones como la raza, el sexo y la clase. Después sueña con enemigos económicos, sociales y naturales como la guerra a la pobreza, las drogas y el calentamiento del planeta.

De este modo nos aleja la atención de ellos, del verdadero enemigo, los Illuminati organizados dentro de la masonería, son una secta internacional satánica que controla nuestra vida política, cultural y económica con una sagacidad mágica.

Sus símbolos victoriosos petulantes se encuentran en todas partes; en el gran sello de los EE.UU y en el logo de incontables empresas, la ONU e incluso la ciudad donde yo vivo, Winnipeg. Busque puntos dentro de círculos, pirámides sin piedras de toque, ojos de Horus y símbolos que denotan amaneceres.

Todos los políticos que tienen alguna oportunidad son masones, incluyendo a Bush, Obama, Clinton y McCain. No ofrecen una oposición seria. Bush ha duplicado la deuda nacional y reducido el valor del dólar norteamericano a la mitad, pero ¿se ha oído alguna crítica? Bajo su representación tuvimos el 11-S, la guerra de Irak, el huracán Katrina (diques volados) y el colapso de las hipotecas. Nadie asumió responsabilidades.

En el frente internacional, Obama y Ahmadinejad, Sarkozy, Merkel y Putin, Bush y McCain son todos miembros de este club aunque finjan disputas. Ellos trabajan para el cártel banquero internacional ayudados por un pequeño ejército de ingenuos y oportunistas. Nada de todo esto sería posible si no fueran también dueños de los mass media.

Nuestra vida política es un puro teatro. El autor de **Los Protocolos de Sión** dice a carcajadas: "¿Quién sospechará alguna vez que todas estas personas fueron teatralmente manejadas por nosotros según un plan político que nadie había sido capaz de imaginar a lo largo de muchos siglos?" (Protocolo 13)

Ya en 1823 Hoene Wronki escribió: "Las sociedades secretas se clasifican en grupos distintos y aparentemente enfrentados, profesando ... las opiniones más enfrentadas del momento, para dirigir, distanciados y con seguridad, todos los partidos, políticos, religiosos, económicos y literarios. Con el fin de recibir una orientación común se unen de nuevo en un centro desconocido ... un comité supremo desconocido que gobierna el mundo". (**Light-bearers of Darkness**, pág.2)

El gobierno mundial, el "Nuevo Orden Mundial" es la meta de la masonería. El orden se crea del caos. Se conseguirá mediante un "proceso dialéctico" de guerras falsas originadas por operaciones de falsas banderas, lavado de cerebros ("entrenamiento de sensibilidades") propaganda, difamación y coacción.

Según dice el libro de Jyri Lina, Architects of Deception, la masonería es judaísmo para gentiles. Se basa en la Kábala y es "el órgano político ejecutivo de la elite financiera judía". (Véase *Freemansonry: Mankind's Deathwish* en mi web)

El judío masón la dirige. Aparentemente los judíos pertenecen a todas las logias pero los no judíos pertenecen a las judías como la B'nai Brith. Éstas comprenden la rama ejecutiva.

Estamos siendo testigos de la culminación de una cruzada milenaria por parte de ciertos judíos fariseicos y sus aliados para derrocar la civilización cristiana y establecer una tiranía primitiva que se perfiló con todo detalle en Los Protocolos de Sión.

EXTENSIÓN DEL MONOPOLIO FINANCIERO

Jyri Lina cita al profesor Valeri Yemeyanov quien en un congreso del partido comunista soviético de 1979 dijo: "la pirámide judeo-masónica controla el 80% de la economía de los países capitalistas y el 90-95% de los medios de información". (163)

En 1938 una persona con información privilegiada como Christina Rakovsky (Chaim Rakover) describió la situación del siguiente modo:

"En Moscú hay comunismo: en Nueva York capitalismo. Es lo mismo que tesis y antítesis. Analice ambos. Moscú es comunismo subjetivo pero (objetivamente) capitalismo estatal. Nueva York: capitalismo subjetivo, pero comunismo objetivo. Una síntesis personal, la verdad: la Internacional financiera, la comunista capitalista. "Ellos". "Ellos" se refiere a los Illuminati, el peldaño más elevado de la francmasonería.

El 19 de noviembre de 1937 el influyente Fabian Nichola Murray Butler celebró un banquete con estas palabras, "el comunismo es el instrumento con el cual el mundo financiero puede derrocar gobiernos nacionales y después levantar un gobierno mundial con una policía mundial y dinero mundial".

Rakovsky dice que el auténtico fin de la masonería es traer el comunismo. El comunismo (es decir, el NOM) implica la destrucción de los cuatro pilares de nuestra identidad humana: raza, religión, nación y familia. Este es el verdadero significado de la "diversidad", el "multiculturalismo"., el "feminismo", la pornografía, la "liberación sexual" y los "derechos de los gays". (Véase *Rothschild Conduct Red Symphony* en mi web o en **Estafa Cruel**).

El hechizo pagano masónico se lanza con una consistencia y acuerdo sorprendentes a través de los mass media y de los sistemas de educación. Por ejemplo, últimamente uno no puede escapar a imágenes de mujeres fuertes en papeles masculinos y exhortaciones a las mujeres de las sociedades tradicionales para que busquen la independencia.

En 1909 Paul Copin Albanceli escribió: "Los masones repiten lo que han oído de los predicadores de los poderes ocultos: el periodista... el editor... el pornógrafo... el profesor... El estado de mente creado y desarrollado en las logias... es el medio profano que se encuentra en todas partes y a la mente se la cambia con él. Y a medida que los masones cumplen su función como propagandistas sin descubrirse como masones, la actividad que ejercen no se reconoce como masónica". (**The Jewish Conspiracy Against the Christian World**, págs.. 173-174)

DISCERNIMIENTO

La masonería muestra al mundo un rostro falso. Lina escribe que la francmasonería "está íntimamente asociada al socialismo y al comunismo así como al crimen organizado. La tarea primaria de la francmasonería es combatir el conocimiento del mundo real e ignorar los hechos de la historia verdadera".(281)

La masonería exotérica es para los palurdos. Trata de la caridad y de "hacer mejores a los hombres buenos", etc. La auténtica masonería, la esotérica (u oculta) sólo dada a conocer a los adeptos, trata de conquistar el mundo para Lucifer.

Así pues, siempre debemos discernir entre lo formal e informal, lo subjetivo y lo objetivo.

Oficialmente vivimos en una sociedad libre. En la práctica nuestros "líderes" son crédulos o traidores consagrados a nuestra esclavitud final.

Oficialmente el arte y el entretenimiento son expresiones libres. En la práctica, con unas pocas excepciones, sólo se alienta el entretenimiento que desarrolla el programa oculto. Son incontables las películas de programación predictiva, las que enseñan a la gente a esperar escenarios satánicos y catástrofes espantosas.

Oficialmente los terroristas musulmanes estrellaron los aviones contra los símbolos de la libertad y la prosperidad americanas el 11-S provocando su hundimiento y la muerte de tres mil personas. En la práctica los instrumentos de la elite financiera masónica—agencias de inteligencia, sociedades secretas—explotaron los edificios para justificar la evisceración de los derechos civiles, iniciar guerras injustificadas y un despilfarro de cinco billones de dólares.

Oficialmente las elecciones expresan la voluntad de las personas y el deseo de cambiar. En la práctica las elecciones se necesitan para mantener la ilusión de libertad y asegurar los impuestos y los cuerpos que hacen falta para guerras sin fin.

Oficialmente creen en nuestra nación. En la realidad están haciendo todo lo posible para socavarla de modo que la población acepte el gobierno mundial.

Oficialmente son cristianos. Barack Obama es cristiano. En la práctica, el luciferismo (francmasonería, judaísmo cabalista, secularismo) es la religión del Occidente post-Ilustración. George Bush y Barack Obama son satanistas que usan orgullosamente el símbolo de la cabra con cuernos. Profesando el cristianismo, lo desacreditan.

CONCLUSIÓN

En estos momentos yo diría que el libro más revelador sobre nuestra posición es el de Jyri Lina Architects of Deception. Lo comenté en cierta ocasión y vuelvo a encomiarlo. Aquí tenemos otro ejemplo de las revelaciones que contiene: "la mayoría de los generales y signatarios de la Declaración de Independencia de George Washington eran masones. Los valores de la Declaración son válidos pero caen en la categoría de lo "oficial".

En la práctica, dice Lina, "los francmasones crearon los Estados Unidos de América como una base eficaz para sus actividades de alcance mundial y para conseguir su meta de suma importancia—la supremacía mundial".

Nuestras vidas se edifican sobre un fraude monstruoso. Nuestros líderes políticos y culturales son elegidos por su disposición para traicionarnos a cambio de fama y fortuna. La humanidad ha entrado en una zona de nebulosa entre la realidad y un maleficio oculto. Nuestra única esperanza es que lo "oficial" triunfe sobre lo "no oficial" y que los inocentones despierten antes de que sea demasiado tarde.

La Secta Satánica que Dirige el Mundo

¿Cómo podría perseguir uno a mil, y dos hacer huir a diez mil,… si Dios no los hubiera entregado? Deuteronomio 32.30

"Una de dos, o te conviertes al islam o mueres". Esta era la elección que el sultán turco le ofreció a Sabbati Zvi, auto proclamado "Mesías" judío en 1666.

Fingiendo que se convertía, Zvi recurrió a una práctica común entre los judíos. Pero Zvi no era un judío corriente. Él dirigía una herejía popular que se basaba en una variación de la Cábala. Los rabinos lo habían denunciado a él y a sus seguidores.

Después de su "conversión", más de un millón de seguidores, entre los que más tarde se incluirían financieros como los Rothschild, siguieron su ejemplo. Pero ellos no se limitaban sólo a fingir que eran musulmanes o cristianos. Fingieron que eran judíos también. Ellos fueron los antepasados de los Illuminati y del comunismo.

La desertora del comunismo Bella Dodd reveló que durante los años de 1930 el partido comunista tenía mil cien miembros entre el clero católico. Llegaron a ser obispos, cardenales y papas.

Adoptando esta estrategia camaleónica, esta secta satánica se infiltró y subvirtió la mayoría de los gobiernos y de las religiones, y estableció una tiranía invisible sin atraer mucho la atención. En palabras del talentoso investigador judío Clifford Shack: "Inflitrándose, cautelosa y astutamente, esta red invisible ha llegado a dirigirnos a todos. Cuarenta y un años después de la muerte de Shabbatai Zevi en 1717 se infiltraron en las agrupaciones masónicas de Inglaterra y establecieron la francmasonería… [El sucesor de Zevi] Jacob Frank tendría un gran impacto en el interior de la francmasonería conocido como los Illuminati, formados en 1776. La francmasonería se convertiría en la fuerza oculta detrás de acontecimientos como las revoluciones [americana, francesa y rusa], las creaciones de la ONU e Israel, ambas guerras mundiales (incluido el holocausto) y los asesinatos de los hermanos Kennedy quienes, junto con su padre, intentaron frustrar los esfuerzo de la red en suelo americano.

Los sabateos/frankistas, a los que se también se les menciona como el "culto del ojo que lo ve todo" (observe el billete de un dólar para empezar a comprender su influencia en su vida) son camaleones políticos y religiosos. Están en todas partes… donde hay poder. Son los buenos y los malos. La era de la Segunda Guerra Mundial es un ejemplo principal. Los siguientes líderes fueron miembros del "culto del ojo que lo ve todo" (sabateos/frankistas): Franlin D. Roosvelt, Winston Churchill, Adolf Hitler; Eugenio Pacelli (Papa Pío XII), Francisco Franco, Benito Mussolini,

Hirohito y Mao-Tse-Tung".

Si el señor Shack está en lo cierto, los historiadores, educadores y periodistas colaboran defendiendo una falsa realidad y desviándonos de la verdad. Nuestro mundo, nuestra percepción de la experiencia están conformadas por una sociedad oculta y secreta. Nuestra cultura es una operación psicológica elaborada.

Obviamente los sabateos y sus descendientes deberían captar nuestra atención. En lugar de ello se ocultan. Fueron decisivos en los movimientos denominados Ilustración, secularismo y modernismo que no son más que pasos de niño hacia su satanismo.

Según el rabino Marvin Antelman ellos creen que el pecado es santo y debería practicarse porque sí. Puesto que el Mesías vendrá cuando la gente sea justa o completamente corrupta, los sabateos optaron por la corrupción: "puesto que no todos podemos ser santos, seamos todos pecadores".

Su bendición blasfema "que permite lo prohibido" más tarde se convirtió en la iluminista "haz lo que quieras", expresión de su sentimiento religioso. Totalmente amorales, ellos creen que el fin justifica los medios". (**To Eliminate the Opiate**, vol. 2, pág. 87)

En 1756 Jacob Frank y sus seguidores fueron excomulgados por los rabinos. Antelman dice que los sabateos estaban detrás de los movimientos liberales y revolucionarios del siglo XIX. También estaban detrás de los movimientos reformistas y conservadores del judaísmo, incluyendo la Haskalah, es decir, la asimilación judía. En otras palabras, los judíos han sido influenciados por los sabateos para "mezclarse" y ni siquiera lo saben.

Esta es su táctica. No abogan por un reino satánico en la tierra. Suavemente te dirigen en esa dirección haciendo que te cuestiones la existencia de Dios, exigiendo "liberación sexual", "independencia para la mujeres, "internacionalismo", "diversidad" y "tolerancia religiosa". Todos estos aspectos contienen una finalidad oculta: corromper y minar "todas las fuerzas colectivas excepto las nuestras". (es decir, raza, religión, nación y familia).

EL EXCESO SEXUAL COMO RELIGIÓN

Nos dicen que "el sexo libre" es "progresista y moderno". De hecho la secta sabatea ha participado en la "esposa compartida", las orgías sexuales, el adulterio y el incesto durante más de trescientos cincuenta años. También han fomentado el sexo interracial. Nos han inducido a muchos a su culto.

Antelman cita los procedimiento de la corte rabínica donde Shmueol, hijo de Shlomo confesó lloroso que había rechazado la Torah y había animado a su esposa a que tuviera relaciones sexuales varias veces con Hershel. "Yo soy el culpable. Ella no quería".(111)

La entrega sexual es característica del comunismo, una consecuencia directa del sabateanismo. Jacob Frank prostituyó a su bella esposa para reclutar a hombres influyentes. Los miembros femeninos del partido comunista fueron usados de igual manera. Adam Weishaupt, el fundador de los Illuminati, dejó embarazada a su cuñada.

Una anécdota al respecto: en su libro The Other Side of Deception el desertor del Mossad Victor Ostrovsky describió como se relaja el Mossad. En una fiesta, la plantilla, que incluía a muchas mujeres jóvenes solteras, se reunía alrededor de una piscina, totalmente desnudos.

La influencia de la conspiración sabatea se oculta a la vista. Por ejemplo, el término "holocausto" se usa sin consideración a su verdadero significado. El rabino Antelman manifiesta que bastante antes de la Segunda Guerra Mundial el término significaba "ofrenda quemada" como sacrificio. (pág.199)

Cita a Bruno Bettelheim el cual dice que "llamar al crimen masivo más cruel, más brutal, más espantoso y más odioso "ofrenda quemada" es un sacrilegio, una profanación de Dios y del hombre". (205)

¿De quién fue el sacrificio? ¿Con qué propósito' Obviamente tiene algo que ver con la práctica oculta sabatea. Cada vez que usamos esa palabra, sin darnos cuenta nos unimos al sacrilegio.

Según Antelman los sabateos odiaban a los judíos y buscaron su extinción. Cita a rabinos que ya en 1750 advertían que si los judíos no detenían a los sabateos serían destruidos por ellos. (209)

Y ciertamente cuando algunos judíos intentaron salvar al judaísmo europeo del genocidio, Antelman dice que "las comunidades conservadoras y reformistas (de los EE.UU) siguieron con sus cosas ignorando estas actividades. Así que las llamadas organizaciones del establishment, como el American Jewish Congress, el American Jewish Committee y la B'nai Brith, no hicieron prácticamente nada". (217)

Los sabateos sólo se casan dentro de su secta demoníaca. Con frecuencia se casan con gentiles ricos e influyentes. De hecho, la actual madre del cuarto barón Rothschild (Jacob) no era judía como tampoco lo es su esposa.

Otro ejemplo es el matrimonio en 1997 de la hija de Al Gore, Karenna, con Andrew Schiff el bisnieto de Jacob Schiff. El padre de Gore fue un senador al que financió Armand Hammer (Occidental Petroleum) cuyo padre fue el fundador del Partido Comunista Americano. Como los Clintons, Dubya y Obama, Al Gore es otro agente Illuminati.

CONCLUSIÓN

La humanidad se halla sometida a una cruel secta satánica cuya astucia y poder son tan grandes que pueden hacer que su guerra contra la humanidad parezca normal e inevitable. Incluso aunque se exponga a la luz su conspiración pueden convencer a todo el mundo de que eso es racista y de mal gusto creérselo. A los hombres los tienen centrados en la pornografía mientras establecen un estado policial.

La sociedad occidental está moralmente en bancarrota. Esta red de culto elaborado controla la política, la información y la cultura. La mayoría de los líderes son ingenuos o traidores. La intelligentsia ha sido sobornada mientras el público está distraído y vive en la ignorancia.

Como la mayor parte de las naciones, los judíos han sido subvertidos desde dentro. Los sionistas son peones de los sabateos que usaron el "holocausto" para fraguar la creación de Israel. Millones de judíos han sido "sacrificados" con el fin de crear una capital para el Nuevo Orden Mundial sabateano.

¿Por qué los Illuminati Odian a los Judíos?

"Cuando llega el momento de la práctica, los Illuminati tienen un odio absolutamente satánico por los judíos," me informaba un contacto mío que hizo negocios con una destacada familia Illuminati.

"El odio a los judíos les fortalece espiritualmente", continuó. "Hay mucha literatura por ahí que divulga la mentira de que la conspiración es judía en sus niveles más altos. Se da por hecho, así parece, y muchos datos son difíciles de discutir, pero tengo conocimiento de primera mano de hasta qué punto sienten odio por los judíos ciertas personas. Estas personas (por lo menos las que yo conocí) no son banqueros sionistas sino gentiles."

En apariencia los judíos tienen un papel desproporcionado en el Nuevo Orden de los Illuminati. ¿Cómo explicamos esta aparente contradicción?

Siguiendo la investigación del rabino Marvin Antelman, Barry Chamish ha dejado al descubierto las herejías de Sabbatai Zvi y de Jacob Frank que crearon un cisma en el judaísmo europeo en los siglos XVII y XVIII respectivamente. Este fue un movimiento esencialmente satánico que cambió las enseñanzas religiosas de tono. Todo lo que estaba prohibido por Dios se permitía ahora. El pecado y no el bien era el camino para la salvación. La depravación sexual (especialmente las orgías con intercambios de esposa) se alentaban como medio de destruir la familia y el tejido social. Querían empezar de cero para rediseñar la sociedad. Estas son las raíces del freudianismo y de la liberación sexual.

Un odio feroz se desarrolló entre los judíos satanistas y los rabinos que intentaban expulsar a los herejes de la comunidad. Este cisma se reflejó parcialmente en la división entre judíos occidentales que conservaron su religión para "el humanismo secular y la razón" y los judíos orientales (Ostjuden) que permanecieron mayoritariamente ortodoxos. Muchos judíos seculares se hicieron radicales cuando intentaron sustituir la religión por la creencia en una utopía mundial. Los Illuminati los embaucaron con su sueño fraudulento de comunismo/socialismo. "Cambiar el mundo" fue y es su divisa engañosa, que sobrevive en el "cambio" de Barack Obama.

Jacob Frank (1726-91), el sucesor de Sabbatai Zvi, formó una alianza con los Rothschild, el poder que se oculta detrás de los Illuminati. Iniciaron las escuelas reformistas y conservadoras del judaísmo que se hacen pasar por "la liberación de los confines de la ley profunda y el gueto judíos." Animaban a los judíos a que se asimilaran, a que se casaran con no judíos, a que se cambiasen los nombres e incluso a que se convirtiesen al cristianismo. Designaron a seguidores selectos para que avanzasen su agenda satánica mediante la subversión de la civilización cristiana desde dentro.

El origen del senador John Kerry coincide perfectamente con este perfil. Su abuelo fue un judío frankista Khon que adoptó un nombré irlandés y se convirtió al cristianismo. Su padre trabajó para la CIA. Su madre era parte de la familia Forbes, que hizo su fortuna con el comercio de las drogas (opio), como muchas de las "primeras familias" de América. El propio Kerry es un miembro de la Illuminati "Skull and Bones."

Durante las últimas elecciones, Weley Clark descubrió que él era medio judío. Madelein Albright admitió que era judía. Su padre, Josef Korbel, fue el mentor de Condoleezza Rice en la Universidad de Denver. Antes de eso lo acusaron de haber robado tesoros de arte a una importante familia checa cuando era oficial comunista en la post guerra.

El cuadro que emerge es una conspiración de judíos, gentiles, judíos parciales y judíos ocultos unidos por la lealtad a la dictadura comunista satánica. Winston Churchill, cuya madre era judía y el actual barón Jacob Rothschild, cuya madre no era judía, encajan en esta descripción.

Hay una sorprendente lista de presidentes americanos que son sospechosos de ser parcialmente judíos incluyendo a Abraham Lincoln, Teddy Roosevelt, FDR, Eisenhower y Lyndon Johnson.

Es posible que miembros de la jerarquía nazi fueran también parcialmente judíos. La abuela de Hitler dejó el empleo en casa de los Rothschild en Viena cuando se quedó embarazada del padre de Hitler. En su libro de 1964 Before Hitler Came, su autor Dietrich Bronder, judío, dice que los siguientes personajes llevaban sangre judía: Hesse, Goering, Strasser, Goebbels, Rosenberg, Frank, Himmler, von Ribbentrop, Heydrich y muchos más. (Kardel, Hitler Founder of Israel, pág.4) En los años de 1930 la proporción de matrimonios judíos-alemanes era del 60% y esto debió continuar durante cierto tiempo. Había muchos más judíos mixtos que "puros" y ciento cincuenta mil *mischlings* sirvieron en el ejército nazi.

Svali sugiere una razón por la que los Illuminati odian a los judíos religiosos: "los judíos históricamente lucharon contra lo oculto. Véanse el Deuteronomio y el Antiguo Testamento para comprender cómo Dios a través del pueblo judío intentó limpiar la tierra de los grupos ocultos que actuaban allí, grupos como los que adoraban a Baal, Ashtarte y a otros dioses canaanitas y babilonios.

Es hora de que los judíos redescubran su herencia y asuman este mandamiento de nuevo.

En conclusión, una herejía satánica ha corrompido el judaísmo. Estos satanistas son parte de los Illuminati y odian a los otros judíos, posiblemente porque los judíos debían representar a un Dios moral. O tal vez simplemente porque son paletos.

La meta a largo plazo de los Illuminati es apartar a la humanidad del propósito divino y subyugarla mediante el empleo de medios sofisticados de control mental (es decir, los mass media, "educación", "liberación sexual", migración, diversidad, et…) La humanidad está siendo reconstruida en el laboratorio de los Illuminati.

Lo que Todo Judío (y no Judío) Debería Conocer

Un estudioso de Chicago, Christopher Jon Bjerknes, de cuarenta y dos años de edad, piensa que sabe qué es lo que está asolando a la humanidad y cree que este conocimiento es necesario para detener a Armageddon.

Dice que un culto hereje, los "sabateos frankistas", controla al judaísmo organizado, incluyendo el Sionismo y la francmasonería. Empezaron como seguidores de Shabatai Zvi (1626-1676) y más tarde de Jacob Frank (1726-1791). Ellos creen que Shabatai era el Mesías (Dios) y que su alma ha migrado a la dinastía Rothschild, que es ahora el "rey de los judíos".

Según su sistema mesiánico, la redención requiere que los Rothschild se hagan Dios, es decir, el rey del mundo. Esto determinará el sacrificio de dos tercios de todos los judíos y la destrucción y esclavitud del resto de la humanidad. Bjerknes cree que este credo demencial es en realidad la fuerza motora que hay detrás de la historia, incluyendo todas las guerras y el "gobierno mundial".

Bjerknes (B-Yerk-Nes) está orgulloso de su herencia noruega y judía (su abuelo materno, músico famoso, era judío). Él ha escrito dos libros extensos, uno sobre Albert Einstein como un plagiario y otro sobre el genocidio armenio inspirado por los sabateos –ese incluye cientos de páginas de historia judía suprimida. Pueden encontrarse como PDF en su web *http://www.jewishracism.com/*.

El mensaje de Bjerknes es irresistible y consecuente con **Los Protocolos de Sión** donde el autor habla de la entrada en su "reino".

Los sabateos creen que su rey se halla en la obligación de devolver a los judíos a Israel y exterminar a los gentiles. Creen que el Mesías no aparecerá hasta que el mundo sucumba al mal y están dispuestos a hacer que su profecía se cumpla. Por consiguiente el mal es bueno desde su perspectiva satánica. En opinión de Bjerknes esto constituye "una guerra judía contra la humanidad. Cuando Bjerknes se refiere a lo judío quiere decir lo "sabateano".

Bjerknes cita al Deuteronomio como ejemplo de esta supremacía judía: "el SEÑOR tu Dios te ha elegido por ser un pueblo especial ante él, por encima de todos los pueblos que hay sobre la faz de la tierra". (7-16) "Entonces verán todos los pueblos de la tierra que sobre ti es invocado el nombre del SEÑOR; y te temerán..".(28:10)

Señala a Zacarías {13:8:9] como prueba de que los judíos serán asesinados: "Y acontecerá en toda la tierra, dice el SEÑOR, que las dos terceras partes serán cortadas en ella, y se perderán; mas la tercera quedará en ella".

"Y meteré en el fuego a la tercera parte, y los fundiré como se funde la plata, y los probaré como se prueba el oro. Ellos invocarán mi nombre, y yo les oiré y diré: Es mi pueblo; y ellos dirán: el SEÑOR es mi Dios". (También cita a Ezequiel 5:12-13 a este efecto).

En las páginas 43.46 de Jewish Genocide, Bjerknes cita referencias del Talmud y del Antiguo Testamento respecto al plan para exterminar y esclavizar a los gentiles.

Por ejemplo, Génesis, 25; 23 y 27; 38-41 promete entregarles los gentiles a los judíos como sus esclavos y soldados esclavos y les estimula a exterminar a los gentiles simplemente porque se atreven a ofender su fe.

LOS ROTHSCHILD SIGUEN EL PROYECTO BÍBLICO

A comienzos del siglo XIX los Rothschild comenzaron a hacer campaña para obligar a regresar a los judíos a Israel, comprando tierra allí y conspirando para disolver el imperio otomano. Más tarde compraron el canal de Suez para proyectar su poder en Oriente Medio. Bjerknes escribe:

"La ruina del imperio turco y el asesinato en masa de los cristianos armenios fueron un paso en el largo y tumultuoso camino judío hacia la muerte de la humanidad. La ruina del imperio ruso fue otro, seguido de la destrucción repetida de Europa, particularmente de Alemania, en las guerras mundiales que este culto judío creó en un intento por cumplir artificialmente la profecía mesiánica y fortalecer a los judíos de Europa contra su deseo de huir a Palestina". (66)

Según Bjerknes, el apoyo judío fue lo único que le faltó al plan de los Rothschild para establecer un gobierno mundial en Jerusalén, con ellos como rey:

"Ellos pudieron arruinar Egipto y Turquía. Pudieron llevar a Rusia a la ruina. Pudieron comprar a bribones judíos. Pudieron incluso comprar al Papa, pero el único modo de obligar a los judíos a que en gran número se fuesen a Palestina fue poner a Hitler y a Stalin en el poder y perseguir a los judíos a escala masiva y sin precedentes". (291)

EMBAUCANDO A LOS CRISTIANOS

Bjerkness hace una advertencia conmovedora a los cristianos:

"En los medios actuales dominados por los judíos encontramos a muchos judíos que predican al público que el fin de los tiempos se aproxima y que los cristianos deberían considerar su propia destrucción bajo una luz positiva como si fuese el cumplimiento divino de la profecía cristiana y judía. Estos charlatanes han embaucado a muchos cristianos…la destrucción del mundo y de sus naciones se está produciendo como consecuencia de la intervención intencionada de judíos inmensamente ricos y no como resultado de la voluntad de Dios. Estos líderes judíos interpretan la biblia judía como un plan, que deliberadamente están cumpliendo…(327)

Como saben mis lectores, considero el Nuevo Orden Mundial como la conspiración de una elite dirigida principalmente por el deseo de los banqueros centrales de consolidar su monopolio del crédito y el poder. Creo que hay un fuerte elemento judío pero los judíos Illuminati desprecian a sus "hermanos menores" como desprecian a los no judíos. Incluso han invitado a formar parte a las elites gentiles (que son más poderosas y útiles) empleando el matrimonio entre ellos, la francmasonería y el arrianismo. Fíjese en los miembros gentiles de los Skull and Bones Illuminati, por ejemplo. Bjerknes no cree que los Illuminati continúen en el asunto y minimiza el papel de los gentiles. En mi opinión, este es un punto flaco.

En un e-mail Bjerknes responde que el matrimonio entre grupos forma parte de la estrategia judía:

"Creo que los poderosos intereses judíos conscientemente están intentado realizar la profecía mesiánica judía desde hace 2.500 años y han embaucado a muchos gentiles para que les ayuden a lograr sus objetivos. Han captado a muchos gentiles mediante el matrimonio, la amistad e intereses egoístas, gentiles que no son inocentones pero que actúan por codicia, vanidad u otras razones inmorales. ¿Creen que lo que están haciendo es malo? Sospecho que algunos sí.

No me opongo a identificar sociedades secretas y los lazos entre la elite. Simplemente no veo ninguna justificación porque se llamen Illuminati. En cuanto a la senda general de la política y los rostros de aquellos que están empujando el carro hacia la tercera guerra mundial, creo y muchos otros lo han demostrado, que es un movimiento judío y que los Illuminati no eran más que una pequeña parte de este movimiento judío para generar un apocalipsis que se remonta a hace 2.500 años. Por supuesto que no todo lo que está ocurriendo hoy tiene detrás una mano judía al timón. Pero sí creo que poderosos intereses judíos…tienen la capacidad de ejercer más influencia que otros grupos combinados por la simple razón de que se han infiltrado en muchas organizaciones, religiones y gobiernos y porque tienen una enorme y desproporcionada fuerza en los media".

CONCLUSIÓN

No estaría presentando este material si no pensara que es importante examinar el mesianismo judío. Si los acontecimientos mundiales están dirigidos por la megalomanía de los Rothschild sostenida por el fanatismo sabateano, cabalístico, del Antiguo Testamento y del Talmud, pienso que judíos y no judíos por igual querrían saberlo, dicho sea de paso.

Historiador Independiente Desvela La Conspiración de la Cábala

David Livingstone, de cuarenta y un años de edad, autor de **Terrorism and the Illuminati-A Three Thousand Year History** (2007) dice que los cabalistas decididos a ser Dios han secuestrado a la humanidad.

"La Cábala dice que Dios creó al hombre para conocerse a sí mismo." Dice Livingstone. "Los cabalistas interpretan esto de manera que puedan usurpar el lugar de Dios. No necesitan cumplir primero con un estándar moral absoluto."

Livingston dice que todos los movimientos ocultos se originan en la Cábala (que data del siglo VI de Babilonia). El cabalismo no mantiene los estándares morales universales enunciados por Moisés. (Éste es el judaísmo con el que me identifico).

Livingstone sostiene que la mayoría de los linajes de los Illuminati, incluyendo la realeza europea, son judíos herejes, cripto judíos y aspirantes a judíos. ("Los cripto judíos son judíos que fingen ser cristianos, musulmanes o de otras religiones y orígenes).

En su libro, Livingstone traza la genealogía de estos linajes *khazar* que incluye a los Rothschild, Hapsburgo, Sinclair, Stuart, Merovingios, Lusignan y Windsor.

"El gran secreto de la historia es esta historia de la ascensión de los herejes cabalistas al poder", dice Livingstone. "Los judíos corrientes y la gente en general no tienen ni idea de como se les está manipulando."

"Estos cabalistas creen que Lucifer es el verdadero Dios. Sus naciones no les preocupan en absoluto. Su único objetivo en la vida es humillar y degradar a la humanidad y probar a Dios que el experimento humano es un fracaso. Poco a poco van consiguiendo su meta mediante el control de la economía, la educación, los media y el gobierno."

PERSONAL

David Livingston nació en Montreal en 1966 de padre jamaicano-canadiense (maestro) y de madre francocanadiense. A los siete años les preguntó a sus padres por Platón y Aristóteles. Le dijeron que eran verdaderos investigadores, quedó impresionado. "Queréis decir personas que no conocen la verdad?" Decidió encontrarla.

Livingstone estudió historia pero abandonó en 1992 cuando se dio cuenta de que lo estaban adoctrinando. "Cuando leí que la raza indoeuropea emergió del Cáucaso, de ninguna parte, comencé a sospechar e inicié una investigación de trece años que me llevó a mi primer libro, **The Dying God- The Hidden History of Western Civilization.**"

En este libro Livingstone desmontó el mito de la civilización occidental, que intenta describir el progreso en términos del rechazo de la religión y la adopción de lo secular, lo cual es realmente una máscara de lo oculto, es decir, la Cábala. (Vease en mi web *Lucifer is Secret God of Secular Society*).

Mientras escribía este libro, Livingstone pagaba sus facturas plantando árboles en Columbia Británica y tapizando muebles en Montreal. Educado como agnóstico, se convirtió al islam en 1992 después de estudiar las religiones principales del mundo. Se casó en el año 2000 y tiene tres hijos, todos de menos de seis años.

EL TERRORISMO Y LOS ILLUMINATI

El último libro de Livingstone, que rastrea la conspiración de la Cábala de dos mil quinientos años desde los tiempos antiguos hasta la actualidad, está repleto de nueva y muy interesante información.

Por ejemplo, la orden de los Illuminati estuvo precedida en España por los "Alumbrados", una herejía cristiana iniciada por cripto judíos a los que se llamaba "marranos". El fundador de la orden jesuita, Ignacio de Loyola, era un "marrano/ alumbrado" (114). Por eso, cuando la gente discute hoy si son los jesuitas o los sionistas los responsables de nuestros problemas, en realidad están hablando de la misma bestia.

El rabino cabalista Isaac Luria, un seguidor de Loyola, enunció el principio de que deben trabajar activamente para hacer realidad la profecía, es decir, la redención mediante la llegada del Mesías y el gobierno de los Illuminati. Esto significaba "manipular el curso de la fe a través de la magia, y finalmente, de la preparación de las circunstancias necesarias políticas y morales para recibir la llegada [al Mesías, es decir, al Anticristo] , es decir, un Nuevo Orden Mundial." (115)

Con los mass media y el sistema de educación en las manos de estos cabalistas es fácil trabajar esta "magia". Es sencillo convencer a millones de que un jet de pasajeros se estrelló contra el pentágono y Sanksville, Pensilvania, (aun cuando no hubiese ningún escombro de jet) y el World Trade Centre cayera debido al "fuego".

Las herejías sabateas y frankistas de los años 1600 siguieron las de los Alumbrados y condujeron directamente a los Illuminati en los años de 1700. Dice Livingstone:

"Los frankistas estaban empeñados no sólo en la erradicación y humillación de la mayoría de la comunidad judía, que se negaba a aceptar sus desviaciones…, sino de todas las religiones, y explotaron los ideales sionistas para ocultar su intento de dominar el mundo. Los frankistas creían que…todo lo que se había prohibido (por la Tora) se permitía ahora, o incluso era obligatorio. Esto incluía las uniones sexuales prohibidas, las orgías y el incesto…"

"A pesar de que eran religiosos en apariencia, los frankistas buscaron la aniquilación de todas las religiones y sistemas de creencias positivas, y soñaban con una revolución general que barriese el pasado [el orden social] de un solo golpe…para Jacob Frank la destrucción anárquica representaba todo el esplendor luciferino, todos los tonos y sobretonos de la palabra Vida."(125)

[Citando el libro de Frank The Words of the Lord, JYri Lina escribe: "Creía que Dios era malo. Frank se proclamaba a sí mismo el verdadero Mesías. Prometió no decir la verdad, rechazó todas las leyes morales, y declaró que el único camino a la nueva sociedad era la destrucción total de la civilización presente. El asesinato, la violación, el incesto y beber sangre eran acciones y rituales perfectamente aceptables." (**Under the Sign of the Scorpion**, pág.22)]

Resulta sencillo descubrir el origen del comunismo y el anarquismo en esta filosofía demencial. Resulta sencillo descubrir el terror de las revoluciones francesa y bolchevique, los Gulags soviéticos y los campos de concentración nazis, los campos de muerte en Camboya y China, el "pavor y destrucción" de Irak y el polvo del World Trade Center.

Resulta sencillo descubrir que esta secta degenerada y judía es la razón por la que todos los judíos han sido manchados con la sospecha de inmoralidad y subversión. A muchos judíos les engañó la promesa comunista (frankista) de justicia económica y propiedad pública. (Esto es lo que los cabalistas quieren decir por "magia"—engaño y mentiras). No obstante, los judíos corrientes han sido lentos para distanciarse de este movimiento pernicioso y de manifestaciones sionistas, neoconservadoras y masónicas (que no son lo que pretenden).

Los Rothschild y la mayoría del establishment banquero judío fueron frankistas. Casándose con las elites indígenas, fueron responsables de la revolución bolchevique y de la primera y segunda guerra mundial. Desgraciadamente puede que estén planeando una tercera guerra mundial que enfrentará al islam contra el sionismo.

Livingstone detalla cómo los cabalistas, operando a través de su control de Arabia Saudí, del Banco de Inglaterra y del imperialismo británico/americano conspiraron para destruir el imperio otomano y mantener atrasado el Oriente Medio. También explica cómo continúan usando una variedad de cultos como el wahabismo (1700) y el salafismo (1930) y sociedades secretas masónicas como la Hermandad Musulmana (1930) para dividir el islam, crear fundamentalismo fanático y fomentar el terror en preparación de la llegada de la "guerra de civilizaciones."

"Los niveles inferiores (terroristas) puede que sinceramente piensen que están defendiendo al islam y que se enfrentan al "imperialismo occidental". Sin embargo, (ellos) sirven a la misma causa Illuminati…sus canales penetran en los niveles superiores del poder en los gobiernos británico y americano y en las organizaciones clandestinas criminales y ocultas." 8241)

Livingstone no cree que el régimen actual iraní sea independiente de los Illuminati. Lo crearon cuando depusieron al Shah de Persia e instalaron al Ayatolá Jomeini. En todas las guerras, los Illuminati controlaron ambos lados del conflicto y la tercera guerra mundial no será una excepción.

CONCLUSIÓN

Una de las gratificaciones de mi trabajo es conocer a personas como David Livingstone. Animo a los estudiantes de la conspiración cabalista a que lean The Illuminati and Terrorism: A Three Thousand Year History. Pocos trabajos ofrecen tanta introspección en el verdadero carácter del mundo que habitamos. La página web de Livingstone es *www.thedyinggod.com.*

La Conspiración Cabalista para Esclavizar a la Humanidad

La fuerza creadora de Dios entra en la humanidad mediante el amor de un hombre por su esposa y el deseo de crear una familia en un entorno seguro y sano, es correspondido por una mujer que recibe la semilla de su marido (que simboliza su espíritu) y lo cuida.

Así, los banqueros centrales cabalistas están interesados en neutralizar la dinamo de lo masculino-femenino haciendo que las mujeres usurpen el rol masculino. Finalmente los banqueros asumen ellos mismos el rol iniciador masculino o de Dios.

Según el libro **Lightbearers of Darkness** la Cábala judía es un sistema poderoso para conseguir el control de la gente utilizando y pervirtiendo las energías sexuales. (20)

En **Studies in Occultism**, (citado in Lightbearers of Darkness) Henri de Guilbert dice que el judío cabalista "se considera el sol de la humanidad, el macho, frente al cual los pueblos no son más que la hembra, poniendo de manifiesto y asegurando el advenimiento de la era del Mesías. Con el fin de realizar esta manifestación sociológica, el judío extiende de forma orgánica su influencia por medio de sociedades secretas creadas por él con objeto de extender por todas partes su fuerza iniciadora… [esperando realizar] la república universal controlada por el dios de la humanidad, el judío de la Cábala".(21)

BORRANDO EL GÉNERO

Así por todas partes los banqueros cabalistas han usado la educación y los media para neutralizar las poblaciones de Occidente y minar la institución del matrimonio y la familia.

"Hemos castrado a la sociedad a través del miedo y la intimidación," presumía Harold Rosenthal en 1976. "Su hombría sólo existe en combinación con una apariencia femenina externa. Al neutralizarse así la población se ha convertido en dócil y fácilmente gobernable. Como todos los castrados… sus pensamientos no se ocupan de cuestiones del futuro y su posteridad sino sólo de la comida de ahora y después".(*Los Protocolos de Sión Actualizados por un Judío Fanático*, aquí).

En un artículo reciente, Man-Child in the Promised Land, el investigador Kay Hymowitz dice que los varones americanos han extendido su adolescencia hasta una edad mediana.

"En 1970, el 69% de los hombres blancos de 25 años y el 85% de los de 30 estaban casados; en 2000, sólo el 33% y el 58% respectivamente lo estaba.

La revista *Playboy* se promocionaba con un anuncio, "¿Qué clase de hombre lee *Playboy*?" La descripción que mejor encaja es la de un homosexual. (Véase mi artículo *Playboy and the (Homo) Sexual Revolution*).

Entretanto las mujeres han pospuesto el matrimonio y usurpado el rol masculino de protector y sostén económico. "En 1960, el 70% de las mujeres americanas de 25 años estaban casadas y con hijos; en 2000 sólo el 25% de ellas lo estaba. En 1970 sólo el 7.4% de todos los americanos estaba sin casar; hoy es el 22%. Ese cambio se produjo en una generación pero en Asia y el este de Europa la transformación ha sido más brusca. En la Hungría de hoy el 30% de las mujeres en sus treinta y pocos está soltera, comparado con el 6% de la generación de sus madres a la misma edad". (Hymowitz, The New Girl Power)

El 40% de todos los que nacieron en los EE.UU en 2007 lo fueron de mujeres solteras. (*U.S. News and World Report*, 19 de marzo de 2009)

Entretanto se calcula que un millón de niños de los EE.UU fueron concebidos utilizando esperma de donantes a los que se suman treinta mil más todos los años. Muchos nacen de lesbianas que están decididas a cambiar el modelo de la sociedad "hetero-normativa". California está a la vanguardia del plan de los banqueros cabalistas de sustituir las normas heterosexuales por las homosexuales.

Una nueva ley exige que las escuelas "describan positivamente los cambios de sexo, el travestismo, los matrimonios homosexuales y todos los aspectos de la bisexualidad y homosexualidad". Este mandato afecta a los niños desde el kindergarten hasta el grado doce de las escuelas públicas de California.

Bruce Shortt, autor de The Harsh Truth About Public Schools, dice que "los niños que se educan en estas escuelas ya no comprenderán que Dios creó al varón y a la hembra. A los niños les contarán que dado que hay muchas orientaciones sexuales e identidad de género sencillamente han de alcanzar sus propias conclusiones sobre la orientación sexual y las "posibilidades" de género que les son "apropiadas para ellos". Junto a esto les llegará el mensaje de que realmente uno no puede saber si le gusta algo si no lo ha probado. Las consecuencias probables de esto para los niños, para la institución familiar, nuestras iglesias y nuestra cultura son espantosas".

La mayoría cristiana europea está sometida a un programa ininterrumpido de transformación social del lado de los banqueros cabalistas. Con el cerebro lavado para que tengan un sentimiento de culpa se les hace pensar que sólo las minorías tienen derechos humanos, a la mayoría se la ha socavado y transformado en "esclavos que aman su esclavitud".

EL PLAN A LARGO PLAZO

El vídeo The History of Political Correctness muestra que gran parte de esta construcción social la diseñaron los intelectuales de "The Frankfurt School" para subvertir la civilización occidental. Algunos de estos "marxistas culturales" eran literalmente agentes de la NKVD soviética. Casi todos eran judíos marxistas. El vídeo muestra cómo engatusaron a los americanos para pensar que la revolución estaba de moda y para dar la bienvenida a la destrucción de su sociedad. Estos ingenuos ocupan ahora todas las posiciones de poder en la cultura de los EE.UU. Básicamente la humanidad es la víctima de una "estafa cruel" de proporciones cósmicas. Cuando se crea dinero del aire se pueden comprar muchos "agentes del cambio". En realidad nuestra elite piensa que está creando un mundo mejor. Así pueden disfrutar de salarios inmensos y sentirse santos también. De hecho están construyendo un estado policíaco mundial, el Nuevo orden Mundial dedicado secretamente a Satán. Son cómplices del encubrimiento del 11-S; y la "guerra al terror" es un ardid para hurtarnos nuestros derechos.

El "judío de la Cábala" es el banquero central, sus aliados y compinches. El judío corriente no sabe nada de todo este plan. Sin embargo, se equivoca al asumir que porque no es consciente, no existe. Se equivoca al pensar que no se le culpará de eso un día. Todos los grupos y religiones han sido subvertidas. Ya sean comunistas o sionistas, muchos judíos han sido embaucados y manipulados por el judaísmo organizado.

El judío medio es tan responsable del NOM como el americano medio es responsable de la guerra de Irak. Sin embargo, todos debemos oponernos con firmeza cuando se apropian de nuestra religión o nación para el mal.

¿También es un Fraude el Plan para la Tensión Racial?

Wikipedia dice que el libro **A Racial Program for the 20th Century** (1912) es otro fraude antisemita. Dice que el libro y el autor Israel Cohen no existieron.

¿La razón de esta mentira? Este libro contiene un párrafo famoso que revela la estrategia de la raza de los Illuminati-comunistas, más tarde aplicada a las mujeres y a otras minorías bajo el disfraz del "feminismo" y la "diversidad":

"Debemos darnos cuenta de que el arma más poderosa de nuestro partido es la tensión racial. Al postular en la consciencia de las razas obscuras durante siglos que los blancos los han oprimido, podemos amoldarlos al programa del partido comunista. En América debemos aspirar a una victoria sutil. Mientras enardecemos a la minoría negra contra los blancos, nos esforzaremos por instilar en los blancos un complejo de culpa para que lo exploten los negros. Ayudaremos a los negros para que aumenten su preeminencia en todos los aspectos de la vida, en las profesiones y en el mundo del deporte y del entretenimiento. Con este prestigio el negro podrá casarse con las blancas y comenzar un proceso que entregará América a nuestra causa".

El representante Thomas Abernathy leyó este párrafo en el Congressional Record el siete de junio de 1957 (Vol. 103, pág.8559, alto de la página). Wikipedia dice que Abernathy leyó la cita en una carta al editor del Washington Star, y que el periódico determinó posteriormente que era un fraude y que se disculpó. "La cita ha mantenido su popularidad entre racistas y antisemitas hasta hoy," se ríe Wikipedia.

Posteriormente yo he añadido esta entrada a Wikipedia: "Sin embargo, el autor encaja en la descripción de Israel Cohen (1879-1961) un escritor sionista prolífico que escribió el prólogo al libro de Zangwill **The Schnorrers** así como de otros treinta libros. Como muchos pretendidos "fraudes", la cita describe muy bien hechos y operaciones del Partido Comunista de los EE.UU que posteriormente se desvelaron". Posteriormente han eliminado la línea.

Cohen fue el secretario general de la Organización Mundial Sionista. Si este es el mismo Cohen, quiere decir que Sionismo y comunismo eran idénticos.

MYRON FAGAN

Judíos "internacionales", así como otros globalistas, sirven al programa enfermo y megalómano de los Rothschild de la dictadura del gobierno mundial. Los judíos "nacionales", así como otros patriotas, deben lealtad en primer lugar a su país y a sus conciudadanos. Al igual que Benjamin Freedman, Myron Fagan (1887-1972) fue uno de los últimos, un americano valiente que combatió la agenda comunista de los banqueros durante la mayor parte de su vida.

Myron Zagan, un guionista y director de éxito en Broadway, conoció a Israel Cohen, Israel Zngwill y a George Bernard Shaw en una fiesta para celebrar el estreno de la obra The Melting Pot de Zangwill en 1910. Conocía a los tres hombres que fundaron la Fabian Society.

Cohen le dijo a Fagan que planeaba escribir A Racial Program for the 20th Century a modo de continuación "humanitaria" de The Melting Pot. En esa época, Fagan no se dio cuenta de que la obra, que describía cómo los judíos y los negros triunfan sobre el prejuicio de los blancos, era pura propaganda, parte de la campaña comunista para fomentar el sentimiento de "culpa" en los liberales blancos arriba descritos.

Todas las piezas encajaron en 1957 cuando Fagan leyó la cita de The Washington Star en el contexto de un debate sobre la eliminación de la segregación racial en las escuelas. En 1966 recordaba:

"Ese libro se publicó en 1913…la NAACP y la ADL se crearon [por los banqueros] casi simultáneamente para sacar adelante aquellas directivas. Eso tuvo lugar hace más de medio siglo. ¿Puede haber alguna duda de que se hizo para lanzar nuestra actual agitación de los negros a favor de una revolución negra?

"Si eso no es suficiente prueba, en 1935, los Workers Library Publishers del Partido Comunista sacaron un panfleto que se titulaba The Negroes in a Soviet America". Incitaba al levantamiento de los negros, especialmente los del sur, y a formar un estado soviético en el sur, y a solicitar la admisión en la Unión Soviética…contenía la seguridad implícita de que la "revuelta" contaría con el apoyo de todos los rojos americanos, y en la página treinta y ocho prometía que un gobierno soviético otorgaría beneficios mayores a los negros que a los blancos y que "cualquier acto de discriminación o prejuicio contra un negro será delito bajo la ley revolucionaria…

"…Cuando Abernathy publicó ese extracto de Israel Cohen en el Congressional Record, nosotros (Cinema Educational Guild, Inc). rápidamente sacamos un News-Bulletin en el cual publicamos la historia completa—y advertimos de las revueltas de los neghros que se avecinaban …

Dos años transcurrieron y nadie intentó siquiera negar el asunto pero, repentinamente, al cabo de dos años, durante los cuales la ADL y grupos similares habían localizado y destruido todas las copias del libro, anunciaron que todo había sido un engaño. Que ese libro nunca había existido, ni tampoco "Israel Cohen"… ¿Por qué esperaron dos años? ¿Y cómo pudieren negar la existencia de un escritor llamado Israel Cohen a la vista de todos los libros que había escrito? Yo tengo copias suyas. Y lo que es más importante, téngase presente que Israel Cohen había sido motor principal de todos los movimientos comunistas y de las Fabian Socialist en Inglaterra—también de que yo lo conocí personalmente cuando comentó el libro en aquel banquete". (Fagan, **UN is Spawn of the Illuminati**, 1966)

IMPLICACIONES

El comunismo y el sionismo son representaciones de los Rothschild: dos tenazas del plan de los banqueros para la dictadura del gobierno mundial, actualmente disfrazada de "globalización".

La promoción de las mujeres y las minorías es parte de una agenda para minar el carácter cristiano, heterosexual y europeo de la sociedad occidental. Como también lo es la inmigración y el matrimonio interracial. La mayor parte de lo que pasa por cultura moderna (TV, películas, literatura, erudición, etc). y política es propaganda e ingeniería social. Por ejemplo, el oprobio por el "sexismo" y el "racismo" están diseñados en realidad para minar el género y la raza.

"La culpa" es un arma enorme para ellos. Les enseñaron a las mujeres que hacía siglos que las habían "oprimido" porque habían de cuidar a los hijos mientras los hombres desarrollaban trabajos duros o morían en la guerra.

Otra "estafa"—Los Protocolos de Sión dicen: "Borraremos de la memoria de los hombres todos los hechos de los siglos anteriores que nos resulten indeseables, y sólo dejaremos aquéllos que muestren todos los errores del gobierno de los goyim". (16-4)

Nunca llegaremos a saber cuántos libros más como **A Racial Program for the Twentieth Century** suprimieron los banqueros.

Un Historiador Exige Acción sobre los Poderosos Cultos del Juicio Final

Wolfang Eggert, historiador de 46 años y residente en Munich ha lanzado una petición en Internet para exigir medidas contra los poderosos cultos cristianos y judíos que quieren instigar un holocausto nuclear para que se cumpla la profecía bíblica.

Piensa que deben revelarse los nombres de las sectas y apartarlas. Apunta a la secta judía Chabad Lubvichter que quiere acelerar Armagedón con el fin de facilitar el regreso del Mesías. Eggert señala al rabino Lubavichter quien dice que "el mundo está esperando que cumplamos nuestro papel en la preparación del mundo para acoger al Moshiah" (es decir, el Mesías).

Entre sus miembros figuran Paul Wolfowitz, el arquitecto de la guerra de Irak que se inició con un ataque al que le pusieron el nombre de una deidad de la Cábala, Shekinah (*shock and awe*).

Especialmente preocupante es ahora el chabadnista Joe Lieberman que visitó Israel en marzo de 2008 con su amigo John McCain. Preocupa el senador Carl Levin que es el presidente del Comité del Senado sobre las Fuerzas Armadas. Otros judíos ortodoxos destacados que podrían formar parte de este culto son el procurador general del presidente Bush, Michael Mukasey, el director de seguridad del interior Michel Chertoff y el antiguo interventor del Pentágono Dov Zakheim, implicado en la desaparición de "billones" de dólares.

Aunque se centra en la secta Chabad Lubvichter, Eggert también está preocupado por los evangelistas cristianos como Jack Van Impe y Timothy LaHaye que son próximos a la administración de Bush. Su futuro deseado incluye la destrucción de la mezquita de al-Aqsa, el restablecimiento del Tercer Templo en su lugar, el ascenso al cielo de los 144.000 elegidos, la batalla de Armagedón, la muerte masiva de judíos israelitas y la venida final de Jesucristo.

El poder de los Lubovichters parece que es asombroso. Aparentemente son muy ricos. El día 26 de marzo de 1991, el senado de los EE.UU conmemoró el nacimiento del fundador Rebber Menachem Schneerson como el "Día de la Educación Nacional". También reconoció la validez de las "siete leyes noájidas" del Talmud. Esto en un momento en que todo el simbolismo cristiano está siendo constantemente retirado de nuestra sociedad.

Cuando Schneerson murió en 1994 se le concedió la medalla de oro del congreso por su contribución a la "moral global". Según Eggbert, Schneerson enseñaba que las almas judías y cristianas son fundamentalmente diferentes. "Todos los judíos son buenos por naturaleza...los judíos son el orgullo de la creación, los goyim (los gentiles) son la escoria".

Según Schneerson los goyim todavía tienen un papel al servicio de los elegidos. Los judíos son los predicadores mientras que los judíos noájidas proveen "una religión para el personal de a pie". Eggert cita a otro rabino Lubavichter: "cuando se examina la cadena de acontecimientos terradores [desde el 11-S] con una perspectiva jasídica observamos que los EE.UU están siendo empujados a completar su rol histórico de enseñar las Sheva Mitzvos [leyes de Noé] al mundo".

Según Eggert, los francmasones siempre se han llamado a sí mismos "noachides" y añadieron los estatutos a su constitución ya en 1723.

Si busca encontrará retratos de muchos políticos destacados de Occidente posando con esta secta. Esta dirección muestra más de una docena de ellos: http://amalekite. blogspot.com/.

En un You Tube, el actual gran rabino del Chabad presume de su relación con Vladimir Putin. Eggert dice que la madre de Putin es judía, lo cual le hace judío, y que el presidente Medvedev es judío por ambos lados. Es difícil decir si están comprometidos con los chabadistas.

Eggert, que estudió Historia y Políticas en las universidades de Berlín y Munich, es autor de ocho libros de historia oculta. Cree que toda la historia moderna está influenciada por el complot cabalista para que se cumpla la profecía bíblica. Sin embargo, lleva cuidado en distinguir entre los lubavichters y los otros hasidim que piensan que es un delito "forzar la mano de Dios" y "acelerar la redención".

Sin embargo, mientras él inspecciona la historia moderna los lubavichters parecen controlarla.

"Cada parte de la historia moderna se halla unida a otra y en sí al sionismo, la inteligencia del estado, logias y similares. Sin la declaración de Balfour, no habría habido ninguna revolución democrática en Rusia ni América habría entrado en la Primera Guerra Mundial...Podemos empezar en el punto histórico que queramos (incluso con la revolución americana o más atrás con Oliver Cromwell) [y] veremos que el hacedor (o el beneficiario) de todo esto es el judaísmo cabalista. Todo sirve a su plan, poner en marcha la profecía bíblica".

Eggert cita la conferencia del sionista mundial VP Max Nordau en la convención sionista de 1903 en la que predecía "una futura guerra mundial [y] una conferencia de paz donde con la ayuda de Inglaterra se creará una Palestina judía". (Eggert, **Israel's Geheimvatikan** Vol.2, págs.21-22)

Dice que Alemania fue saboteada (huelgas y revueltas) en la Primera Guerra Mundial por los sionistas porque no apoyaba a Israel. Cita un libro en hebreo, The Historical Moment de M. Gonzer: "Encontramos naciones que tardan en darse cuenta y que encuentran difícil entender ciertas relaciones si el rabino –eso es historia del mundo— no les da algunos golpes perceptibles que les hagan abrir los ojos". (*Israel Geheimvatikan*, vol.1, pág.47)

La Falsificación de los Protocolos Es una Afirmación Viciada

Junto con la Biblia, **Los Protocolos de los Sabios de Sión** es posiblemente el libro más leído del mundo. Publicado en Rusia en 1903 pretende ser el plan maestro filtrado de la "dominación judía del mundo". Es ese tipo de cosa que se estudia en seminarios de alguna sociedad secreta.

De modos diferentes tanto los sionistas como los nazis son sinónimos de antisemitismo virulento y genocidio. Pero ciertamente no se debería culpar a los judíos de las maquinaciones de una pequeña secta de la que nunca han oído hablar. La inmensa mayoría de los judíos repudiaría este plan maestro si creyera que existió.

Seguramente se puede condenar todo racismo y genocidio con los términos más fuertes y sin embargo creer que Los Protocolos son auténticos. En mi opinión, la equiparación con el antisemitismo es realmente un ardid para desviar la atención de este plan maestro.

La afirmación de plagio es parte de una campaña de propaganda realizada por los colaboradores conscientes e inconscientes de la academia y los media.

LA AFIRMACION DE FALSEDAD

Nos dicen que **Los Protocolos de Sión** es un fraude, una "falsificación probada" fraguada por la policía estatal del Zar (la Okrana) para incitar al antisemitismo y desprestigiar a los revolucionarios.

Pero la prueba se halla lejos de ser convincente. Consiste en tres artículos que publicó Philip Graves en *The London Times* (16-18 de agosto de 1921). Según Graves Los Protocolos es un plagio, capítulo a capítulo, del libro de Maurice Joly **Dialogue in Hall Between Machiavelli and Montesquieu.** (1964)

Era fácil realizar esta afirmación mientras el libro de Joly no estaba disponible. La policía de Napoleón III lo confiscó tan pronto como se publicó.

Pero ahora está disponible y le invito a que compare ambos textos. En mi opinión, son completamente distintos en el tono, el contenido y el fin. Con sus 140 páginas, Dialogues es dos veces más extenso que Los Protocolos. La mayor parte no muestra ninguna asociación con Los Protocolos.

El argumento crucial de Grave es que ciertas referencias y párrafos de Los Protocolos se sacaron de Dialogues. Él afirma que hay cincuenta y que reroduce una docena.

Su parecido sorprendente con Los Protocolos deja poca duda de que el préstamo tuvo lugar. En realidad Philip Graves se "siente asombrado ante la falta de todo tipo de esfuerzo por parte del plagiario por esconder su plagio". Yo creo que eso es porque Joly estaba plagiando de Los Protocolos y no viceversa.

La conspiración de Los Protocolos se describe como de "siglos de antigüedad". Lo más probable es que preceda al Dialogue de 1864. Joly estaba bien versado en Los Protocolos y de él tomó prestado para dar cuerpo a la impopular posición autoritaria de Machiavelo que él adscribió a Napoleón III.

Joly, un judío cuyo verdadero nombre era Joseph Levy, fue masón toda la vida y miembro de la Logia de Mizraim donde se originó el documento de Los Protocolos. Fue el protegido de Adolph Cremieux (Isaac Moise Cremieux, 1796-1880) responsable de la logia y ministro del gobierno con apoyo judío de Leon Gambetta. (Véase **The Protocolos in Context,** de Kerry Bolton, Renaissance Press, 2003)

Joly, que se suicidó en 1879, tenía la costumbre de "tomar prestado". Se le acusa de plagiar una novela popular de Eugene Sue, titulada Les Mystères du Paris (1845) También su trabajo estuvo precedido por otro de los protegidos de Cremieux, Jacob Venedly, titulado **Machiavelli, Montesquieu, Rousseau.** (1850)

En 1884 Mme. Justine Glinka, la hija de un general ruso que vivía en París, contrató a Joseph Schorst, miembro de la logia Mizraim de Joly, para conseguir información delicada. Por la suma de 2500 francos, Schorst le dio a Glink Los Protocolos de los Sabios de Sión. Subsecuentemente lo persiguieron y asesinaron en Egipto.

El gobierno del Zar, ya infiltrado profundamente, trabajó en el documento. Posteriormente Glinka se lo dio a un amigo que se lo pasó al profesor Sergius A. Nilus el cual lo publicó por primera vez en 1901.

Después de la revolución bolchevique, Nilus fue arrestado en Kiev en 1924, encarcelado y torturado. El presidente del tribunal dijo que "había hecho un daño incalculable al publicar Los Protocolos". (**Waters Flowing Eastward**, por Paquita de Shismareff, 1999, págs.. 74-76)

Sin embargo, hay referencias internas que sugieren que el documento publicado data de 1894 y no de 1884. En el Protocolo 10 hay una referencia al escándalo de Panamá de 1892. El autor dice que sus políticos marionetas deben tener alguna mancha inencontrable, algún Panamá".

Al final del Protocolo 16 hay una referencia a "uno de nuestros mejores agentes, Bourgeois" que ya ha subvertido la enseñanza de los jóvenes. Leon Victor August Bourgeois (1851-1925) llegó a ser el Ministro de Educación en 1890. Esto me lleva a creer que Glinka consiguió el documento alrededor de 1894, no en 1884.

Pero que dado que éste era un "plan de siglos de antigüedad," Joly tuvo acceso a una versión anterior, y de aquí las semejanzas.

CONTEXTO POLÍTICO

El artículo de Philip Graves tiene un tufillo a operación de propaganda sionista. La "exposición" de Grave de Los Protocolos apareció en agosto de 1921 cuando los sionistas estaban presionando a la Liga de las Naciones para convertir a Palestina en la patria judía bajo el mandato británico.

Philip Grave nos cuenta la historia improbable de que un "Mr. X" le trajo los Dialogues a Constantinopla en donde era el corresponsal de Times. Mr X los presentó como "prueba irrefutable" de que Los Protocolos son un plagio.

Mr X era un ruso blanco. Dado el papel de los judíos en la revolución bolchevique parece increíble que un ruso blanco ayudara a desacreditar Los Protocolos. Grave manifiesta que Mr. X le compró el libro, no se lo pierda, a "un antiguo miembro de Okhrana" que había huído a Constantinopla. ¿Debemos creer que la Okhrana utilizó esta misma copia para "plagiar" Los Protocolos?

En **The Controversy of Zion** (Capítulo 24) Douglas Reed, de la plantilla del diario Times de la época, ofrece antecedentes adicionales. En Mayo de 1920, Lord Northcliffe, copropietario de *The Times* sacó un artículo sobre Los Protocolos que se titulaba *The Jewish Peril, A Disturbing Pamphlet, A Call for an Enquiry*. Acababa así:

"Sería deseable una investigación de estos presuntos documentos y su historia… ¿debemos negar todo el asunto sin investigarlo y permitir la influencia de un libro como éste mientras este trabajo queda sin revisar?"

Esto fue parte de una realización pública de breve duración, después de la revolución bolchevique, de que el comunismo era judío por naturaleza, y suponía un auténtico peligro para la civilización occidental. Incluso Winston Churchill entró en el debate con su famoso artículo *Zionism Vs. Bolchevism. A Struggle for the Soul of the Jewish People.*

Luego, en mayo de 1922, Northcliffe visitó Palestina y escribió que Gran Bretaña se había precipitado al prometérsela a los judíos cuando de hecho pertenecía a los 700.000 residentes árabes musulmanes.

Mr. Wickham Steed, el director de The Times en 1921, se negó a publicar el artículo y Northcliffe intentó que lo echasen. Sin embargo, mientras Northcliffe estaba de vacaciones en Europa, Steed consiguió que declarasen a Northcliffe "loco" y que lo internaran a la fuerza. Más tarde Northcliffe se quejó de que lo estaban envenenando y murió de repente en 1922.

Douglas Reed era el secretario de Northcliffe pero no tuvo conocimiento de estos hechos hasta que aparecieron en la Official History of The Times en los años 1950. Evidentemente Northcliffe había ofendido a algunos "grandes" al promover Los Protocolos y al oponerse al mandato británico de Palestina.

SE EXAGERA QUE ES UNA SUPLANTACIÓN

Philip Graves y otros apologistas exageran sus afirmaciones. Se equivocan al reclamar que Los Protocolos fueron un plagio de Dialogues capítulo a capítulo.

Graves escribe que el "Dialogue Seventh… se corresponde con el quinto, sexto, séptimo y parte del octavo protocolo".

De ocho páginas, estos Protocolos son dos veces más largos que el Seventh Dialogue. Principalmente contienen material que no se encuentra en el Seventh Dialogue ni en ninguna otra parte. Voy a enumerar unos pocos ejemplos de tan sólo el Protocol Five.

El *Protocol Five* dice "nuestro reino se distinguirá por un nepotismo de proporciones tan grandes" que "aniquilará a todo goyim que se nos oponga de palabra o acción".

En comparación con el *Seventh Dialogue* dice "la muerte, la expropiación y la tortura sólo deberían jugar un papel menor en la política interna de los estados modernos".

El *Protocol Five* dice "nosotros les robamos [al goyim] su fé en Dios" e insinuamos en sus mentes la concepción de sus propios derechos, "socavando de este modo la autoridad de los reyes. No hay nada comparable en el Dialogue Seven.

El *Protocol Five* dice "desgastaremos hasta tal punto al goyim que se verán obligados a ofrecernos el poder internacional [permitiéndonos] gradualmente absorber todas las fuerzas del Estado del mundo y formar un súper gobierno". No hay nada comparable en el Dialogue Seven.

POR OTRO LADO

El autor de Dialogues selecciona unos pocos párrafos o referencias de Los Protocolos que parecen estar sin cambios o bajo una forma ligeramente diferente.

Por ejemplo, Dialogues dice: "En todas parte el poder precede al derecho. La libertad política es meramente una idea relativa. La necesidad de vivir es lo que domina tanto a los estados como a los individuos".

En Los Protocolos es esto, "según la naturaleza el derecho yace en el poder. La libertad política es una idea pero no un hecho, y uno debe saber usarla (la libertad política) como cebo siempre que parezca necesaria para atraer a las masas...al partido de uno con el fin de aplastar a otro que tenga la autoridad". (Los Protocolos 1)

Graves olvida la última parte para hacer que los parecidos resulten mayores de lo que son.

Dialogues (7) dice "El fermento revolucionario que se suprime del país propio debería fomentarse en toda Europa". En Los Protocolos (7) "Por toda Europa... debemos crear agitación, discordia, hostilidades". No hay ninguna referencia a que se supriman éstas en el país propio de uno.

Estas similitudes pueden explicarse por el hecho de que Los Protocolos es de fecha anterior a Joly y a que estaba familiarizado con el libro.

CONCLUSIÓN

Los dos libros son diferentes en tono y relevancia. El Dialogue de hoy parece académico y esotérico y requiere una exégesis. Fue un ataque velado a Napoleón III cuyos puntos de vista Joly los atribuye a Maquiavelo. Irónicamente es aquí donde se sumerge en Los Protocolos. Napoleón no se dejó engañar y detuvieron a Joly.

En cambio, la autenticidad de Los Protocolos es evidente para cualquier individuo informado de mente abierta. Describen el mundo en que vivimos.

Si su plan de dominación mundial quedara al descubierto, ¿qué haría usted? ¿Lo admitiría? No, emplearía un ejército de cifras para estigmatizar los documentos de fraude motivado por el "prejuicio" y el "antisemitismo". Han ejecutado este "control del daño" perfectamente, una medida de su poder para engañar incluso en presencia de la verdad.

Esta es la única conspiración que ha prevalecido a pesar de que el proyecto se puede obtener libremente. Ello demuestra la credulidad (o venalidad) de la inteligencia y de las masas.

Los Illuminati (los judíos masones de máximo nivel y sus aliados no judíos) han distribuido un poco de riqueza y poder a las masas (liberalismo, socialismo) como forma de asegurarse el poder último. Según Los Protocolos, al final les quitarán estos beneficios una vez que su "gobierno invisible" resulte invencible. La "guerra al terror" debería entenderse en este contexto.

Desde mi punto de vista, los "negacionistas de Los Protocolos" son cómplices de esta conspiración que es responsable de la mayor parte del sufrimiento humano y conducirá a mucho más. Como judío, yo no quiero esta responsabilidad sobre mi cabeza ni sobre las de otros inocentes, judíos o masones.

Los Protocolos de Sión: Introducción y Sinopsis

Mucha gente piensa que Los Protocolos de Sión es un libro de odio, antisemita y un fraude.

El premio Nobel Alexander Solzhenitsyn escribió que el libro muestra la "la mente de un genio". No está nada mal para ser un fraude, ¿verdad?

Solzhenitsyn decía que mostraba una "gran fuerza de pensamiento y perspicacia... Su diseño... (incrementar la libertad y el liberalismo, que acaba en cataclismo social) está muy por encima de las capacidades de un hombre corriente... Es más complicado que una bomba atómica".

Yo creo que Los Protocolos son auténticos. Son conferencias dirigidas a los judíos luciferinos (Illuminati, francmasones) en las que se detallaba un plan increíble para vencer la civilización occidental, subyugar a la humanidad y concentrar "toda la riqueza del mundo... en nuestras manos". Les dieron una serie regular de seminarios a estos judíos masones en París. El autor los describe como "una exposición de nuestro programa" y suelen empezar diciendo, "Hoy hablaremos..."

El rabino Ehrenpries, (1869-1951), rabino supremo de Suecia desde 1910, informaba en 1924: "Hace tiempo que estoy al corriente de los contenidos de Los Protocolos, a decir verdad muchos antes de que se publicaran en la prensa cristiana. Los Protocolos de los Sabios de Sión no eran de hecho Los Protocolos originales en absoluto sino un extracto comprimido de los mismos. De los 70 sabios de Sión, en cuestión de origen y de la existencia de Los Protocolos originales, solamente hay diez hombres en todo el mundo que lo saben". (Citado sin fuente en Internet en *1001 Quotations About Jews*).

Este "extracto comprimido" se confirma por el uso generalizado de la elipsis—para indicar que hay palabras que han desaparecido.

Los estudiosos han especulado que Adam Weishaupt, Theodore Herzl o Asher Ginzberd redactaron Los Protocolos. Al principio yo pensaba que podían ser el propio Meyer Amschel Rothschild (1744-1844) o James de Rothschild (1792-1868) o Adolphe Cremieux (1796-1880). Es difícil de precisar porque yo creo que este documento se revisó constantemente por manos diferentes.

Los Protocolos 20-23, el "programa financiero... el punto más importante y decisivo de nuestros planes" son la razón por la que pienso que el autor fue un banquero y probablemente un Rothschild. Estas conferencias requieren un conocimiento detallado de las finanzas y una profunda percepción psicológica. Lo que es más, el autor dice que todo el poder residirá finalmente en el "Rey de los judíos", que es como se conocía a los Rothschild.

SINOPSIS DE LOS PROTOCOLOS DE LOS SABIOS DE SIÓN

Mientras lea esto será evidente que buena parte de este programa ya ha tenido lugar. Es necesario que esto lo lea quien desee comprender el mundo en que vivimos. Los Protocolos muestran un odio patológico por los no judíos y un deseo de debilitarlos y esclavizarlos. Se refieren a ellos como goyim o ganado.

Protocolo 1

Se refiere al plan como a "nuestro sistema". Dice que los hombres se gobiernan "por la fuerza": "por la ley de la naturaleza el derecho descansa sobre el poder". La mayoría de los hombres están dispuestos a traicionar a su compañero por beneficio. (El "fin justifica los medios" es la divisa comunista).

La promesa de "libertad" (es decir, liberalismo, reforma, revolución) se usa para alcanzar el poder del Viejo Orden (monarquía, la aristocracia terrateniente, la iglesia, el ejército) y transferirlo a nuestras manos, el poder del "oro" y el despotismo del capital que está enteramente en nuestras manos". El estado depende de nosotros, o "se va al fondo".

Si el estado puede ser despiadado al someter a un enemigo externo, ciertamente un enemigo interno, es decir, el judío masón –que es el "destructor de la sociedad y del bien común"—tiene justificado usar cualquier forma de subterfugio.

La moral es un obstáculo para el éxito de la conquista y un lastre para cualquier liderazgo político. La meta es "desparramar a los vientos todas las fuerzas existentes del orden y la regulación" y convertirse en el "señor soberano" de todos los que son tan estúpidos de entregar sus poderes y creerse todas las súplicas liberales.

El poder de ellos es "más invencible" por "permanecer invisibles" hasta ser insuperables. Este es un "plan estratégico del cual no podemos desviarnos" ni arriesgarnos a "ver el trabajo de muchos siglos reducido a la nada".

"Nuestra consigna es –la fuerza y hacer creer, es decir, el engaño. El escritor enfatiza que la meta es "coger la propiedad de los otros" y "someter todos los gobiernos a nuestro súper gobierno".

Las palabras "libertad, fraternidad, igualdad" fueron cebos que los judíos masones usaron "desde los tiempos antiguos" para vencer a la "aristocracia genealógica del goyim" que era la única defensa de los pueblos. Se sustituirá por la "aristocracia del dinero".

A lo largo de la historia han jugado con la codicia, la lujuria y la vanidad de los hombres para atrapar a sus agentes.

En otras palabras, la "democracia" es un instrumento perfecto para su control oculto. Resultaba mucho más difícil subvertir a los monarcas. La democracia, "la sustitución de los representantes del pueblo" los ha puesto a nuestra disposición" y nos ha "dado el poder del nombramiento".

Protocolo 2

"Las guerras en la medida de lo posible no deberían traducirse en ganancias de territorio" sino que deberían demostrar a ambas partes su dependencia de "nuestros agentes internacionales" [agentur] que "posee millones de ojos que vigila siempre y libre de toda limitación".

Esto significa que controlan el resultado de las guerras y que tienen millones de espías (¿masones, judíos?)

"Nuestro derecho internacional hará que desaparezcan después los derechos nacionales…" mientras las leyes civiles de los estados gobiernan a sus súbditos".

Los líderes gentiles ("administradores") serán elegidos por su estricta obediencia y serán dirigidos por los "consejeros". Los goyim "pueden divertirse hasta que suene la hora…" Nosotros hemos implantado las doctrinas falsas "mediante nuestra prensa que ha despertado una confianza ciega en estas teorías".

"Piense detenidamente en el éxito que le concedimos al darwinismo, al marxismo, al nietzchismo. Para nosotros los judíos, en cualquier caso, debería resultar evidente el efecto desintegrador que estas directrices han tenido en las mentes del goyim".

La prensa ha caído en nuestras manos. Crea y da forma al pensamiento de las personas. Su papel es el de expresar y crear el descontento. Gracias a la prensa tenemos el oro en nuestras manos aunque hemos sacrificado a muchos de nuestro pueblo. Cada uno ….a la vista de Dios vale "por mil goyim".

Protocolo 3

"Queda un pequeño espacio por cruzar antes de que todos los estados de Europa queden apresados por los anillos de la serpiente simbólica, con la cual representamos a nuestro pueblo, en un poderoso apretón".

"Hemos creado un abismo entre el poder soberano y previsor y la fuerza ciega del pueblo de modo que los dos han perdido todo significado, porque como el ciego y su bastón, por separado ninguno de los dos puede hacer nada".

"De los estados hemos hecho las arenas de los gladiadores donde un gran número de asuntos confusos se enfrentan…"

"Nosotros aparecemos en el escenario como los salvadores supuestos del trabajador…y le sugerimos que debería entrar en las filas de nuestras fuerzas combativas—socialistas, anarquistas, comunistas—a las cuales siempre les damos apoyo de acuerdo con la supuesta regla de la hermandad (de la solidaridad de toda la humanidad) de nuestra masonería social. La aristocracia…tenía interés en ver a los trabajadores bien alimentados, sanos y fuertes. Nosotros tenemos interés en todo lo contrario—en la reducción, la matanza del goyim".

Protocolo 4

"¿Quién y qué está en posición de vencer a una fuerza invisible? Y esto es en lo que precisamente consiste nuestra fuerza.

La masonería gentil nos sirve ciegamente a nosotros y a nuestros objetivos pero el plan de acción de nuestra fuerza, incluso su mismo lugar, constituye para toda la gente un misterio desconocido".

La libertad sería posible si descansara "sobre el cimiento de la fe en Dios, sobre la hermandad de la humanidad, desconectada de la concepción de igualdad, que niegan las propias leyes de la creación…"

"Esta es la razón por la que nos es indispensable socavar toda fe, arrancar de las mentes de los gentiles el mismo principio del Altísimo y del alma y poner en su lugar…necesidades materiales".

Los goyim no deben tener tiempo para pensar sino que deben ser distraídos hacia la industria y el comercio. "Todas las naciones se verán envueltas por completo en la búsqueda de la ganancia y en la carrera hacia ella, no se darán cuenta de su enemigo común".

Debemos poner la industria sobre "una base especulativa" de manera que la riqueza pase a nuestras manos.

Esa carrera de ratas creará "comunidades desencantadas, frías y despiadadas".

Este materialismo nos permitirá dirigir a las clases más bajas de los goyim contra nuestros rivales por el poder "los privilegiados y…los intelectuales del goyim".

Protocolo 5

El autor declara que el despotismo es necesario para el mundo que está creando, uno "donde los sentimientos hacia la fe y la comunidad están borrados por la convicciones cosmopolitas".

Lo siguiente es la lógica que se oculta detrás del "comunitarismo" y la guerra al terror.

Crearemos una centralización intensificada de gobierno con el fin de agarrar en nuestras manos todas las fuerzas de la comunidad. Regularemos mecánicamente todas las acciones de la vida política de nuestros súbditos con leyes nuevas. Estas leyes eliminarán una por una todas las indulgencias y libertades que estaban permitidas por el goyim, y nuestro reinado se distinguirá por un despotismo de magnitudes tan espléndidas que en cualquier momento y en todo lugar se hallará en posición de poder eliminar a todo goyim que se nos oponga de palabra o de hecho".

La unión de los goyim puede que haya frustrado a los Illuminati pero "hemos incitado al enfrentamiento de los intereses nacionales y personales del goyim, los odios de religiones y razas, que hemos promovido con un crecimiento enorme a lo largo de los últimos veinte siglos…Somos demasiado fuertes. No hay escapatoria posible a nuestro poder. Las naciones ni siquiera pueden alcanzar un acuerdo insignificante sin que nosotros tengamos secretamente parte en el mismo".

"Es conmigo como las naciones reinan. Y los profetas dijeron que fuimos elegidos por el mismo Dios para gobernar la tierra entera... Las ruedas de la maquinaria de todos los estados se mueven por la fuerza de la máquina que está en nuestras manos, y esa máquina es... el oro... el capital... debe ser libre para establecer un monopolio de la industria y el comercio: esto se está poniendo en marcha por una mano oculta en todas las partes del mundo".

"El principal objetivo de nuestra dirección es... reducir a la nada la mente pública... alejarla de la reflexión seria que pueda despertar resistencia, para distraer las fuerzas de la mente hacia una lucha falsa de elocuencia vacía".

"Asumiremos la fisonomía de todos los partidos, de todas las direcciones y le daremos a esa fisonomía una voz en oradores que hablarán tanto que agotarán la paciencia de sus oyentes..."

"Con el fin de poner la opinión pública en nuestras manos, debemos llevarla a un estado de desconcierto expresando desde todas partes opiniones... para que el goyim pierda la cabeza en el laberinto y llegue a comprender que lo mejor es no tener ninguna opinión en los asuntos políticos... [El segundo requisito secreto para nuestro éxito] es sembrar la discordia en todos los partidos, dislocar todas las fuerzas sociales que aún no están dispuestas a someterse a nosotros... Mediante todos estos medios desgastaremos a los goyim que se verán obligados a ofrecernos el poder internacional de una naturaleza que nos capacitará sin violencia ninguna para absorber todas las fuerzas del estado del mundo y formar un súper gobierno".

Protocolo 6

Estamos creando "monopolios enormes" de los que dependen hasta las grandes fortunas de los goyim de manera que "se irán al fondo junto con el crédito de los estados al día siguiente de la ruptura política..."

"De todas las formas posibles debemos desarrollar el significado de nuestro súper gobierno representándolo como el protector y el benefactor de cuantos voluntariamente se sometan a nosotros".

"Queremos industria para drenar de la tierra tanto la mano de obra como el capital y mediante la especulación transferir a nuestras manos todo el dinero del mundo y así echar a todos los goyim a las filas del proletariado. Luego el goyim se doblegará ante nosotros, si no lo hace por otra razón lo hará por el derecho a existir".

Comunismo. "Con el fin de que la verdadera razón de las cosas no sacuda al goyim antes de hora, la enmascaremos bajo un fingido y apasionado deseo de servir a las clases trabajadoras..."

Protocolo 7

"El aumento de las fuerzas de policía [es] esencial... junto a nosotros sólo deberían estar "las masas del proletariado, unos pocos millonarios dedicados a nuestros intereses, la policía y los soldados…"

"Debemos obligar al gobierno del goyim" a que se alinee con nuestro plan que "ya se aproxima al final deseado" pidiéndoles que obedezcan a la "opinión pública" que controlamos nosotros a través de ese gran poder que ya tenemos en las manos, la prensa.

"En una palabra, para mantener nuestro sistema de mantenimiento del goyim de Europa en jaque, le mostraremos nuestras fuerza a uno de ellos mediante el uso de atentados terroristas y a todos, si permitimos la posibilidad de un levantamiento general contra nosotros, responderemos con las armas de América o China o Japón".

Protocol 8

"Por algún tiempo hasta que llegue el momento de confiar sin peligro los puestos de responsabilidad en los gobiernos de las naciones a nuestros hermanos judíos, los pondremos en manos de personas cuyo pasado y reputación sean tales que…si desobedecen nuestras instrucciones, deban enfrentarse a acusaciones criminales o desaparecer—esto con el fin de hacerles defender nuestros intereses hasta el final".

Protocol 9

Una "aplicación general e idéntica" de nuestros principios puede cambiar "el carácter [nacional] más terco y "añadiremos un nuevo pueblo a las filas de aquéllos que ya se nos doblegaron".

"De hecho, ya hemos borrado toda clase de leyes excepto las nuestras…Actualmente si algún estado se levanta para protestar contra nosotros es sólo en apariencia y según nuestras indicaciones y bajo nuestra dirección porque su antisemitismo nos resulta indispensable para el manejo de nuestros hermanos menores".

De nosotros procede el terror que todo lo envuelve. Tenemos a nuestro servicio a personas de toda clase de opinión, de todas las doctrinas, restauradores de monarquías, demagogos, socialistas, comunistas y soñadores utópicos de todas las clases. Cada uno de ellos mina los últimos vestigios de autoridad, y se esfuerza por derrocar toda forma de orden establecido…no les daremos paz hasta que [todos los estados] reconozcan abiertamente nuestro súper gobierno internacional y con sumisión".

"Con el fin de proseguir una lucha [política] contestada hay que tener dinero, y todo el dinero está en nuestras manos".

Hemos tomado el control de las "instituciones del goyim" utilizando "el caótico permiso del liberalismo. Tenemos en nuestras manos la administración de justicia, la dirección de las elecciones, la prensa, la libertad de la persona, pero principalmente la educación y la formación pues son las piedras angulares de una existencia libre".

"Hemos engañado, desconcertado y corrompido a la juventud del goyim educándola en principios y teorías que sabemos que son falsos aunque las han aprendido porque nosotros se las hemos inculcado".

Protocolo 10

"¿Cómo podrían de verdad los goyim darse cuenta del significado esencial de las cosas cuando sus representantes dan sus mejores energías a la diversión?"

"Inculcándoles a todos el sentido de la importancia de uno mismo destruiremos entre los goyim la importancia de la familia y de su valor formativo y retiraremos la posibilidad de que mentes individuales se distancien, para lo cual la muchedumbre, manejada por nosotros, no les permitirá hacernos frente ni les escuchará; está acostumbrada a escucharnos sólo a nosotros que pagamos por su obediencia y atención. De este modo crearemos una poderosa y ciega fuerza que nunca estará en posición de moverse en ninguna dirección sin la guía de nuestros agentes... La gente se someterá a este régimen porque sabrá que de estos líderes dependerán sus ganancias, gratificación y toda clase de beneficios".

"Cuando introdujimos en el órgano del estado el veneno del liberalismo toda su complexión política emprendió un cambio. Los estados han sido atrapados por una enfermedad mortal—el envenenamiento de la sangre. Todo lo que queda por hacer es esperar el final de su agonía mortal. El liberalismo produjo estados constitucionales que tomaron el lugar de lo que era la única salvaguarda del goyim, el despotismo, concretamente. Fue entonces cuando la posibilidad de la era de las repúblicas pudo realizarse: y fue entonces cuando nosotros sustituimos al gobernante por una caricatura de gobierno—por un presidente, tomado de la masa, de entre nuestras criaturas marioneta, nuestros esclavos. Este es el cimiento de la mina que hemos puesto bajo los pueblos goyim".

El reconocimiento de nuestro déspota...llegará cuando los pueblos completamente cansados de las irregularidades y la incompetencia—asunto que nos encargaremos de preparar—de sus gobernantes nos pedirán a gritos "Fuera con ellos y dadnos un rey de toda la tierra que nos una y haga desparecer las causas de las discordias—fronteras, nacionalidades, religiones, deudas de estado—que nos dé la paz y tranquilidad que no podemos encontrar bajo nuestros gobernantes y representantes".

Por consiguiente debemos, hasta el extremo, "agotar a la humanidad con las desavenencias, odio, luchas, envidia e incluso el uso de la tortura, el hambre, la inoculación de la enfermedad y la miseria de modo que el goyim no vea otro camino ante él que buscar refugio en nuestra completa soberanía del dinero y todo lo demás. Pero si les damos a las naciones del mundo un espacio para respirar el momento que anhelamos que llegue es poco probable que lo haga".

Protocolo 11

"Mediante estas combinaciones, me refiero a la libertad de prensa, el derecho de asociación, la libertad de la ciencia, el principio del voto y muchas otras que deben desaparecer para siempre de la memoria del hombre..."

"El goyim es un ganado de ovejas y nosotros somos sus lobos. ¿Y saben ustedes lo que sucede cuando los lobos se encargan del rebaño?"

"...continuaremos prometiéndoles la devolución de todas las libertades que les hemos quitado tan pronto como hayamos sometido a los enemigos de la paz y dominado a todos los partidos...No vale la pena ahora discutir cuánto tiempo esperarán el regreso de sus libertades..."

Este programa está diseñado para que los judíos ganen de manera indirecta lo que de otra forma no es posible. Esta ha sido la base de nuestra organización de masonería secreta, motivo insospechado por el "ganado goy" atraído a las logias.

"Dios nos ha concedido, su pueblo elegido, el don de la dispersión" que "ahora nos ha traído al umbral de la soberanía de todo el mundo".

Protocolo 12

"La mayoría del público no tiene la más mínima idea de los fines a los que sirve la prensa. [Después de nuestra revolución] nadie [cuestionará] impunemente la infalibilidad de nuestro gobierno...por encima de quienes nos ataquen estarán los órganos establecidos por nosotros, pero atacarán...los puntos que hayamos predeterminado alterar. Ni el más simple anuncio llegará al público sin nuestro control".

"...estableceremos nuestra propia oposición [de prensa] que...presentará lo que parece la mismas antípodas nuestras. Nuestros verdaderos oponentes aceptarán esta oposición simulada como la suya propia y nos descubrirán sus cartas".

"Tendremos un triunfo seguro sobre nuestros oponentes puesto que ellos no tendrán órganos de prensa a su disposición en los que poder dar plena y final expresión de sus opiniones".

Protocol 13

"La necesidad del pan de cada día fuerza al goyim a guardar silencio y a ser nuestro humilde servidor".

"Distraeremos [a las masas] con entretenimiento, juegos,...arte, deportes...de las cuestiones en las que nos veríamos obligados a oponernos a ellos. Acostumbrados a la falta de reflexión y a la formación de opinión propia, los pueblos comenzarán a hablar en el mismo tono que nosotros porque sólo nosotros les ofreceremos nuevas direcciones para el pensamiento...por supuesto de personas por las que no se sospeche que son de los nuestros".

¿Quiénes sospecharán alguna vez que todas estas personas fueron dirigidas por nosotros según un plan político que nadie ha podido imaginar a lo largo de los siglos?

Protocolo 14

"Cuando llegue nuestro reinado no nos será deseable que haya ninguna otra religión que la nuestra...Debemos por consiguiente barrer todas las demás creencias".

También expondremos la locura de los gobiernos del goyim bajo "los esquemas fantásticos de bendiciones sociales, [socialismo, comunismo] sin nunca darse cuenta de que estos esquemas sólo producían un estado peor, nunca mejor..."

"Nuestros filósofos discutirán todas las lagunas de las diversas creencias del goyim. Pero nunca nadie someterá a discusión nuestra fe desde su verdadero punto de vista puesto que nadie más que los nuestros serán plenamente educados en el mismo y que jamás se atreverán a traicionar sus secretos".

"Nuestros sabios que han sido educados para gobernar a los goyim compondrán [materiales] que se usarán para influir las mentes de los goyim, dirigiéndolos hacia las formas del conocimiento y la comprensión que nosotros hemos determinado".

Protocolo 15

Con el fin de restaurar el orden en las sociedades goy donde hemos implantado "con profundas raíces la discordia y el protestantismo" debemos emplear "medidas sin piedad" para aniquilar la resistencia. Debemos establecer un aura de invulnerabilidad como la que tuvo la aristocracia rusa. Aparte del papado, la aristocracia rusa "hasta tiempos recientes fue el único y serio enemigo que teníamos en el mundo". [¿No es curioso que pudieran decir esto en 1894?]

Después de la revolución disolverán todas las sociedades secretas pero hasta entonces nosotros "crearemos y multiplicaremos las logias masónicas" porque en ellas "encontraremos nuestra principal oficina de inteligencia y los medios de influir...y atar...todos los elementos revolucionarios y liberales".

Gracias a la francmasonería: "Las tramas políticas más secretas las conoceremos y caerán bajo la guía de nuestras manos el mismo día de su concepción. Entre los miembros...estarán casi todos los agentes de la policía nacional e internacional,... en posición de utilizar sus propias medidas particulares con el insubordinado además de ocultar nuestras actividades [es decir, actuar por nosotros sin que se nos culpe a nosotros] y ofrecer pretextos para las quejas, etc. [es decir, provocaciones]" De aquí la importancia del papel de la policía y las agencias de inteligencia en nuestra sociedad.
Si hay un plan contra nosotros "al final no será nadie más que alguno de nuestros más fieles siervos".

Los masones goyim están totalmente manipulados. "Los goyim entran en las logias con la esperanza de lograr un pellizco del pastel público".Él menosprecia a los masones goyim, "estos tigres en apariencia tienen las almas de los corderos y por sus cabezas sólo pasa el viento". Les hemos dado el "caballito de madera" del "colectivismo" aunque viola las leyes de la naturaleza. "¿No es esto prueba de que la mente del goyim está infradesarrollada comparada con la nuestra? Esto es, principalmente, lo que garantiza nuestro éxito.

Aceleramos la muerte de quienes "obstaculizan nuestros asuntos". Ejecutamos a los masones de tal modo que nadie salvo los hermanos pueden llegar a sospecharlo, ni siquiera las propias víctimas...todos mueren cuando hace falta de muerte natural. Sabiendo esto, ni siquiera los hermanos se atreven a protestar. Mediante estos métodos hemos arrancado de la masonería la mismísima raíz de la protesta contra nuestras disposiciones". (Véase Los Illuminati Asesinaron al Menos a Otros Dos Presidentes).

La inteligencia superior del pueblo elegido confirma que la "misma naturaleza ha querido que nosotros guiemos y dirijamos el mundo".

Describe un despotismo paternalista que se basa en la sumisión de la humanidad a lo que es más fuerte. En relación con este poder, los pueblos del mundo e incluso su gobierno son "solamente niños menores de edad".

Protocolo 16

"Debemos introducir en su educación todos los principios que tan brillantemente han destruido su orden. Pero cuando estemos en el poder retiraremos de la educación cualquier clase de materia molesta y de todos los jóvenes haremos niños obedientes con la autoridad, amando al que gobierna como apoyo y esperanza de paz y tranquilidad".

"Borraremos de la memoria de los hombres todos los hechos de los siglos previos que nos son indeseables, y dejaremos sólo aquellos que describan todos los errores de los gobiernos del goyim".

"Aboliremos todo tipo de libertad de instrucción…los profesores leerán lo que les pasaremos como lecturas libres…Estas teorías las elevaremos a categoría de dogma de fe como estadio transicional a nuestra fe".

"Nos tragaremos y confiscaremos para nuestro propio uso hasta la última pizca de independencia de pensamiento…haremos de los goyim brutos sumisos e incapaces de pensar que esperan que les pongan las cosas ante los ojos para poder formarse una idea de ellas".

(Esto sugiere que mucha crítica política y social no es constructiva sino auténticamente subversiva en su intención).

Protocolo 17

"Desde hace tiempo nos hemos esmerado en desacreditar al sacerdocio del goyim y consiguientemente de arruinar su misión en la tierra, lo que en estos días podría ser todavía un gran obstáculo para nosotros…En cuanto a las otras religiones tendremos menos dificultades en tratar con ellas…" (¿Está pensando en los abusos sexuales de los sacerdotes católicos?)

"El rey de los judíos será el verdadero papa del universo, el patriarca de una iglesia internacional".

"…lucharemos contra [las iglesias existentes] mediante la crítica para producir el cisma… (¿Le recuerda al matrimonio gay?)

"En nuestro programa, un tercio de nuestros súbditos vigilará al resto por sentido del deber y por el principio de servicio voluntario al estado".

"Igual que nuestros hermanos [es decir, los judíos] están obligados a denunciar al kahal [consejo judío] a los apóstatas de su propia familia…en nuestro reino mundial será obligatorio que todos los súbditos sirvan de igual forma al estado…" (¿Le recuerda a la KGB, la Stazi o la Gestapo?)

Protocolo 18

"…hemos destruido el prestigio de los reyes goyim con atentados frecuentes a sus vidas mediante nuestros agentes, ovejas ciegas de nuestro rebaño, a los que se lleva fácilmente al crimen con unas frases liberales con sólo pintarlas de colores políticos. Hemos obligado a sus gobernantes a que reconozcan su debilidad anunciando medidas declaradas de defensa secreta y consiguientemente nosotros destruiremos la autoridad".

[Por ejemplo, el Zar Alejandro II fue asesinado con una bomba en 1881. El ministro de asuntos internos von Phlehve fue asesinado en julio de 1904. Peter Stolypin, el primer ministro, fue asesinado en septiembre de 1911]

Protocolo 19

Espero que hayamos tenido éxito en evitar que el goyim adopte este medio de enfrentarse a la sedición. [Este "medio" es 1) ensuciarlo con el hurto o el abuso sexual, y 2) aplicándole un castigo severo como si fuera un delincuente.] Con esta finalidad, mediante la prensa y en conferencias–en libros de texto astutamente redactados sobre historia, hemos anunciado el martirio…aceptado por los sediciosos para la causa del bien común. Este anuncio ha aumentado el contingente de liberales y nos ha traído a miles de goyim a formar parte de las filas de nuestro ganado".

Protocolo 20

Este trata del "programa financiero" el "punto culminante y decisivo de nuestros planes". La pericia del autor en estos asuntos sugiere que se trata de un banquero.

"Cuando lleguemos a gobernar nuestro reinado autocrático…evitará agobiar a las masas con impuestos recordando que su papel es el de padre y protector". Se introducirá un impuesto al capital. "Un impuesto que aumente en el porcentaje de la ratio al capital producirá unos ingresos mucho mayores que el impuesto a la propiedad actual, que ahora nos es útil por la única razón de que provoca problemas y descontento entre los goyim".

"Las crisis económicas las hemos producido nosotros para el goyim por el simple medio de la retirada de dinero de la circulación".
"La emisión de dinero debería corresponder al crecimiento de población…"

"El patrón oro ha sido la ruina de los estados que lo adoptaron porque no ha podido satisfacer la demanda de dinero, tanto más cuando nosotros hemos retirado de la circulación tanto oro como ha sido posible".

"Qué claro queda el poder infradesarrollado de pensamiento del cerebro absolutamente bruto del goyim como se expresa por el hecho de que nos lo han estado pidiendo prestado…sin pensar jamás que este mismo dinero, más la adición del interés al pago, debían conseguirlo de los bolsillos de su propio estado para pagarnos a nosotros. ¿Qué podía haber sido más sencillo que tomar el dinero que querían de su propia gente?"

Protocolo 22

"En nuestras manos está el poder más grande de nuestros tiempos—el oro...Con seguridad no hay ninguna necesidad de buscar más prueba de que nuestro gobierno está predestinado por Dios. Con certeza no fallaremos con tal riqueza al demostrar que todo el mal que durante tantos siglos hemos tenido que causar ha servido al fin de causar el verdadero bienestar—ponerlo todo en orden".

"Nuestro orden será la culminación del orden y en él se incluye la plena felicidad del hombre. La aureola de esta autoridad inspirará un doblegamiento y un temor reverente por parte de todos los pueblos. La verdadera fuerza no tiene que ver con ningún derecho, ni siquiera con el de Dios: que nadie se atreva a acercarse a ella para quitarle una pizca".

Protocolos 23-24

El heredero dinástico del "rey de los judíos" del rey David será el rey del mundo. Sustituirá a todos los gobernantes existentes. Sin embargo, los protocolos terminan con una nota curiosamente benévola, que promete un gobierno benévolo que asegura la paz y el orden a cambio de sumisión total. Existen muchas panaceas como:

"El paro es algo sumamente peligroso para un gobierno. Para nosotros su función habrá concluido en el momento que la autoridad se transfiera a nuestras manos. La embriaguez también se prohibirá por ley..."

"El rey de los judíos no debe estar a merced de sus pasiones... la semilla santa de David debe sacrificar todas sus inclinaciones personales a su pueblo. Nuestro señor supremo debe ser de irreprochabilidad ejemplar".

"Firmado por los representantes de Sión, del grado 33".

Los Protocolos de Sión: Actualizados por un Judío Fanático

En 1976 el plan para "dominación judía mundial" explicó en líneas generales que Los Protocolos de los Sabios de Sión se habían logrado en gran medida. Harold Wallace Rosenthal, 29 años, asistente personal del senador por Nueva York Jacob Javit pensaba que el poder judío era invulnerable. Él pudo conseguir dinero extra contando la historia a Walter White Jr., redactor del periódico mensual conservador Western Front.

"Demasiados judíos no tienen el valor de contar cómo vivimos y planificamos, pero a mi no me intimida nada ni nadie," le dijo Rosenthal a White.

"Es demasiado tarde para que vuestros seguidores cristianos puedan adoptar una defensa. Ese tiempo pasó hace mucho. Hace mucho, mucho tiempo que nos convertimos en los agresores. Ese es sin duda uno de nuestros grandes fines en la vida. ¡Somos agresores!"

Esta entrevista chocante de diecisiete páginas, que contradice la auto imagen judía de víctimas, está en línea desde hace tiempo. Figura con las revelaciones de Benjamín Freedman y C.G. Rakovsky como descripción de las fuerzas auténticas que dirigen el mundo.

Ronsenthal necesitaba dinero para el juego pero su candor le costó la vida. El doce de agosto de 1976 lo asesinaron en un "ataque de la OLP" frustrado en Estambul. Walter White llegó a la conclusión de que el incidente fue una tapadera para el asesinato de Rosenthal.

Una "beca para las relaciones internacionales" conmemorativa de Rosenthal promueve discretamente el trabajo que el dio a conocer indiscretamente. Curiosamente, no hay ninguna fotografía de Rosenthal en su página web.

Según Wikipedia, se graduó en la Universidad de Cambridge y en la Harvard Graduate School, en ambas con becas. Después de trabajar para el congresista Hugh Carey (D-NY) se trasladó a la oficina del senador Walter Mondale (D-MN) donde dirigió su agenda legislativa. Después de un período en la Rockefeller Brothers Foundation, Harold regresó al senado para trabajar para el senador Jacob Javits. Definitivamente era "uno de los de dentro".

Rosenthal dice, "a la mayoría de los judíos no les gusta admitirlo, pero nuestro dios es Lucifer … y somos su pueblo elegido. Lucifer se mantiene muy vivo".

Esta declaración se aplica a la cultura moderna en su totalidad. No nos gusta admitir que nuestra sociedad "secular" se basa en una rebelión cósmica contra Dios. Su verdadero carácter satánico se hace cada día más evidente.

Rosenthal dice que los "judíos" han construido un imperio terrenal en parte al rechazar la visión de Cristo de un reino espiritual basado en el amor fraternal. Ellos querían un rey guerrero, no un príncipe de la paz.

"Durante el tiempo de Cristo, los judíos buscaban un reino material y terrenal pero Cristo les ofreció a los judíos un reino espiritual. Esto no podían comprarlo, así que rechazaron a Cristo e hicieron que lo sacrificaran".

Los banqueros judíos tienen planeado gobernar el mundo desde Jerusalén según sus propios intereses. Dice que la religión judía es esencialmente un disfraz para un imperativo racial. "Podemos vivir entre otras personas y estados persuadiéndolos de que los judíos no somos personas distintas sino representantes de una fe religiosa…"

El poder "judío" se consiguió al conseguir el control del sistema monetario.

"Hemos tenido éxito al dividir la sociedad contra sí misma al enfrentar a trabajadores y patronal. Esta ha sido tal vez una de nuestras grandes hazañas, pues en realidad es un triángulo aunque sólo parezca que se den dos puntos. En la industria moderna… el capital, la fuerza que nosotros representamos, es la cúspide. Tanto la patronal como los trabajadores están en la base de este triángulo. Ellos permanecen constantemente enfrentados los unos con los otros y su atención nunca la dirigen a la causa de su problema".

"Mediante nuestro banco nacional, la Reserva Federal, extendemos el crédito, que creamos de la nada, a todos los bancos locales que son bancos miembros. Por su parte extienden el crédito a la industria. De este modo, hacemos más que Dios, puesto que toda nuestra riqueza se crea de la nada. ¡Parece estar sorprendido! ¡No lo esté! Es verdad, en realidad hacemos más que Dios".

"Con este supuesto capital endeudamos la industria, la dirección y el trabajo, una deuda que sólo aumenta y nunca se liquida. Mediante este continuo incremento, conseguimos enfrentar a la dirección con el trabajo de modo que nunca se unan y nos ataquen y se acomoden en una utopía industrial libre de deudas".

A través del control bancario, los "judíos" adquirieron un monopolio total de la "industria del cine, de las redes de radio y de los recientes medios en desarrollo de la televisión… nos apoderamos de la publicación de todos los materiales escolares… ¡Incluso de su música! Censuramos las canciones difundidas para su publicación mucho antes de que lleguen a los editores… muy pronto tendremos el control absoluto de su pensamiento".

Dice que los programas de televisión están diseñados con mucho cuidado "para atraer las emociones sensuales, nunca se dirigen a la mente de pensamiento lógico. Debido a esto las personas están programadas para que respondan según nuestros dictados, no de acuerdo con la razón".

Dice que los "judíos" controlan las iglesias cristianas y que las usan para introducir ideas como la igualdad racial.

"Ninguna ley se aprueba jamás excepto si no se ha enseñado previamente desde los púlpitos. Un ejemplo de esto es la igualdad de las razas que condujo a la integración y finalmente al mestizaje. El clero crédulo instruye de un tirón a sus parroquianos que somos un pueblo especial, elegido mientras que al mismo tiempo proclama que todas las razas son lo mismo. Su inconsistencia no queda nunca al descubierto. Así que los judíos gozamos de un lugar especial en la sociedad mientras que todas las otras razas quedan reducidas a la igualdad racial. Es por esta razón que nosotros fuimos los autores principales del fraude igualitario, reduciéndolos a todos así a un nivel inferior".

Presume de que controlan a América mediante el uso de la culpa. "Vuestro pueblo no tiene agallas. Nosotros establecemos vuestro pensamiento—incluso os incrustamos un "complejo de culpa" haciendo que sintáis miedo de criticar abiertamente el judaísmo".

"Nosotros los judíos establecemos todos los temas para los americanos. Luego promocionamos ambos lados del tema como reinos de la confusión. Con los ojos fijados en los temas, no se aperciben de quién está detrás de cada escena. Nosotros los judíos jugamos con el público americano como con un juguete".

Rosenthal afirma que la sociedad sólo puede escapar a esta garra mortal mediante la acción violenta no mediante la educación.

"La historia se ha escrito con sangre, no con tinta. Ninguna carta, editorial ni libro ha unido a la gente ni detenido la tiranía. Nosotros comprendemos este principio y siempre estamos haciendo propaganda para que la gente escriba cartas al presidente, al congreso…Ay de nosotros si alguna vez se dieran cuenta de la futilidad de esto, dejarían la pluma y tomarían la espada".

Rosenthal habla de cómo un gobierno invisible judío controla también los USSR.

"En Rusia hay dos gobiernos distintos uno visible y el otro invisible. El visible está compuesto de diferentes nacionalidades, mientras que el invisible está compuesto por SÓLO JUDÍOS. La poderosa policía secreta soviética recibe sus órdenes del gobierno invisible. Hay entre seis y siete millones de comunistas en la Rusia soviética, el 50% son judíos y el 50% gentiles, pero en los gentiles no se confía. Los judíos comunistas están unidos y confían entre sí, mientras que los otros se espían mutuamente. Cada cuatro o cinco años la junta judía pide una purga del partido y liquidan a muchos. Cuando pregunté ¿por qué?, dijo: "Porque empiezan a comprender demasiado sobre le gobierno secreto judío. Los comunistas rusos tienen una orden secreta que consiste en judíos solamente. Dirigen todo lo que pertenece al gobierno visible. Fue esta organización poderosa la que fue responsable de la retirada secreta del centro del comunismo a Tel Aviv de donde proceden ahora todas las instrucciones".

Dice que los judíos controlan la ONU que no es "nada más que una trampilla al inmenso campo de concentración del Mundo Rojo". Dice que este poder invisible es responsable de las guerras y revoluciones de los últimos doscientos años.

AUTENTICIDAD

A veces la entrevista parece demasiado condenatoria y nos preguntamos si será auténtica. ¿Por qué alguien que dice aspirar a la preeminencia nacional permite que se grave esa entrevista? ¿No podrían estar chantajeándole? Hace muchas generalizaciones poco favorecedoras y falsas sobre los judíos que también parecen poco convincentes. A veces se pasa de la arrogancia al miedo. En un momento dado dice que los judíos han hecho planes de recoger y huir.

En 2005 tuve una conversación telefónica con Des Griffin, autor del clásico Fourth Reich of the Rich. Des me contó que lo invitaron a casa de Walter White en California y que escuchó la cinta de la entrevista. El personaje Rosenthal de la entrevista sonaba como si fuera un mal actor que estuviera leyendo un guión. Ciertas palabras se repetían. Dice que la información es totalmente creíble, que la conspiración es real y que no es necesario adornarla de fraude.

En realidad la primera parte de la entrevista sí que suena forzada y poco natural. "Actualmente estamos haciendo planes par un éxodo rápido. Sabemos que cuando la luz comience a alborear no habrá forma de pararla. Todos los esfuerzos por nuestra parte sólo intensificarán esa luz y atraerán la atención sobre ella".
Sí que suena raro que llamara parásitos a los "judíos" y que dijese que no son idealistas. De hecho, muchos judíos como yo mismo son extremadamente idealistas. Los banqueros han usado el idealismo para manipular a sus hermanos menores desde hace siglos.

Por otro lado, la segunda parte de la entrevista suena más creíble. Los dos hombres discuten acerca de dinero; el diálogo es verosímil y Rosenthal usa expresiones Yidish convincentemente.

En última instancia uno tomará su propia decisión. Mi sensación es que puede que haya una explicación a lo que Des Griffin oyó, (¿quizás Rosenthal estaba ebrio o drogado?) En mi opinión, la entrevista contiene información que va más allá de lo que un conservador americano podría o querría escribir.

El tono de arrogancia racial también suena a verdadero. Rosenthal afirma que los judíos son una raza, no una religión, lo que yo pienso que es verdad. Dice que un judío permanece judío si se convierte a otra religión como si no. Expresa incredulidad ante la falta de carácter y candidez del pueblo americano. En muchos lugares el tono es escalofriantemente parecido al de Los Protocolos de Sión.

Dudo que un cristiano conservador como Walter White realizase el tipo de cosas de las que acusa a los judíos.

Los Banqueros Illuminati Buscan la Revolución por Medios Económicos

Los banqueros Illuminati nos tenían donde querían tenernos el diez de octubre de 2008. Todo el mundo estaba aterrorizado, deshaciéndose de todo lo que tenía algún valor—oro, inmuebles, petróleo—y corriendo al dólar, un medio de cambio creado de la nada por los banqueros Illuminati con la ayuda de sus lacayos en el gobierno.

¿Por qué la atracción repentina de los dólares de EE.UU? Hay una gran escasez de dólares porque los banqueros colocaron nuestro dinero en hipotecas y luego hicieron pedazos el mercado de la vivienda. Billones desaparecieron. Ahora sus lacayos del gobierno tienen que "pedir prestado" billones para compensar el déficit. Resultado: los banqueros son billones más ricos.

¿Lo hicieron adrede? ¿Piensa que Rich Fuld, el director general de Lehman Brothers, obtuvo doscientos cincuenta millones en concepto de despido por haber llevado a la compañía a la quiebra? No, resulta más probable que eso sea la compensación por traicionar a sus empleados y a su país. Multiplique eso por toda la industria financiera.

A lo largo de la historia los banqueros Illuminati siempre han usado la guerra y la agitación para lograr su objetivo. Desde que disfrutamos de la prosperidad me he centrado en la guerra. Pero ahora debo considerar cómo usan las dificultades para conseguir su gobierno mundial.

Es fantástico cuando se piensa en eso. La depresión no implica sangre ni la destrucción de la propiedad valiosa. Al contrario, permite a los banqueros absorber la riqueza auténtica a precios de ganga. Y la gente, bajo la coacción, aceptará cualquier cosa con tal de recuperar la deliciosa prosperidad que conoció un día.

LA SINFONÍA ROJA

La clave para comprender nuestro mundo es el interrogatorio sobre los Illuminati a Christian Rakovsky, buen conocedor de los Illuminati (Chaim Rakover) por parte de la policía secreta estalinista, la NKVD. Rakowsky fue un asociado de Trotsky y antiguo embajador de Rusia en París. (**The Red Symphony** está disponible en línea en *http://mailstar.net/red-symphony.html*)

Rakovsky explica que el verdadero objetivo del comunismo es el mismo que el del Nuevo Orden Mundial, esencialmente una dictadura del cártel bancario central judío-masónico. El verdadero significado de "revolución" y de toda empresa socialista y liberal es esta dictadura, tenuemente velada como "internacionalismo" y "gobierno mundial". La propaganda sobre la defensa de la clase trabajadora y la igualdad, etc. es una estratagema para ocultar la centralización de la riqueza y el poder en las manos de esta red relativamente pequeña de banqueros y magnates satanistas conocidos como los "Illuminati".

Su interrogador le obligó a decir nombres. Rakovsky respondió que sólo estaba seguro de Walter Rathenao y Lionel Walter Rotschild. Pero asumió que los siguientes eran miembros: "Como institución, el banco de Kuhn Loeb & Company de Wall Street: [y] las familias de Schiff, Warburg, Loeb and Kuhn; digo familias con el fin de señalar varios nombres puesto que todas tienen relación entre sí... por matrimonios; luego los Baruch, Frankfurter, Altschul, Cohen, Benjamin, Strauss, Steinhardt, Blom, Rosenman, Lippman, Lehman, Dreifus, Lamont, Rothschild, Lord, Mandel, Morganthau, Ezekiel, Lasky... cualquiera de los nombres que he enumerado, incluso los que no pertenecen a "ellos" podrían siempre conducir a "ellos" con cualquier proposición de naturaleza importante".

Rakovsky explica que la guerra es necesaria para la revolución. Los banqueros Illuminati financiaron a Hitler porque habían perdido el control de Stalin. Entonces Rakovsky invitó a Stalin a que regresara al redil y a que les ayudara a destruir a Hitler o de lo contrario darían rienda suelta a Hitler. Así Hitler se vio envuelto en una guerra de dos frentes. Primero, los dos dictadores forjaron una alianza en agosto de 1939, (pocos meses después de que los fascistas derrotaran al comunismo en España). Luego, cuando Hitler y Stalin invadieron Polonia, los aliados declararon la guerra sólo contra Hitler.

Rakovsky describe cómo los Illuminati usan la agitación para conseguir el control totalitario.

Dice que el 24 de octubre de 1929, fecha del hundimiento del mercado de valores de Nueva York ("el comienzo de la llamada "depresión") fue más importante que la revolución bolchevique de 1918. Rompió el individualismo "clásicamente americano" y dio lugar a "un florecimiento del parasitismo y el capital es un gran parásito". Comenzó "una verdadera revolución".

"Aunque el poder monetario es poder político, antes sólo se había usado indirectamente, pero ahora el poder monetario tuvo que transformarse en poder directo. El hombre mediante el cual usaron de ese poder fue Franklin Roosevelt. ¿Ha comprendido? Anoten lo siguiente: En ese año de 1929 el primer año de la revolución americana, Trotsky abandona Rusia en febrero; el "crash" ocurre en octubre... la financiación de Hitler se acuerda en julio de 1929. ¿Cree usted que todo esto fue por casualidad? Los cuatro años del gobierno de Hoover se usaron para la preparación de la toma del poder en los EE.UU y en la URSS, allí por medio de la revolución financiera y aquí [Rusia] con ayuda de la guerra y la derrota [de Stalin] que había de seguir". (Texto completo en el libro de Des Griffin **Forth Reich of the Rich**, pág. 273)

OBAMA ES SU FDR

A Barack Obama se le ve frecuentemente haciendo el signo Illuminati de Baphomet. Sí, técnicamente el pulgar debería doblarse y su excusa es que se trata del signo americano para decir "I love you". Exactamente igual que Bush fingía que era el signo de la cornamenta de Tejas, estos satanistas necesitan una historia de tapadera. ¿Se ha preguntado usted alguna vez por qué la señal de la ASL (American Sign Language) es tan parecida a la de Satán? La ASL estuvo financiada por los Rockefeller y diseñada por Hellen Keller, teosofista, es decir, masona.

La historia se repite porque los banqueros judío-masones usan la misma serie de ardides. Si esto es una indicación nos hallamos en tiempos económicos difíciles. Si el gobierno controlase su propio crédito, podríamos hinchar la economía sin ningún coste en la deuda ni el interés. Pero con los banqueros centrales controlando el crédito, me pregunto si harán lo mismo para sustituir el capital que ellos han extraído del sistema.

MARIONETA ILLUMINATI

La naturaleza fraudulenta de nuestra vida pública proviene toda ella de este fraude fundamental, el control privado de los Illuminati del crédito público. De este modo tenemos un programa de despoblamiento fomentado por el gobierno bajo el disfraz de los derechos de los gays y el feminismo. Así tuvimos el espectáculo de dos marionetas mentalmente controladas por los Illuminati compitiendo por la presidencia de los EE.UU.

El caso de Barack Obama fue el más indignante. Ni siquiera pudo demostrar que es ciudadano americano. Hay informes de que su padre, el activista comunista Frank Marshall Davis, fue un violador y pedófilo que probablemente abusó de su hijo. El anónimo Bill Ayers escribió la autobiografía en 1995 de Obama **Dreams of My Father**. ¿Un prometedor presidente de la Harvard Law Review garantizó un adelanto de seis cifras del judío Illuminati Simon and Schuster? ¿Qué escritor anónimo escribió el libro de Obama **The Mendacity of Hope**?

Larry Sinclair dice que tuvo relaciones sexuales y que fumaba crack con Obama a finales de los años de 1990. Aunque parezca mentira este historial es perfecto para los Illuminati. A Obama se le puede controlar fácilmente o los media Illuminati dejarán de ignorar estas historias. (Para ver una marioneta en mal funcionamiento, revise los You Tubes de Obama sin teleprompter).

Joe Biden profetizó que a Obama lo probarán a fondo después de llegar al poder, que traicionará a sus defensores y que caerá en picado en los sondeos. Resulta extraño que se diga antes de las elecciones. (Dese cuenta de que los republicanos ignoraron esto—sugiriendo que están de acuerdo).

CONCLUSIÓN

Espero de Obama un New Deal al estilo del de FDR que sin dudas comportará mucho más control gubernamental y más "internacionalismo". Como FDR, a Obama lo venerarán como a una especie de salvador. Estas tendencias son ya evidentes.

La meta es siempre la misma: un control total de la riqueza y de la raza humana por parte de los megalómanos satanistas y sus subordinados que manejan nuestro crédito. Su vehículo es el gobierno mundial y su herramienta del momento es Barack Obama.

LIBRO TERCERO

Sionismo y Holocausto

Los Judíos Británicos Intentaron Detener el Sionismo

Cuando el gabinete británico emitió la *Balfour Declaration* en 1917 lo hizo por encima de las objeciones enérgicas de su único miembro judío, Edwin Montagu. Pero los no judíos, incluyendo a muchos antisemitas, inclinaron la balanza. El sionismo era un modo de desarrollar el imperialismo británico y el Nuevo Orden Mundial masónico.

Montagu, que fue secretario de estado en India, le dijo al primer ministro Lloyd George: "toda mi vida he estado intentando salir de este gueto. Usted me obliga a regresar allí".

Un judío asimilado, Montagu consideraba el judaísmo como una religión y veía el sionismo como un "credo político malicioso, indefendible para cualquier ciudadano patriota del Reino Unido".

Su historia nos enseña que el Nuevo Orden Mundial es una conspiración de la elite dirigida por miembros específicos de ciertas dinastías adineradas judías y no judías que frecuentemente se casaban entre sí. No es "judía" en el sentido de ser un plan consciente del pueblo judío, que históricamente prefirió la asimilación.

En mayo de 1917 un comité que representaba a las organización judías dirigentes publicó una declaración en el London Times que decía: "Los judíos emancipados… no tienen aspiraciones políticas diferentes… el establecimiento de una nacionalidad judía en Palestina fundada sobre [la] teoría de una patria judía debe tener el efecto de marcar a los judíos como forasteros en sus tierras nativas".

La Declaración Balfour prometía a los judíos una "patria nacional" en Palestina. En parte era el pago a los sionistas por haber implicado a los EE.UU en la primera Guerra Mundial del lado británico. El presidente sionista Chaim Weismann manifestó su gran disgusto porque la oposición judía constituía el principal tropiezo para consumar el trato.

La comunidad judía estaba partida. Los Samuels y los Rothschild favorecieron la Declaración Balfour; los Cohen, Magnus, Mountefiore y Montagu estuvieron en contra.

"Si sólo se hubiera tratado de una cuestión entre facciones sionistas y no sionistas dentro de la comunidad es muy probable que la última hubiera ganado," escribe Chaim Bermant en The Cousinhood. "Pero estaban los sionistas gentiles a los que hubo que considerar y consiguieron la mayoría".(Págs... 260-262)

Entre los gentiles se incluían Arthur Balfour, Lord Milner, Lord Lothian (Philip Kerr) y Lord Robert Cecil. Carl Weismann reconoció que el establecimiento de un patria judía en Palestina y la organización del mundo en una gran federación eran rasgos complementarios del siguiente paso en la gestión de los asuntos humanos..." (Reed, **The Controversy of Zion**, pág.249)

La profesora de la Universidad de Georgetown Caroll Quigley nombra cerca de cien participantes en esta conspiración del gobierno mundial en el apéndice de The Anglo American Establishment (1981) Se incluyen los nombres antes citados de Cecil Rhodes, Lionel Curtis, Wiliam T. Stead, Geoffrey Dawson y Earl Grey. Yo sólo reconocí a tres judíos: Nathan Rothschild, Leopold Amery y Alfred Beit.

Quigley relata que un grupo de familias de aristócratas centradas en los Cecils domina la política británica desde hace siglos. Ellos engendraron la sociedad secreta organizada por Cecil Rhodes y Nathan Rothschild en 1891 que Rhodes llamó "una iglesia para la extensión del Imperio Británico".(34) Conocida como The Round Table y la Milner group su objetivo era la dominación mundial por la elite británica y la recolonización de los EE.UU.

La "iglesia" era la francmasonería. Los políticos que respaldaron el sionismo eran todos masones de alto grado. Algunos fueron probablemente Illuminati. "El gobierno mundial" está dedicado a entronizar a Lucifer como Dios de este mundo. El sionismo y el comunismo son organizaciones masónicas dedicadas a esta finalidad.

UN HÉROE PARA LOS JUDÍOS ASIMILADOS

Edwin Montagu, el segundo hijo del comerciante de lingotes de plata Samuel Montagu, se hallaba atrapado entre el judaísmo ortodoxo de su padre y el deseo de ser inglés. Él rechazaba el judaísmo pero no llegó a abandonar su identidad judía. "Siempre seré un buen judío según mis criterios", le escribió a su padre, "mi definición difiere de la tuya".

De joven le irritaba tener que observar los rituales y casarse con una chica judía. De adulto abrazó el estilo de vida de inglés de alta cuna. En su finca de campo cazaba y fue naturalista y ornitólogo. "Había algo...extranjero en la misma profundidad de su afecto por Inglaterra," destaca Bermant. (259)

Hombre alto, con aspecto de ganso y que llevaba monóculo, Montagu sufrió las burlas de sus amigos y enemigos en silencio. "Su fealdad se olvidaba por sus encantos", escribió su amigo Duff Cooper. "Tenía un cuerpo muy desgarbado, voz muy suave y ojos obscuros que centelleaban de amabilidad".(253)

Montagu, hábil polemista de Cambridge, atrajo la atención de H.H. Asquith, presidente de la rival Oxford Union. Siguió a Asquith en la política y después del alud liberal de 1906 fue su secretario y amigo. Administrador capaz y orador persuasivo, Montagu parecía estar destinado a hacer grandes cosas.

Asquith llegó a ser primer ministro en 1908. Él y Montagu se obsesionaron con Venetia Stanley, una amiga de la hija de Asquith, treinta y cinco años menor. Cuando las atenciones amorosas del primer ministro se hicieron insoportables, Venetia se casó con Montagu que tenía ocho años más que ella.

Asquith se quedó perplejo. Montagu "no es un hombre: [él es] un paquete de humores y de nervios y de síntomas, muy centrado en sí, —pero no seguiré con este catálogo deprimente".

Como el amor de Montagu por Inglaterra, su amor por Venetia no fue correspondido. Ella vivía para "extraerle a la vida todas las diversiones posibles", tuvo muchas aventuras y un hijo extramatrimonial (que Montagu adoptó) y quemó su fortuna. Pero él no tenía en consideración todo esto y la víspera de su muerte prematura, a la edad de cuarenta y cinco, le escribió, "lamento irme. Me has hecho muy feliz y espero que tú siempre lo seas".(267)

También él tuvo una hija extramatrimonial. Montagu abogaba por los derechos de los súbditos coloniales de India y Kenia y se hizo impopular ante los elementos del establishment británico. Su muerte prematura es muy sospechosa.

SOBRE EL SIONISMO

En 1917 Montagu luchó contra la Balfour Declaration en el consejo de ministros y divulgó un documento acusando al gobierno de antisemitismo por hacer a todos los judíos británicos "foráneos y extranjeros". Dijo que él "con gusto privaría del derecho de voto a todos los sionistas [y estuvo tentado de hacerlo] y que declararía a la organización sionista ilegal y contraria al interés nacional".

Por supuesto que estaba en lo cierto. Pero a pesar de ser hijo de banquero, no se dio cuenta del plan sionista masónico para un gobierno mundial. Emplearon a un millón doscientos mil soldados para conseguir Palestina y estuvieron a punto de perder la Guerra Europea como consecuencia de ello. Tuvieron que sustituir a Asquith y al general jefe del ejército William Robertson para lograrlo.

Montagu fue uno de esos raros judíos que intentó comprender las razones del antisemitismo en vez de referirse al "odio irracional".

"Siempre he reconocido la impopularidad... de mi comunidad. Hemos conseguido mucha mayor participación de los bienes y oportunidades de este país de la que numéricamente nos corresponde. En conjunto alcanzamos la madurez antes, y por consiguiente con la gente de nuestra edad competimos deslealmente. Muchos de nosotros hemos sido exclusivos en nuestras amistades e intolerantes en nuestra actitud y puedo comprender fácilmente que muchos no judíos de Inglaterra quieran deshacerse de nosotros".

"Pero del mismo modo que no existe la unidad de pensamiento y modo de vida entre los ingleses cristianos, tampoco la hay entre los judíos ingleses. Cada vez más nos educamos en colegios públicos y en las universidades y participamos en la política, el ejército y en la función pública de nuestra nación. Y me alegra pensar que los prejuicios contra el matrimonio interracial se están viniendo abajo. Pero cuando el judío tenga una patria nacional, seguramente le seguirá el ímpetu creciente de privarnos de los derechos de la ciudadanía británica. Palestina se convertirá en el gueto del mundo".

Montagu fue responsable de la inserción de la estipulación en la Balfour Declaration que decía: "No se hará nada que pueda perjudicar los derechos civiles y religiosos de las comunidades no judías ya existentes en Palestina ni los derechos ni el estatus político de los que disfrutan los judíos en cualquier otro país".

FINALMENTE

A los judíos se les enseña que son cabezas de turco pero no aprenden que es la conspiración del gobierno mundial la que los está utilizando. Por medio de las organizaciones sionistas, comunistas, liberales, feministas o neoconservadoras, se engaña a muchos judíos para que desarrollen las políticas y la propaganda que sesgan los cuatro pilares de la identidad humana y la cohesión social: raza, religión, nación y familia. Esto da la impresión de que los judíos en general son los responsables del Nuevo Orden Mundial.

No sirve que muchos judíos nieguen por desconocimiento que esta conspiración existe y que griten "antisemitismo" cada vez que se critica a un banquero. No sirve que a muchos los hayan engañado haciéndoles creer que necesitan Israel. De hecho, los israelíes están siendo usados para asegurarle Oriente Próximo a la elite banquera masónica. El edificio de la nueva corte suprema israelí, financiada y diseñada por los Rothschild, está repleto de simbolismo masónico.

Algunos de los Rothschild y sus aliados judíos son parte de esta conspiración satánica. Pero la mayoría de los judíos ponen a sus países en primer lugar y no desearían participar del gobierno mundial. Edwing Montagu, un hombre discreto, sincero y civilizado, es ejemplo de un judío así y una inspiración para todos nosotros.

Los Peores Antisemitas Son los Sionistas

"¡Oh, pueblo mío! Ésos que te guían te conducen a la perdición". (Isaías: 3:12)

Los peores antisemitas son los sionistas que crean el antisemitismo y lo usan para engañar y forzar a los judíos a desarrollar el plan de los banqueros Illuminati de una dictadura para el gobierno mundial.

En ensayos posteriores sostendré que el sionismo es un chantaje y una conspiración contra los judíos. Aquí sostengo que han suprimido la expresión espiritual, cultural y normal de los judíos y que han secuestrado al pueblo judío para servir a su causa pervertida.

Antes de que los sionistas se adueñasen de los gobiernos de los EE.U, se adueñaron de la comunidad judía americana y la convirtieron en su instrumento.

El diario Menorah Journal de Henry Hurwitz y las sociedades Menorah fueron un intento del judaísmo americano de interpretarse cultural y espiritualmente como un fin en sí mismo más que como un sistema de apoyo de la "patria judía". Los sionistas suprimieron este grupo libre y democrático del mismo modo y al mismo tiempo que privaban a todos los americanos de su libertad política y cultural.

LA MENORAH SOCIETY

Henry Hurwitz creó la primera Menorah Society en la Universidad de Harvard en 1906 y su periódico The Menorah Journal EN 1915. El movimiento Menorah defendía "el estudio y el desarrollo de la cultura e ideales judíos en América". Al acabar la Primera Guerra Mundial el movimiento se había ampliado con la inclusión de la Asociación Intercolegiata Menorah, la Escuela de Verano, la Conferencia de Educación y la Federación de Conferenciantes.

En esencia, el movimiento fomentaba el estudio no dogmático, no político de la historia judía. Estaba abierto a diferentes puntos de vista e inicialmente recibió el apoyo de los banqueros centrales. Pero cuando Hurwitz insistió en que el judaísmo no tenía nada en común con el sionismo y que los judíos deberían sentirse perfectamente como en casa estando en América, los banqueros paralizaron la financiación del movimiento Menorah.

En 1958 Hurwitz le escribía a un amigo, "Hemos tenido más de un proposición curiosa de varias organizaciones acaudaladas para absorbernos. Nuestros problemas financieros se resolverían así. Y nuestra libertad—es decir, nuestra verdadera vida— se disolvería". (Menuhin, **The Decadence of Judaism in Our Time**, 1965. Pág.336)

En el ejemplar de otoño-invierno de1959 de *Menorah Journal*, Hurwitx describe el efecto de la "intolerancia", es decir, el control de los banqueros sionistas del judaísmo organizado.

"Esta intolerancia no sólo golpea a una organización independiente de reconocido prestigio y a su revista que han rendido servicio al judaísmo durante más de medio siglo. Esta intolerancia envenena la atmósfera comunal judía de América. Pretende suprimir…los principios básicos americanos de la libre expresión y la prensa libre. Castiga el análisis honrado [de aquéllos] que controlan los fondos públicos judíos filantrópicos y exentos de impuestos, y a partir de aquí tienen el poder de enriquecer a las organizaciones favoritas mientras condenan a morirse de hambre a las otras que no se les ponen de rodillas... De este modo, en realidad obstaculizan una consideración racional a largo plazo de los intereses principales del propio pueblo de Israel".

"Más aún, como es bien sabido, una gran proporción de las donaciones supuestamente voluntarias y filantrópicas se extraen de profesionales y hombres de negocios bajo la amenaza de sanciones económicas y sociales. Esto debe describirse como lo que es—una especie de terrorismo. Tal terrorismo se ha convertido en una técnica muy eficaz para la captación de grandes fondos judíos". (Menuhin, pag.367)

Desgraciadamente el movimiento Menorah murió con su fundador en 1961. Su trabajo lo continuó en parte el American Council for Judaism bajo su dinámico fundador el rabino Elmer Berger (1908-1996). en 1965 Moshe Menuhin describía a la sociedad americana con las siguientes palabras:

"En la América de hoy la cultura judía e incluso la religión judía han degenerado en nacionalismo "judío", y los filántropos judíos, y las escuelas judías, y los servicios segregados judíos se han subvertido (con unas pocas nobles excepciones) para servir…a la construcción de una "patria judía"… (468)

Prueba de esto es que Moshe Menuhin tuvo que publicarse él mismo su libro.

La Guerra y la Crisis Son Formas de Extorsión

¡Ay de aquéllos que llaman al mal bien y al bien mal, que hacen de las tinieblas la luz y de la luz las tinieblas"... Isaías 5:20

"El individuo queda impedido al enfrentarse cara a cara con una conspiración tan monstruosa que no puede creer que existe". J. Edgar Hoover

Al final del siglo XIX la Iglesia Católica organizó una resistencia masiva a la dominación judía Illuminati de la vida nacional. Los Illuminati instigaron la Primera Guerra Mundial en parte para destruir y castigar a una Europa recalcitrante.

Lenin definió la "paz" como el final de todas las formas de resistencia al despotismo comunista (es decir, judío Illuminati).

Después de la Primera Guerra Mundial y de la Segunda Guerra Mundial la Liga de las Naciones y la ONU prometieron un gobierno mundial para evitar la guerra. En realidad, los globalistas Illuminati siempre prometen esto –pero no nos damos cuenta de que nos están haciendo chantaje. En primer lugar ellos son los que empiezan las guerras.

Los Sabios de Sión juraron hostigar a las naciones con la corrupción y luchas internas hasta que aceptaran su "súper estado" (es decir, la tiranía del gobierno mundial).

"El reconocimiento de nuestro déspota puede que también llegue... cuando los pueblos completamente cansados de las irregularidades y la incompetencia –un asunto del que nos encargaremos nosotros—de sus gobernantes, pidan a gritos: "Fuera con ellos y dadnos un rey para toda la tierra que nos una y acabe con las causas de los desórdenes –las fronteras, las nacionalidades, las religiones, las deudas de los estados –que nos dé la paz y la tranquilidad que no podemos encontrar con nuestros gobernantes y representantes". (El énfasis es mío. Los Protocolos de Sión, 10-18)

Por supuesto, esto es de aplicación a la actual depresión económica. Justo en el momento apropiado Henry Kissinger, CEO (presidente) del NOM, nos dice: "la alternativa a un nuevo orden internacional es el caos". La "E" de CEO significa Extorsión. "Por favor, Sr. Kissinger, devuélvanos nuestra prosperidad. Estaremos de acuerdo con todo".

Estamos en el octavo turno de una conspiración a largo plazo y debemos sacudirnos nuestra complacencia. Esto no es otra recesión; es una toma de poder final a vida o muerte. Una secta satánica, los Illuminati, ha subvertido todas las naciones y religiones y ahora se dirige hacia la consolidación de su poder. Nuestros "líderes" (incluyendo a Obama) pertenecen a esta secta. Por sus antecedentes (en Rusia y China) es posible predecir el futuro: las condiciones se deteriorarán. Habrá disturbios civiles. Un crimen o acto de terror programado dará lugar a la guerra o a la ley marcial. Encerrarán en campos de concentración y posiblemente se asesinará a todo el que se haya opuesto a su agenda—patriotas, cristianos, antisemitas—. La guerra y el sufrimiento serán de tal magnitud que las masas aceptarán la tiranía. Espero equivocarme.

LA LUCHA DE LA IGLESIA CON EL SATANISMO

Durante siglos, hasta la Segunda Guerra Mundial, la iglesia católica fue el bastión de la civilización occidental y el principal obstáculo para el control del mundo por los Illuminati.

Recientemente el Vaticano abrió sus archivos secretos y reveló su lucha centenaria por detener el dominio judeo-Illuminati (es, decir, masónico) de la cultura y la política europeas. El historiador judío David Kertzer documenta esta lucha en su libro **Popes Against the Jews** (2001) que por supuesto él teje como el papel de la iglesia en la creación del antisemitismo. Sin embargo, el libro es un tesoro oculto de información valiosa que incluye un informe gráfico del *Damascus Affair* de 1940, el ejemplo de ritual judeo satánico más famoso de sacrificio humano. (pág. 86 ff).

Los puntos principales del Damascus Affair son 1. A un monje capuchino destacado, el padre Tommaso, lo mataron salvajemente (lo desangraron) unos judíos cabalistas. 2. Ellos confesaron y condujeron a las autoridades hasta sus ropas y restos. 3. Los Rothschild enviaron a una delegación de importantes judíos ingleses a Damasco y presionaron a todos sus colegas para que dijeran que las confesiones las obtuvieron bajo torturas. 4. El Papa, Gregorio XVI, tenía información fiable y se negó a doblegarse. También los papas siguientes. Ellos también conocieron el testimonio de un sacerdote moldavo, un antiguo rabino judío, que describió y explicó todos los rituales, incluyendo el uso de sangre cristiana para el matzoh de Pascua. (92)

Cuando se dio a conocer un nuevo crimen ritual en Hungría en 1899, el periódico oficial del Vaticano L'Observatore Romano hizo esta advertencia "no a todos los judíos, pero a ciertos judíos en particular: no arrojen gasolina al fuego…conténtense con el dinero de los cristianos, pero dejen de derramar y beber su sangre".(163)

Obviamente estos ejemplos de sacrificio ritual humano son relativamente raros. La mayoría de los judíos no son satanistas y desean una asimilación veraz. Sólo los satanistas de entre ellos se involucran en esta práctica. No obstante, todos los judíos están implicados por su incapacidad para aceptar la realidad y sus gritos de "calumnia de sangre". Los Illuminati lo hacen regularmente. Además se lo han hecho a la raza humana durante siglos por medio de la guerra.

Aunque los judíos no sean satanistas, sus líderes, los banqueros Illuminati, sí lo son.

En 1913 los banqueros Illuminati fueron mucho más lejos al encubrir la violación y asesinato de una niña de catorce años en Atlanta, Georgia, por parte de Leo Frank, el jefe de la logia local de B'nai Brith. Incluso sobornaron al jurado y al gobernador. (Véase el informe de Michael Jones, The Jewish Revolutionary Spirit, págs... 707-

Para estos judíos Illuminati la mentira y el engaño son la norma, lo que ellos llaman "magia".

Han convencido a sus hermanos judíos de que el antisemitismo es una enfermedad de la mente gentil, una falsa creencia, cuando, de hecho, es la resistencia al plan de los Illuminati satanistas.

Los judíos corrientes serán sacrificados cuando las cosas se pongan feas si no se enfrentan a sus "líderes".

La ingenuidad de los intelectuales judíos queda bien ilustrada por el propio Kertzer. Él describe la oposición del Vaticano al control judeo masónico como un viejo reflejo nacido del prejuicio, la envidia y el miedo a la modernidad. Sin embargo, relata que tanto Bismark como Metternick, el canciller austríaco, estaban en el bolsillo de los Rothschild. Metternick dependía de ellos para los préstamos que necesitaba con objeto de mantener a flote sus gobiernos así como "para cuando los miembros de su familia necesitaban ayuda financiera".(80)
Kertzer cita numerosos periódicos católicos: "los judíos serán la nación preferida de Satán y su instrumento preferido…Los judíos francmasones gobiernan el mundo… en Prusia de 642 banqueros, 550 son judíos y en Alemania, en Austria y en algunas partes de oriente, la palabra invasión no es ninguna exageración para expresar su número, su audacia y su poder casi irresistible". (172-173)

Allí donde viven "los judíos forman un estado dentro de un estado", escribía un monje italiano en 1825. Si los cristianos no actúan rápidamente, los judíos acabarán consiguiendo reducir a los cristianos a la condición de esclavos suyos. ¡Ay de nosotros si cerramos los ojos! La dominación de los judíos será dura, inflexible y tiránica…" (65)

En 1865 el director de Civilta Cattolica prevenía acerca de los judíos seculares que se afiliaban a las sociedades secretas masónicas "que supondrían la ruina y el exterminio de todas las sociedades cristianas". Estas sectas "expresan ese enfado, esa vendetta y ese odio satánico que el judío alberga contra aquéllos que –injustamente, piensa él— le impiden el dominio absoluto del universo entero que la creencia judía cree que Dios le concedió". (139)

En 1922, el corresponsal en Viena de Civilta Cattolica escribía que si las tendencia presentes continúan "Viena no será más que una ciudad judía; la propiedad y las casas serán todas suyas, los judíos serán los amos y señores y los cristianos serán sus criados".(273)

LA CEGUERA JUDÍA LEGITIMA LAS CAUSAS DEL ANTISEMITISMO

Como la mayoría de los intelectuales judíos, Kertzer es incapaz de comprender el punto de vista de los pueblos que sus amos desean expoliar. Los judíos no aceptarían este tipo de dominación, sin embargo él trata la resistencia no judía de "antisemitismo". Las quejas católicas son prejuicios y la francmasonería era sólo una forma de "proveer una interacción social satisfactoria".(174) Su libro estuvo parcialmente patrocinado por la Rockefeller Foundation.

Los americanos terminarán por descubrir que los Rothschild y sus agentes son los responsables de la Depresión y que Obama es su creación y marioneta. Descubrirán que los Illuminati agitan la guerra contra la humanidad desde hace siglos y que los medios y el sistema educativo de los EE.UU son una farsa. Reconocerán el papel desproporcionado que juegan los judíos en el desarrollo de esta agenda diabólica. Será entonces cuando los judíos Illuminati puede que vuelvan a convertir a los judíos corrientes, ciudadanos leales americanos, en sus chivos expiatorios.

Esperemos que la gente llegue a darse cuenta también del papel enorme que han desempeñado los satanistas no judíos. Por ejemplo, la Skull and Bones Illuminati se fundó en Yale en 1832 pero no admitió judíos hasta la década de los 1950. Sus miembros minaron la vida americana desde el comienzo.

Ha llegado la hora de que el pueblo decida a favor de qué está, si de los Illuminati y la "paz" de los esclavos, o a favor de su pueblo y la libertad. Como escribió Leonard Cohen en su canción *The Future* "He visto al futuro baby y es el crimen".

Comunismo: Hermano Gemelo del Sionismo

Hace poco escribía que a los generales del KGB les han dado posiciones importantes en el departamento de la seguridad nacional dirigido por el leninista y sionista Michael Chertoff.

Describí este suceso como "la toma furtiva de los EE.UU. ¿De qué otra forma se podía hacer mejor que cuando todo el mundo piensa que los musulmanes y nuestros elegidos son demasiado corruptos y están demasiado comprometidos para poder protegernos?

No nos damos cuenta de lo que ha pasado porque nos enseñaron que el comunismo era un experimento idealista pero desacreditado de la "clase trabajadora" que se intentó aplicar principalmente en Rusia y China.

Esta idea equivocada ha timado a millones de socialistas y liberales confiados incluyéndome a mí mismo. Tan recientemente como en 1999-2000 yo cantaba las alabanzas del doctor Normar Bethune, el ingenuo maoísta canadiense, en mi clase de literatura inglesa.

Los banqueros Illuminati crearon el comunismo para utilizar a la clase trabajadora en su programa de una dictadura mundial comprensiva (ahora conocida como "globalización"). Los Illuminati y los comunistas son sociedades secretas masónicas que celebran el mismo aniversario, el primero de mayo de 1776 y comparten los mismos símbolos satánicos. Casualmente, "Chertoff" significa "demonio" en ruso.

El programa dio un gran paso en 1913 cuando estos banqueros luciferinos con base en Londres se hicieron con el control de las finanzas de América mediante la aprobación del Acta de la Reserva Federal. Esto les ofreció los medios y el incentivo para intensificar su guerra encubierta contra la humanidad. Las dos guerras mundiales fueron la consecuencia inmediata.

El comunismo es un movimiento satánico dedicado a la degradación y a la esclavitud humana, no a la propiedad pública y a la justicia social. Por supuesto nadie lo apoyaría si supieran la verdad.

HABLA UN EX COMUNISTA

Muchos antiguos comunistas con cargos importantes han arriesgado sus vidas al alertar a sus compatriotas. Uno de ellos es Bella Dodd cuyo espeluznante libro School of Darkness comenté en mi libro Estafa Cruel.

Ella describe de qué forma el comunismo se metamorfosea en liberales, feministas y socialistas y en una miríada de grupos líderes (identificables por la palabras como "derechos humanos", "igualdad", "internacional" y "paz") para dividir y subvertir la sociedad.

En **Return to My Father's House** (1972) Maurice Malkin, judío, ofrece más revelaciones. Fue un líder del Partido Comunista Americano (CPUSA) en los años veinte y treinta y formó parte del servicio secreto soviético (GPU). Cuando dejó el CPUSA testificó ante el congreso y como consecuencia de ello lo apuñalaron.

Malkin había estado implicado en la clandestinidad bolchevique en Rusia. Su hermano mayor, Joseph, ferviente comunista al que finalmente asesinó Stalin, le enseñó que derrocando al Zar, los trabajadores podrían "eliminar toda la injusticia y crear un paraíso en la tierra". Todos los problemas se debían a la "lucha de clases". El dogma para los ingenuos se fijaba así:

"La burguesía capitalista lo poseía todo aunque era la clase trabajadora la que hacía todo el trabajo. La misión de la clase trabajadora era tomar mediante el uso de la violencia lo que por ley les pertenecía… [Solamente el marxismo] podía liberar a la raza humana de la brutalidad, la discriminación [es decir, el antisemitismo] y la injusticia, del hambre, la pobreza y la pesadez que llenaban las vidas de las gentes sencillas y trabajadoras en todas partes".(827-29)

Malkin emigró a Nueva York con esta religión sucedánea de un cielo de los trabajadores en la tierra resonándole en los oídos. Lev Bronstein (León Trotsky) amigo íntimo de la familia le enseñó que "las balas, no las papeletas, liberarían a los trabajadores".(50)

Su hermano Joseph fue uno de los 150-175 judíos radicales en su mayoría, que abandonaron Rusia con Trotsky en 1917 a bordo del S.S. Christiansfjord que financió el banquero Jacob Schiff.

El barco se detuvo en Halifax y los ocupantes fueron recluidos. A pesar de (o a causa de) la declaración pública de Trotsky de que ellos "iban a Rusia para cavar la tumba del capitalismo," Woodrow Wilson intervino a su favor. Edward House, agente de Rothschild, controlaba a Wilson.

El comunismo y el Nuevo Orden Mundial son básicamente el capitalismo monopolista llevado a su resultado lógico. El gobierno es el monopolio último. Los banqueros Illuminati desprecian el capitalismo porque implica competición y a las fuerzas del mercado. Ofrece a otras personas la oportunidad de prosperar y ser independiente. El capitalismo monopolista o capitalismo estatal permite a los banqueros adueñarse de todo y de todos. Por supuesto, esto se disfraza de "propiedad pública" pero ellos controlan al gobierno, su riqueza y su aparato de seguridad.

Una cita de la edición de la *American Banker's Association Digest* resume lo que está ocurriendo ahora bajo el disfraz de la "guerra al terror". Tenga esto presente cuando vote.

"Cuando, mediante el proceso legal, la gente corriente pierda sus casas, se harán más dóciles y más fácilmente gobernables mediante el brazo fuerte del gobierno aplicado por un poder central de la riqueza bajo líderes financieros. Estas verdades las conocen nuestros hombres principales que ahora están dedicados a la formación de un imperialismo para gobernar el mundo. Al dividir a los votantes mediante el sistema de los partidos políticos podemos conseguir que dediquen sus energías a cuestiones sin importancia".

LA SUBVERSIÓN DE LA "ELITE"

Así pues, durante la mayor parte del siglo pasado los Estados Unidos han tolerado un partido que se dedicaba abiertamente a la derogación del gobierno de los EE.UU y a la esclavización de su pueblo. Este partido, el CPUSA lo fundó y dirigió un gobierno extranjero hostil. Se dedicaba al espionaje industrial y militar, a entrenar unidades de guerrilla en suelo americano. Mediante el uso de la fuerza se apoderó de los sindicatos, robaron sus tesoros y controlaron industrias enteras. Calumniaron, acosaron y asesinaros a los oponentes; sobornaron a la policía y a los jueces y se infiltraron en el ejército.

Sin embargo durante todo este tiempo, nuestras más altas autoridades lo defendieron como si fuera una empresa idealista e inofensiva. "Algunos de mis mejores amigos son comunistas," famosa frase de FDR (Franklin D. Roosvelt).

Malkin informa que Adlai Stephenson (ayudante de Knox, secretario de la marina) saboteó los intentos de limitar las actividades comunistas. En 1956 Eisenhower "liquidó todas las secciones antisubversivas del departamento de inmigración y detuvo la deportación y persecución de conocidos comunistas extranjeros. [Él] detuvo las persecuciones de los comunistas bajo la Ley Smith, dándole al partido una oportunidad para reagruparse y organizar nuevas tapaderas de masas".(191)

Los medios liberales marginaban y ridiculizaban como a "fanáticos derechistas" a quienes advertían de la amenaza comunista. Incluso hoy día la gente no acepta que los Rosenbergs fueron verdaderos espías rusos. La House Un-American Activities Commitee es descrita como una "caza de brujas".

El comunismo no es más que un escuadrón edulcorado de los banqueros Illuminati. Malkin dice que el CPUSA tenía incluso una alianza formal con la Mafia, otra secta masónica.

Moscú facilitaba a la Mafia la heroína que vendían en los EE.UU. La Mafia "prestaba" dinero al partido comunista, se ocupaban de las tareas para adueñarse del movimiento obrero, y se deshacía de los enemigos o miembros que descubrían la realidad. (A la líder comunista, Juliet Stuart Poyntz, la raptaron, asesinaron en un barco y la arrojaron por la borda). La Mafia también distribuía dólares americanos falsificados que se imprimían en Moscú.

Siguiendo el ejemplo de Stalin, los comunistas americanos robaron bancos, algo que llamaban "expropiación". En su libro **Left Wing Communism** (vol. 30) Lenin aconsejaba: "los comunistas han de estar preparados para engañar, mentir, perjurar y hacer todo lo posible para conseguir sus fines". Así que cuando la prueba de sus argucias se evidenciaba, no les costaba nada tacharlo de "fraude" y calumniar al mensajero.

El partido comunista se infiltró en el movimiento de los derechos civiles de los negros y consiguió que Ralph Abernathy y Martin Luther King trabajasen con los mercenarios negros entrenados en Moscú. W.E.B. DuBois y Ralph Bunche estaban entre sus testaferros pero apenas tuvieron seguidores negros. Los negros americanos eran muy patriotas.

"Los rojos se dieron cuenta de que la única forma de debilitar nuestro país es dividiéndolo mediante la anarquía y el caos," escribe Malkin.

Con las mujeres tuvieron más suerte. La actitud de los comunistas hacia las mujeres es instructiva dado que la segunda ola de feminismo es comunista en su origen. El feminismo es "lucha de clases" reciclada y ajustada al género.

Los miembros jóvenes femeninos estaban acostumbrados a reclutar a marineros y estibadores en los muelles y a hacerles participar en trabajos del partido. "Siempre se veía a las chicas en los campamentos de verano comunistas haciendo las propuestas del partido y ofreciendo un poco de diversión adicional. El partido cree que las únicas leyes y la única moral son las comunistas. …Los comunistas no creen en las instituciones familiares ni en la moral por lo que todo es libre".(239)

Los comunistas tenían un departamento que se dedicaba a "la destrucción de la moral del pueblo americano minando su fe en la moral y en los modelos sociales". (71) Podemos estar seguros de que existe algo parecido detrás de la promoción de la homosexualidad y del matrimonio del mismo sexo.

CONCLUSIÓN

Cuando Hitler y Stalin pactaron en 1939, Malkin se dio cuenta de que existía poca diferencia entre los dos y dejó el partido. El resto de su vida lo dedicó a defender las instituciones americanas, trabajando para el departamento de justicia de los EE.UU desde 1948 hasta 1956. Se dio cuenta bastante tarde de que las condenas del comunismo de su religioso padre estaban justificadas, de ahí el nombre que le puso a su libro, **Return to My Father's House**.

Aunque este libro se publicó en 1972, la conspiración comunista está más activa que nunca. Los agentes conscientes e inconscientes abundan especialmente entre los círculos homosexuales, feministas, socialistas, sionistas, neo-cons y liberales. Las comisiones de "derechos humanos," y los agentes de la "equidad en el empleo" y de la diversidad son comisarios políticos modernos. Aquello de la "incitación al odio" es censura que se aplica selectivamente.

Una vez una lesbiana que se presentaba para ser jefe del departamento de inglés del servicio social de ingeniería local comenzó su conferencia diciendo que ella creía en la "paz". ¡Qué tenía esto que ver con la literatura inglesa? La "paz" es un código para el fin de la resistencia al NOM, es decir, a la tiranía global comunista. La eligieron catedrática.

El Nuevo Orden Mundial está lleno de perogrulladas vacuas sobre "paz", "tolerancia" y "derechos humanos". Pero a la luz del asesino pedigrí comunista (y fascista) del NOM estas perogrulladas no convencen más de lo que lo harían si las dijesen Ted Bundy o Jeffrey Dahmer.

Las elites occidentales (incluyendo a la inteligencia) sufren un peculiar deseo de muerte. Ya seríamos esclavos si no fuese por el hecho de que los americanos corrientes tienen armas de fuego. Esto, internet, y el carácter autodestructivo inherente al mal son mis principales razones para la esperanza.

Sionismo: una Conspiración Contra los Judíos

En 1935 el barco *"Tel Aviv"* hizo su viaje inaugural desde la Alemania nazi a Haifa con letras hebreas en la proa y una bandera nazi ondeando en el mástil. El capitán del barco propiedad de los sionistas era miembro del partido nazi. Un pasajero describió el espectáculo como un "absurdo metafísico".

En realidad era absolutamente coherente.

El barco llevaba a judíos alemanes que se habían aprovechado del programa *"Haavara"*, el cual les permitía cambiar el dinero por su valor en productos alemanes en Palestina. Como consecuencia de ello la colonia judía en ciernes recibió a cerca de 70.000 judíos alemanes de alta cualificación y ciento cuarenta millones de marcos del Reich en equipo industrial alemán. Esto puso los cimientos de la infraestructura de Israel.

El acuerdo estimuló también la economía nazi en un tiempo en que los judíos de todo el mundo estaban boicoteando los productos alemanes. (Mi fuente principal es **The Secrets Contacts** de Klaus Polken, destacado periodista alemán. Se incluye en el libro de Olivia O'Grady **The Beasts of the Apocalyspe**, 2001, págs. 421-447)

¿Por qué volver a narrar ahora esta historia de la cooperación entre los sionistas y los nazis?

Porque los líderes "judíos" continúan explotando a sus "pequeños hermanos". Los judíos corrientes pagan el precio de su trama demencial contra la humanidad y este precio podría subir.

En mi opinión, el sionismo es un movimiento que engaña a los judíos para alcanzar los objetivos del imperialismo "británico". Los sionistas que han construido sus vidas sobre una falsa premisa rechazarán naturalmente este parecer.

Específicamente los judíos ayudaron a la elite judeo británica a colonizar Oriente Próximo, rico en petróleo, bajo el pretexto de que los judíos necesitaban una patria. A pesar de la apariencia de neutralidad, los británicos (y los americanos) financiaron, entrenaron y equiparon a los judíos. (John Coleman, **Diplomacy by Deception**, pág. 107).

Los británicos son en realidad el cártel banquero internacional con sede en Londres asociado con nombres como Rothschild y Rockefeller. No responde ante ningún gobierno. Los judíos son un medio para este fin.

Como se ha visto en Irak, los sionistas (también conocidos como los neocons) juegan un papel principal en la colonización de Oriente Próximo. Lo importante es recordar que Israel es la creación de este cártel y que tanto Israel como los EE.UU son sus instrumentos.

Irak es tan sólo una fase en la emergencia del Nuevo Orden Mundial, que representa una continuación de las metas del imperialismo "británico". Cualquier nuevo presidente reanudará en Irak lo que George Bush dejó. La democracia es una charada.

NAZIS A LA MEDIDA DE LOS SIONISTAS

En la Alemania de 1925, quinientos mil judíos eran abrumadoramente indiferentes o activamente hostiles al sionismo. El movimiento sionista alemán sólo tenía nueve mil miembros.

La Unión Central de Alemanes de Fe Judía representaba a la mayor parte de los judíos alemanes y favorecía la participación activa en la vida alemana. Su objetivo central era combatir el antisemitismo.

Los sionistas, por su parte, recibieron con agrado las políticas antisemitas de los nazis. Al igual que los nazis, ellos creían en una raza superior, sólo que en una diferente. Como los nazis, creían que los judíos no tenían ningún futuro en Alemania.

El sionismo no protestó por la persecución nazi como la expulsión de dos mil estudiosos judíos y científicos de las universidades alemanas en 1933. Los nazis recompensaron esta "restricción" permitiendo que los sionistas emprendieran su trabajo sin trabas. Todas las demás organizaciones judías y antifascistas fueron desmanteladas y sus líderes encarcelados.

Los nazis determinaron que todos los judíos se afiliaran a la Reich Union, de dirección sionista, cuya meta era la emigración. Los judíos no tuvieron otra opción que convertirse al sionismo. Los sionistas fueron el único grupo al que se le permitió publicar libros y periódicos críticos con el nazismo con tal de que su audiencia se restringiera a los judíos.

La cooperación se extendió a las esferas política y económica. Adolph Eichmann montó campos de entrenamiento agrícola en Austria para preparar a los jóvenes judíos para la vida en los Kibbutz. Visitó Palestina y mantuvo diálogos con los líderes sionistas que le confesaron sus verdaderos objetivos expansionistas. Se habló incluso de una alianza estratégica entre la Alemania nazi y la Palestina judía. Sus informes son los archivos de Himmler.

[Para más información acerca de la cooperación nazi-sionista, véase en línea **Zionism in the Age of Dictators**, de Lenni Brenner; también de Lenni Brenner, **51 Documents: Zinista Collaboration With the Nazis** (2002).

La cooperación puede que se extendiese también al holocausto judío y sirve para explicar por qué la mayoría de los judíos aceptaron pasivamente su destino. En su libro **The Holocaust Victims Accuse** el rabino Moshe Shonfeld manifiesta que los consejos judíos dirigidos por los sionistas (Judenraten) colaboraron con los nazis y engañaron a los judíos que no eran sionistas.

¿QUIÉN FUE HITLER?

En 1919 Hitler era un funcionario de la inteligencia del ejército alemán con la misión de espiar al diminuto Partido del Trabajo Alemán. Llegó a ser su dirigente. Max Warburg, hermano de Paul Warburg, fundador de la Reserva Federal de los EE.UU, era el jefe de la inteligencia alemana. Los dos fueron directores del conglomerado que formaba el I.G. Farben. Se desconoce cuándo Hitler dejó de trabajar para estos personajes Illuminati.

A Hitler lo subvencionaba la oligarquía banquera y puede que fuese su peón. Es un hecho que los nazis recibieron millones de dólares de Nueva York y Londres.

El libro **Financial Origins of National Socialism** (1933) de "Sydney Warburg" ofrece una visión de cómo la camarilla de los Illuminati apoyaba a Hitler. Este folleto de setenta páginas fue suprimido durante muchos años pero volvió a publicarse en 1983 como Hitler's Secret Backers.

"Warburg" describe un encuentro del mes de julio de 1929 con "Carter", el presidente de J.P Morgan's Guarantee Trust, los presidentes de los bancos de la Federal Reserve, "el joven Rockefeller" y "Glean from Royal Dutch". Todos estos organismos están dominados por Rothschild.

Se decidió que Warburg, que hablaba alemán, viajase a Alemania y le preguntara a Hitler cuánto dinero necesitaba para derrocar el estado. La única condición era que Hitler adoptase "una política extranjera agresiva".

"Warburg" detalla cinco encuentros con Hitler entre 1929 y 1933. El primero tuvo lugar en una cervecería y Hitler calculó sus necesidades en el reverso de un plato de papel. Transfirieron cerca de veinticinco millones de dólares. Esto fue de una gran importancia en un momento en que la depresión era muy grave porque los nazis facilitaron empleos a sus seguidores.

A Hitler no le dijeron la razón de este apoyo y él no hizo preguntas. En dos ocasiones preguntó si "Warburg" sería judío pero rechazó la idea antes de que "Warburg" pudiera responder.

No hay ningún "Sydney Warburg" pero la prueba interna sugiere que el autor fue James P. Warburg, hijo del fundador de la Reserva Federal Paul Warburg. El general Ludendorff testificó en los juicios de Núremberg que James P. Warburg fue el conducto por el que finalmente se transfirieron treinta y cuatro millones de dólares desde Wall Street a los nazis.

El balance final es que tanto el nazismo como el sionismo estuvieron financiados por el mismo cártel banquero y tuvieron metas complementarias. El ascenso del antisemitismo en Europa sirvió para crear el estado de Israel, que el presidente Assad de siria describió como "una daga en el corazón de las naciones árabes".

Pensemos en ello. Hitler pudo haber confiscado toda la riqueza de los judíos. En vez de ello utilizó el *"Haavara Program"* para ayudar a establecer el estado de Israel. Según Polkehn, Hitler garantizó personalmente este programa pese a una firme oposición. Duró hasta el principio de la guerra.

Este cártel, que controla el mundo actual, no tiene ningún reparo en usar a los judíos (ni a nadie) como medio para un fin.

CONCLUSIÓN: LOS JUDÍOS COMO PEONES

Reflexione en las palabras de la desertora Illuminati, Svali.

"El conflicto en Oriente Próximo sólo favorece a los Illuminati. Odian a Israel y esperan verla destruida un día y aguardan su momento. Una de las ramas de olivo ofrecidas por la ONU cuando se apodere es que ellos impedirán la guerra en Oriente Próximo y esto lo celebrarán muchos con alegría".

"Al mismo tiempo, los Illuminati proporcionan en secreto armas y fondos a los dos lados para mantener vivo el conflicto. Son falsos… A esta gente le encanta el juego del ajedrez, y ven la guerra entre las naciones como la creación de un orden a partir del caos".

En un mensaje personal añadió:

"Siempre me he preguntado cómo es posible que aunque algunas de las familias de mayor nivel financiero del grupo (el barón Rothschild de Francia es uno de los trece lores europeos, o "reyes" que dirigen el grupo de Europa y forma parte del Consejo Mundial) sean judías, que el grupo propugne el odio a su propia raza".

Los Sionistas Hicieron un Pacto con el Diablo

Bajo las leyes de Núremberg de 1935 sólo se permitían dos banderas en la Alemania nazi. Una era la esvástica. La otra la bandera azul y blanca del sionismo.

Según el libro en línea de Lenni Brenner **Zionism in the Age of Dictators** (Cap. 7), el partido sionista era el único otro partido que gozaba de cierta libertad en la Alemania nazi. Los sionistas y los nazis tenían un interés común, hacer que los judíos se fueran a Palestina.

La Historia no es siempre lo que uno esperaría. Hay más ejemplos vergonzosos en el libro de Brenner (capítulos 24 y 25). En noviembre de 1942, el rabino Michael Dov-Ver Weismandel, judío activista en Eslovaquia abordó al representante de Adolph Eichmann, Dieter Wisliceny con la pregunta: "¿Cuánto dinero haría falta para que todos los judíos europeos pudieran salvarse?"

Wisliceny fue a Berlon y regresó con una respuesta. Con sólo dos millones de dólares se podrían salvar los judíos de Europa occidental y los Balcanes. Weismandel envió un correo a la Organización Mundial Sionista en Suiza. Su respuesta fue rechazada. El dirigente, Nathan Schwalb envió dinero suficiente para salvar sólo a Weismandel y a su equipo. Escribió:

"Respecto a los gritos de su país, deberíamos saber que todas las naciones aliadas están derramando mucha más sangre y si nosotros no sacrificamos ninguna ¿con qué derecho mereceremos llegar ante la mesa de negociación cuando dividan las naciones y las tierras al final de la guerra?...sólo con sangre conseguiremos la tierra". (237)

Breners dice que el sionismo había dado un giro completo. "En vez de ser el sionismo la esperanza de los judíos, su sangre había de ser la salvación política del sionismo". (pág.238)

En el capítulo 25, Brenner relata la forma en que el líder sionista Rezso Kastner acordó con Adolph Eichman la salvación de unos cuantos miles de sionistas adinerados y elegidos uno a uno a cambio de llevar a más de 750.000 judíos húngaros a la muerte. En 1954 cuando Kastner fue acusado de colaboracionismo, el gobierno israelita acudió en su defensa.

Los documentos Brenner relatan el modo en que los sionistas y los líderes mundiales judíos prevaricaron y obstruyeron todos los esfuerzos por salvar a los judíos de Europa.

Yo soy judío y mi familia sufrió la persecución nazi. Cuando escuché por primera vez esta información la rechacé inmediatamente. Resulta inconcebible. Sin embargo, a medida que aprendía acerca del antiguo plan para la dominación mundial por parte de los Illuminati, con sus matices satánicos y su plan masónico de reconstrucción del templo de Salomón, me hice más receptivo.

Llegué a la conclusión de que los judíos deben ser escépticos respecto a los líderes sionistas que han utilizado el holocausto judío para conseguir una autoridad moral inmerecida y para coaccionar a los judíos (y a los demás) a un conformismo irreflexivo e histérico.

Es posible que Israel se fundara para fines que no tienen nada que ver con el pueblo judío y que los israelíes y los judíos, en general estén siendo embaucados.

Notas:

Adolf Eichman contó sus acuerdos con el sionista doctor Rudolph Kastner que tuvieron como resultado final las muertes de incontables judíos húngaros asimilados y la salvación de los sionistas más fuertes, los amigos de Kastner. Eichmann manifestó, "De hecho había una gran semejanza entre nuestras actitudes en las SS y el punto de vista de estos líderes sionistas tan idealistas que estaban combatiendo la que podía ser su última batalla. Como le dije a Kastner: "Nosotros, también, somos idealistas y nosotros, también, tuvimos que sacrificar nuestra propia sangre antes de que llegásemos al poder".

Creo que Kastner habría sacrificado a mil o a cientos de miles de su sangre para lograr su objetivo político. No tenía ningún interés por los judíos viejos ni por los que se habían asimilado en la sociedad húngara. Pero fue increíblemente persistente en intentar salvar la sangre judía valiosa desde un punto de vista biológico—es decir, el material humano que era útil para la reproducción y el trabajo duro. "Puede quedarse con los otros", decía, "pero déjeme a este grupo de aquí". Y debido a que Kastner nos prestó un gran servicio al ayudarnos a realizar tranquilamente la deportación a los campos [al no desvelarles su destino], yo dejaba que sus grupos se escapasen. Después de todo, a mi no me interesaban los grupos pequeños de mil judíos o así.-"—A. Eichmann, "*Eichmann Tells His Own Damning Story*", *Life Magazine*, Volume 49, Number 22 (28 noviembre 1960), págs. 19-25, 101-112 y "*Eichmann's Own Story*: *Part II*", *Life Magazine*, (5 diciembre 1960) págs. 146-161.

Las Raíces Sionistas de la "Guerra al Terror"

Hasta hace poco yo aceptaba la autoimagen de Israel de ser una nación acosada y amante de la paz en un mar de árabes sedientos de sangre. La idea de que este estado diminuto tenía proyectos imperialistas me parecía ridícula.

Pero, ¿y si, desconocido para la mayoría de la gente, incluyendo a los israelíes, la elite del poder mundial estuviera usando a Israel para desarrollar su plan de un Nuevo Orden Mundial?

¿Y si el papel de Israel fuera colonizar el Oriente Próximo y convertirse en la sede del Nuevo Gobierno y de la religión Mundiales?

Israel's Sacred Terrorism (1980) de Livia Rokach, una monografía en línea de sesenta y tres páginas sugiere que este escenario estrambótico no es tan absurdo.

La monografía de Rokach se basa en revelaciones del diario personal de Moshe Sharett, que fue el primer ministro israelí en 1948 y 1956, y primer ministro entre 1954 y 1956.

Según este diario, que Israel intenta hacer desaparecer, la imagen de vulnerabilidad de Israel es un ardid. Israel siempre había planeado llegar a ser el poder dominante de la región y se "inventó los peligros" con el fin de engañar a sus ciudadanos y provocar las guerras.

En su diario, Sharett cita una conversación con el jefe del estado mayor del ejército Moshe Dayan en mayo de 1955:

"No nos enfrentamos a ningún peligro en absoluto de una superior fuerza árabe para los próximos ocho o diez años...Las acciones de represalia que no podríamos llevar adelante si estuviéramos atados a un pacto de seguridad son nuestros ganglios vitales...nos permiten mantener un alto nivel de tensión en nuestra población y en el ejército. Sin estas acciones habríamos dejado de ser un pueblo combativo..."

Sharett concluye: "El estado...debe ver la espada como el principal si no el único instrumento con el que mantener alta su moral y conservar su tensión moral. Hacia este fin puede que—no DEBE—invente peligros, y para hacer esto debe adoptar el método de la provocación y la venganza...Y por encima de todo, esperemos una nueva guerra con los países árabes con el objetivo de que finalmente podamos deshacernos de nuestros problemas y logremos nuestro espacio". (41)

"AGRESIÓN ENCUBIERTA"

Esta política de "represalias" o "provocación y venganza" se llamó también "agresión encubierta". La "guerra al terror" de los EE.UU es una continuación suya. Esencialmente implica el disfrazar una política de agresión como represalia por provocaciones ficticias o de bandera falsa.

Por ejemplo, las patrullas de Israel cruzarían la frontera para atacar a jordanos o egipcios, y luego afirmarían que las acciones tuvieron lugar en Israel. Una vez atacados el ejército persiguió a los "agresores" en territorio enemigo y causó estragos. Ariel Sharon fue el líder de un escuadrón ("Unidad 10") que se especializó en estas incursiones criminales. En su asalto de 1953 al pueblo jordano de Kibiyah asesinó a decenas de civiles. (30)

En marzo de 1954 un autobús que se circulaba entre Eilat y Bersheba fue atacado y asesinaron a diez pasajeros. El comisionado de la ONU para el armisticio, un tal coronel Henderson dijo, "según los testimonios de los supervivientes no queda probado que todos los asesinos fueran árabes". Él atribuyó el ataque a un "intento de los terroristas por aumentar las tensiones en la zona".(28) A partir de ahí los israelíes se salieron de la comisión para el armisticio en señal de protesta.

En junio-julio de 1954 un escuadrón terrorista israelí voló muchas instituciones británicas y americanas del Cairo en un intento por enturbiar las relaciónes entre los árabes y Occidente.

Llamado el *Levon Affair* ésta podría haber sido la intención que subyacía detrás del atentado al World Trade Centre en 2001.

Desde el punto de vista de la "agresión encubierta" si el terrorismo no existiese, Israel tendría que crearlo. Posiblemente, el aparato de seguridad de Israel inspiró algunos ataques recientes a los israelíes. En algunos casos, a los terroristas se les describe como "blancos". ¿Recuerdan al francotirador que mató a diez reservistas israelitas en un punto de control el 3 de febrero de 2004? Si fuese palestino, ¿no habría vuelto a atacar de nuevo?

Los comentaristas israelíes se lamentan de que Israel no sea una democracia. Dicen que su aparato de seguridad ha secuestrado el país. Un especialista señalaba que "Israel no es un estado con un ejército, sino un ejército con un estado afiliado". También se lamentan de que una cultura de la corrupción, brutalidad e inmoralidad impregna el ejército. (Véase **Israeli Elections So What?** De Ran Ha-Cohen)

Yo creo que los Illuminati (es decir, los banqueros centrales masónicos) controlan el aparato de seguridad y el gobierno de Israel. Muchos políticos israelitas destacados son francmasones.

EL USO DEL ANTISEMITISMO

Los Illuminati siempre han usado el antisemitismo para engañar a los judíos con el fin de que promuevan sus metas perversas.

En **Los Protocolos de los Sabios de Sión** el conferenciante confiesa que los

Illuminati han "borrado toda clase de reglas excepto la nuestra". Sin embargo, permite ataques a su plan de dominación mundial con el fin de crear antisemitismo. "El antisemitismo nos es indispensable para el manejo de nuestros hermanos pequeños". (9-2)

Desde la niñez a los judíos se les enseña que, sin ningún motivo racional, no se les aprecia y que Israel es su seguro ante otro holocausto. Esta actitud deshumaniza a sus oponentes y obvia la necesidad de una autocrítica genuina. Con frecuencia la pregunta de los judíos no es si se trata de algo cierto o falso, sino, ¿es bueno para los judíos?

Traumatizar a la gente y convencerla de que los demonios irracionales amenazan su supervivencia es una forma eficaz de control mental. Esta gente echará por los aires la moral y la razón y, si es necesario, se harán asesinos salvajes y ciegos de sí mismos. Son fácilmente explotados por fuerzas que tal vez no sean judías en absoluto, que pueden ser antisemitas y que orquestan su destrucción final.

Ahora los Illuminati están usando la misma táctica con los americanos. Las huellas del Mossad están por todo el 11-S. Aparentemente, las Líneas de Contenedores Zim de Israel trasladaron a un lugar distinto del WTC a sus doscientos empleados antes del atentado y pagaron por ello una considerable penalización al incumplir el contrato de arrendamiento. Según parece siete de los supuestos "secuestradores" árabes siguen vivos.

Si Osama Ben Laden no hubiera existido, los Estados Unidos y Gran Bretaña lo habrían creado. Hay pruebas de que en 1996 recibió dinero del MI-6 británico. Según el diario francés Le Figaro, Ben Laden se reunió con el jefe del centro de la CIA en Dubái en julio de 2001. Sirve al propósito de aquellos que incitan un falso "choque de civilizaciones".

En la esfera doméstica, la persecución de judíos se ha convertido en un paradigma cultural. Últimamente las mujeres y los gays son los judíos a quienes se enseña que están oprimidos. Se arruinan millones de vidas. La agenda oculta de los Illuminati es destruir el sistema inmune de la sociedad (su capacidad para resistir a la tiranía) atacando sus glóbulos rojos, la familia nuclear.

En conclusión, "la agresión encubierta" u "operaciones de falsa bandera" constituye el medio primario mediante el cual los Illuminati recrean su plan a largo plazo. A los americanos les han instigado a converrtirse en opresores mediante una falsa amenaza musulmana. No son conscientes de lo que se hace en su nombre. Los americanos, como los judíos, se preguntan ahora: "¿Por qué nos odian?"

Sionismo: Suicidio Obligatorio de los Judíos

El 25 de noviembre de 1940, un barco cargado de judíos huidos de Europa, el "Patra", explotaba frente a las costas de Palestina y causaba la muerte de doscientas cincuenta y dos personas.

La sionista "Haganah" dijo que los pasajeros se suicidaron para protestar por la negativa británica a dejarles desembarcar. Años después, admitió que en lugar de dejar que los pasajeros continuaran hasta Mauritania, lo voló por los aires.

"A veces es necesario sacrificar a unos pocos para salvar a muchos", dijo Moshe Sharett, antiguo primer ministro israelí en la ceremonia conmemorativa de 1958.

De hecho, durante el holocausto, la política sionista era que la vida judía no tenía ningún valor si no promocionaba la creación de Israel. "Una cabra de Israel vale más que toda la Diáspora," dijo Yitzhak Greenbaum, jefe del "Comité de Salvamento" de la agencia judía.

El rabino Moshe Shonfeld acusa a los sionistas de colaborar en la matanza nazi de los judíos europeos directa e indirectamente.

Estas acusaciones se contienen en su libro Holocaust Victims Accuse (1977) que se encuentra en línea.

El rabino Shofeld llama a los sionistas "criminales de guerra" por usurpar el liderazgo del pueblo judío, traicionándoles para que los mataran y después recoger el capital moral de su propia traición.

Shonfeld señala que "El enfoque sionista es que la sangre judía constituye el aceite de unción que se necesita para que las ruedas del estado judío no sean algo del pasado. Sigue estando en vigor".

Otros libros de judíos que reiteran este tema incluyen los de Edwin Black, **The Transfer Agreement;** Bencht, **Perfidy**; M.J. Nurenberger, **The Scared and the Damned**; Joel Brand, **Satan and the Soul**; Chaim Lazar, **Destruction and Rebellion** y el del rabino Michael Dov Ber Weismandel, **From the Depth**.

La implicación es que en el fondo el sionismo no es realmente un movimiento pro judío. En palabras del político veterano Elievar Livneh, "la herencia sionista tenía en ella algo viciado para empezar".

"REVELACIONES" TERRIBLES DEL RABINO SHONFELD

Mientras los judíos europeos estaban en peligro de muerte, los líderes sionistas de América intencionadamente provocaban y enfurecían a Hitler. Empezaron en 1933 al iniciar un boicot mundial de los productos nazis. Dieter von Wissliczeny, lugarteniente de Adolph Eichmann, le contó al rabino Weissmandl que en 1941 Hitler se enfureció cuando el rabino sionista norteamericano Stephen Wise, en nombre de todo el pueblo judío "declaró la guerra a Alemania" lo cual produjo la retención de seis millones de judíos como rehenes en la Europa ocupada.

Hitler se echó al suelo, mordió la alfombra y juró: "Ahora los destruiré. Ahora los destruiré". En enero de 1942 convocó la "Wansee Conference" durante la cual tomó forma la "solución final".

El rabino Shonfeld dice que los nazis elegían a los activistas sionistas para que dirigieran los Judenraten (gobierno judío) y para que fueran la policía judía o Kapos. "Los nazis los encontraron leales y obedientes criados que debido a sus ansias de dinero y poder llevaban a las masas a su destrucción".

Frecuentemente los sionistas eran intelectuales que resultaron ser "más crueles que los nazis" y que guardaron en secreto el destino final de los trenes. A diferencia de los sionistas seculares, Shonfeld dice que los rabinos ortodoxos judíos se negaron a colaborar con los nazis y cuidaron de sus atribulados rebaños hasta el final.

El rabino Shonfeld cita numerosos casos en que los sionistas sabotearon los intentos por organizar resistencia, rescates y socorro. Socavaron el intento de Vladimir Jabotinsky de armar a los judíos antes de la guerra. Detuvieron un programa de envío de paquetes a los guetos (donde la mortandad infantil era del 60%) diciendo que ello violaba el boicot.

Frustraron una iniciativa parlamentaria británica para enviar refugiados a Mauricio, pidiendo que Fueran a Palestina en su lugar. Bloquearon una iniciativa similar en el congreso de los EE.UU. Al mismo tiempo rescataron a jóvenes sionistas. Chaim Weizmann, el jefe sionista y después el primer presidente de Israel dijo: "Todas las naciones tienen sus muertos en su lucha por su patria. Los que sufrieron bajo el régimen de Hitler son nuestros muertos". Dijo que ellos "fueron polvo económico y moral en un mundo cruel".

El rabino Weismandel, que estaba en Eslovaquia, facilitó el mapa de Auschwitz y pidió a los líderes judíos que presionaran a los aliados para que bombardearan las pistas y los crematorios. Los líderes no presionaron a los aliados porque la política secreta era aniquilar a los judíos no sionistas. Los nazis llegaron a comprender que los trenes de la muerte y los campamentos estaban a salvo de ataques y efectivamente concentraron allí la industria. (Véase más adelante también, *¿Están Preparando A Los Judíos Para Otro Holocausto?*)

Nada de lo anterior absuelve a los nazis de su responsabilidad. Sin embargo, el holocausto se podría haber evitado o al menos aliviado si los jefes sionistas se hubieran comportado honestamente. Es inevitable sospechar que los sionistas necesitaban aumentar el número de víctimas judías para ocultar su verdadero papel al ascender a Hitler al poder e instigar la Segunda Guerra Mundial. (Véase *Did the*

¿QUÉ ES EL SIONISMO?

Lord Actod dijo: "La verdad saldrá cuando los poderosos no necesiten ya mantenerla escondida". Desde el 11-S cada vez más y más gente está girando a la visión de la historia llamada "conspirativa" u "oculta".

En 1891 Cecil Rhodes creó una sociedad secreta que se llamaba *Round Table* que se dedicaba a la hegemonía mundial de los accionistas del Banco de Inglaterra y sus aliados. Estos aristócratas mojigatos, incluyendo a los Rothschild, se dieron cuenta de que debían controlar el mundo para salvaguardar su monopolio de la creación del dinero así como los recursos mundiales. El imperialismo nunca refleja los intereses nacionales sino la agenda de estos banqueros.

También estaban unidos por un compromiso con la francmasonería, que en lo alto, se dedica a la destrucción de la cristiandad, la adoración de Lucifer y la reconstrucción de un templo pagano en Jerusalén. Ven a la humanidad como "comilones inútiles" y fomentan la eugenesia y el lavado de cerebro para reducir la población y convertirnos en sus siervos. La aniquilación final de los judíos no sionistas tuvo su raíz en este movimiento.

En 1897 se produjo el primer congreso sionista en Basilea. En 1904 el fundador del sionismo Theodore Herzl murió a los cuarenta y cuatro años bajo circunstancias sospechosas. El movimiento fue asumido por la Round Table. El sionismo y el comunismo fueron dos tenazas para desarrollar su plan de hegemonía mundial. Durante la misma semana en noviembre de 1917 tuvo lugar la Revolución Bolchevique y la Declaración Balfour prometió Palestina a los judíos.

El grupo de la Round Table planeó tres guerras mundiales para degradar, desmoralizar y destruir la humanidad, dejándola indefensa. La Tercera Guerra Mundial, que está comenzando, enfrentó a los sionistas contra los musulmanes.

El propósito del sionismo es ayudar a colonizar el Oriente Próximo, subvertir el islam y controlar los campos de petróleo. Por esta razón Israel continúa recibiendo cheques en blanco. (Un análisis estima que el contribuyente norteamericano se ha gastado 1,7 billones de dólares en Israel). Esta es la razón por la que la fundación de Israel tuvo preferencia frente el bienestar del pueblo judío. La gente se queja de que Israel controla a los EE.UU. Es sólo un instrumento de los banqueros centrales que controlan a los dos.

Israel tiene poco que ver con el pueblo judío. El sionismo, el comunismo, el feminismo, el nazismo son simples creaciones del mismo clan satánico. Estos "ismos" son simples medios para el objetivo final, una dictadura neo feudal del mundo. El director del FBI J. Edgar Hoover se refería a esto cuando dijo: "El individuo queda impedido al encontrarse cara a cara con una conspiración tan monstruosa que no puede creer que existe".

Como supervisores inconscientes, los israelitas continuarán siendo las víctimas de un "suicidio obligatorio". A los americanos también los están preprarando para esta función. El 11-S fue un ejemplo.

El terrorismo árabe también está respaldado por esta camarilla. Osama Ben Laden hizo más de doscientas sesenta llamadas a Inglaterra entre 1996 y 1998. El objetivo es conseguir "una guerra de civilizaciones" como excusa para destruir tanto los estados musulmanes como los occidentales con objeto de crear un estado policial global.

Lo que yo llamo "suicidio obligatorio" es en realidad un "sacrificio" satánico. Las referencias constantes de los sionistas y otros líderes al "sacrificio cruento" se refieren a la práctica del sacrificio humano. Aparentemente la energía se libera cuando se destroza a la gente. Hace poco el subsecretario de estado estadounidense Richard Armitage dijo que Hezbollah tiene una "deuda de sangre" con los EE.UU.

Nuestros dirigentes diseñan las guerras como ofrendas a Lucifer. Encuentran estimulantes las matanzas y el caos siempre que sea algún otro el sacrificado.

¿EN QUÉ LUGAR DEJA ESTO A LOS JUDÍOS?

La humanidad ha sido traicionada por su clase dirigente. De los líderes judíos, el periodista israelita Barry Chamish dice: "Los más ricos se señalan a sí mismos para los puestos más elevados. Por consiguiente los más codiciosos y los que tienen menos escrúpulos dirigen el espectáculo. [Ellos] venderán sus almas y las de su pueblo por el poder y la aclamación". (Barry Chamish, **Just as Scared, Just as Doomed**).

Hay unos pocos cientos de miles de judíos ortodoxos como el rabino Shonfeld que siempre han comprendido el sionismo. Siempre han rechazado el estado de Israel y permanecen fieles a la Torah. Podrían formar un núcleo para el renacimiento judío auténtico. Sus páginas webs son *www.jeewsagainstzionism.com*, *www.jewsnotzionists.org* and *www.natureikarta.org*.

En resumen, una secta satánica gobierna el mundo. Estas personas odian a Dios, odian a la humanidad y quieren destruirla. Creen que el fin justifica los medios y son despiadados. Usan a los judíos y a todo el mundo como carne de cañón. Somos los "niños de la matriz", engañados, distraídos, aturdidos y sacrificados. Sin la visión que nos da Dios, somos corderos que llevan al matadero.

El Peor Enemigo de los Judíos: los Judíos Illuminati

En 1962 Christopher Story era el único "goy" que trabajaba para el banquero judío S. Japhet & Co. en la City. El proceso Eichmann estaba en las noticias y Story le preguntó a una colega judía, una "agradable dama de mediana edad", si Adolph Eichmann era también judío.

Ella respondió. "¿No sabía usted que el mayor enemigo de un judío es otro judío?"

Story, de 69 años de edad, veterano periodista británico, cree que muchos nazis que planearon y desarrollaron el holocausto llevaban sangre judía. Los judíos que pertenecían a la conspiración (masónica) de los Illuminati "se alinearon junto a los nazis alemanes luciferinos para exterminar a millones de su propia raza en lo que venía a ser lo mismo que una guerra civil entre judíos y una operación de limpieza étnica…" (**The New Underworld Order**, 532)

Antes de que Hitler llegase al poder, menos del 3% de los 500.000 judíos de Alemania pertenecían al movimiento sionista. En los años 1930 el 60% de todos los matrimonios judíos alemanes eran interraciales. En una o dos generaciones más los judíos de Alemania habrían desaparecido.

De niño Eichmann fue perseguido porque parecía judío. La madrastra de Eichmann tenía amistades judías y él salía con judíos. Mas tarde, como oficial de la Gestapo, Eichmann aprendió hebreo, visitó Palestina y trabajó estrechamente con los sionistas preparando a los judíos para emigrar. (**Eichmann: His Life and Crimes**, de David Cesarani).

Reinhard Heydrich tenía una abuela materna judía y esto hizo que Heydrich cometiese crimenes horribles como compensación para que no lo descubrieran. (Wighton, Heydrich: **Hitler's Most Evil Henchman**, 1962). El abuelo de Himmler era también judío, así como Hitler era medio judío.

EL MEMORANDUM *HORST HOYER*

El teniente general de las SS Horst Hoyer estaba a cargo de la mano de obra de 250.00 judíos en la región polaca de Lemburg (Lvov). En 1952 cuando Alemania e Israel estaban negociando las reparaciones del holocausto, Hoyer presentó un memorándum argumentando que la responsabilidad principal de la "solución final" debería recaer tanto sobre los nazis como sobre ciertos judíos.

Hoyer escribe que la "solución final" emanó de los "departamentos oficiales judíos y alemanes" de la Jefatura de Transporte Militar alemana de la calle Akademizca en

Lemburg.

"Es ahí, donde según mi correcto saber y entender, se perfilaron los detalles de la "solución final". Los judíos sefardíes difícilmente podían haber sido víctimas porque a éstos los sacaban a centenares desde Galicia, dado que a familias enteras las llevaban en aviones de las fuerzas armadas alemanas y de sus aliados, según la "solución final". En octubre de 1943 sacaron a dieciséis judíos selectos de mi campo de trabajo hasta Lublin y luego al antiguo aeropuerto civil en Chrotohowe Highway y de allí los llevaron en avión hasta la neutral España para que los entregasen en los Estados Unidos, incluyendo a un pariente de Henry Morgenthau, miembro del gabinete del presidente Roosevelt".

"Desde julio de 1941 hasta marzo de 1943 fue el administrador jefe de aproximadamente 250.000 judíos, organizados oficialmente como el Esfuerzo Alemán en la Guerra de los Cuatro Años. Nuestras órdenes incluían la fabricación de vestuario, el procesado de los desechos metálicos, materiales de guerra capturados y cosas parecidas. Estos judíos eran voluntarios asalariados. Para un funcionamiento perfecto yo tenía que confiar en "mis judíos" como jefes de departamento y responsables de los registros. A través de ellos me informaba de todo lo que sucedía en el mundo, incluso en intervalos de una hora. A mí esto me resultaba incomprensible e incluso fantástico. Así pues obtenía informaciones que me dejaban sin palabra, porque "mis judíos" conocían perfectamente, lo que el judaísmo mundial guardaba en el almacén para ellos y se hallaban tan desamparados como los propios alemanes".

El teniente general Hoyer da sus nombres.

"¿Sigue vivo Siegfried Langsam el que era un oficial austríaco? ¿Siguen vivos Walter Sonnenschein, el Dr. Wachter y sus esposas? ¿Qué se sabe de Zuckerhorn, Spitze, Loewvenstein, Gregor, Fackler y muchos, muchos más? ¿Están en alguna parte? Si es así, ¡que den un paso al frente y que les cuenten a su pueblo, así como a los alemanes, sin miedo, lo que sucedió en la calle Akademizca! En ese tiempo ellos temían al judaísmo mundial, depositaban en mí su confianza, ¿no es cierto? Suplicaban mi ayuda, sabiendo perfectamente que yo no podía hacer absolutamente nada ante estas actividades solapadas. De aquella calle de Lemburg emanaban acciones que ni los alemanes ni los judíos, ni las SS, ni los soldados del frente conocían ni podían haber conocido".

Hoyer describe un acontecimiento raro que tuvo lugar después de una reunión de negocios con líderes del gueto de Varsovia:

"Cuando nuestras deliberaciones oficiales habían concluido, un ordenanza anunció, "¡Oficiales! ¡Jefes! ¡Los señores han llegado!" Hicieron pasar a unos dieciséis o diecisiete judíos de aspecto serio, los presentaron y se sentaron a lo largo de una gran mesa ovalada. En una festiva y breve hora se les hizo reconocimiento oficial mediante certificados personalizados (en papel blanco de 40 por 40 cm). A la izquierda había una gran insignia dorada con las letras en gótico y un sello con la firma original de Adolph Hitler".

"Estos certificados aseguraban la protección total del Gran Reich Alemán de estas familias judías y sus propiedades. Se incluían palabras de Hitler de agradecimiento y aprobación en nombre del pueblo alemán. Alrededor de esa mesa con los distinguidos judíos y en aquella hora festiva no hubo sentimientos de odio, guerra ni de conspiración ninguna".

Hoyer describe la conducta de la "capa superior" del gueto de Varsovia:

"Como parte de mis obligaciones oficiales, me familiaricé íntimamente con el gueto de Varsovia. Allí una pequeña clase de trabajadores, los artesanos y los profesionales cumplían sus deberes fiel y diligentemente. Pero, en esto, se les obligaba a vivir miserablemente mientras las clases altas participaban en negocios turbios del mercado negro. Así, regateando se podían conseguir en el gueto todo lo que hacía la vida feliz, alegre y atractiva. Más allá de esto, encapsulada, había una pequeña capa superior que celebraba orgías apocalípticas, mientras el champán y numerosas marcas de bebidas corrían alegremente entre la abundancia de alimentos exquisitos. Mientras tanto el proletariado judío yacía en las calles, muriéndose de hambre, mendigando y muriendo".

"Una vez, en nuestras conversaciones, me dijeron, vehementemente: "¡Nuestra raza tiene que aprender a sacrificarse!" Más tarde unos fascistas judíos me dijeron: "De los que hay aquí, todavía dejaremos que el 60% "muerda el polvo" antes de Madagascar".

Hoyer asegura que le ofrecieron 300.000 marcos alemanes para que renegase de su memorándum por falso. Se negó y más tarde lo asesinaron. Su mujer se suicidó.

El Dr. Harrell Rhome ayudó a que el *Memorandum Hoyer* se hiciera público en su página web Gnostic Liberation Front. Escribe: "el número de personas implicadas en la "solución final" fue sumamente pequeño y eran maestros del engaño. En esto uno debe tener en cuenta las tensiones profundas y los contrastes internos entre los judíos, por encima de todo entre las metas de los judíos nacionalmente asimilados y los del judaísmo mundial y sionista. Estos contrastes son mucho, mucho más profundos de lo que se puede creer. Cuando se es consciente de esto muchas cosas, que de otro modo resultan incomprensibles, se hacen claras, en primer lugar, que un grupo de judíos cayó víctima de otro y que pocos de los que estaban marcados como objetivo consiguieron escapar".

"...la colaboración en tiempo de guerra no debería sorprender y puede verificarse fácilmente. ¿Sabían ustedes que algunos judíos vivían sin tener que ocultarse en Berlín durante la guerra, y mantenían ceremonias en las sinagogas? Cuando los soviéticos entraron en Berlín encontraron a más de ochocientos que se habían refugiado en un hospital especial que estuvo abierto para todos ellos durante toda la guerra. ¿Si los alemanes hubieran estado tan entregados a matarlos a todos, cómo se explica esto?"

CONCLUSIÓN

La "conspiración judía" es en realidad una "conspiración medio judía". Muchos miembros importantes se casan con otras razas o son el producto de un matrimonio interracial. John Kerry es un ejemplo. Muchos son judíos y muchos no. Lo que realmente tienen en común es la lealtad a la Orden Masónica Illuminati que ha subyugado al planeta fabricando la guerra.

Obviamente parte de su estrategia consistió en martirizar a los judíos asimilados no sionistas con el fin de engañar al resto del mundo para que apoye el sionismo. Esta es la razón por la que Hitler fingía ser puro aunque fuera medio judío, aunque tuviera tantos colaboradores judíos e hiciera tantos miles de excepciones a su política racial. Su política racial se reflejaba en la judía. Tuvo que convencer a los judíos y al resto del mundo de que a los judíos se les odia sólo por su raza y que deben tener una "patria nacional".

El Holocausto como Control Mental

El arma psicológica más potente de Israel es el holocausto. El grito de guerra sionista es "nunca más".

En un artículo previo sugería que la motivación auténtica que se esconde detrás de acontecimientos traumáticos como Hiroshima y el 11-S puede que fuera imponerle un nuevo paradigma mental a la humanidad. Puede que los sionistas y sus padrinos globalistas contribuyeran a la gravedad del holocausto por las mismas razones.

Debido al holocausto los judíos se convencieron de que necesitaban su propia nación y el mundo estuvo de acuerdo. A los palestinos se les identificaba (en muchas mentes) con los nazis, y a los israelitas se les concedió el derecho moral para sacarlos de sus casas y tierras y subyugarlos. Se equipara la crítica a Israel con el antisemitismo nazi.

Como arma psicológica el holocausto también sirve a una gran variedad de causas del Nuevo Orden Mundial.

El mundo se divide en víctimas heroicas (los judíos) y los incitadores al odio (los nazis). Las "víctimas" que están apoyadas por los liberales de Rockefeller, incluyen a mujeres oprimidas, los homosexuales, y la minoría de moda. Los "incitadores al odio" son los intolerantes que defienden las cosas que los globalistas quieren destruir: la familia nuclear, la religión, la democracia, el individualismo y la soberanía nacional. Los incitadores al odio son "derechistas" con quienes los tolerantes liberales tienen "tolerancia cero".

No tengo la intención de mitigar la responsabilidad nazi en el holocausto judío sino la de escudriñar su uso por parte de los sionistas y globalistas como arma psicológica. Antes de continuar será mejor que me confiese.

Yo soy un judío canadiense no practicante, un judío que no siente el auto odio, que cree en Dios y en el evangelio de amor de Cristo. Todos mis abuelos murieron en el holocausto; mis padres consiguieron sobrevivir haciéndose pasar por no judíos. Viví en Israel entre 1972 y 1973 pero me fui porque los israelitas me parecieron tan materialistas como los canadienses. Israel también se me descubrió como un país que devoraba a su propia gente.

Sin embargo, seguí siendo sionista hasta que descubrí su verdadero carácter. Yo todavía apoyo la existencia de Israel con los límites de 1967, con la restitución a los palestinos. Yo creo que a la mayoría de los israelitas y los judíos los han embaucado como me embaucaron a mí.

DEFENDIENDO UN MONOPOLIO PSÍQUICO

La historia del holocausto de mayor autoridad es The Destruction of the European Jews del difunto Rolf Hilberg, un profesor judío de ciencias políticas de la Universidad de Vermont. El trabajo de Hilberg en tres volúmenes se basa principalmente en una documentación meticulosa de los nazis.

Hilberg pudo publicarlo con grandes dificultades porque documentaba el punto hasta el cual los nazis dependían de los consejos judíos (Judenrat) para aplicar la solución final y la falta de todo tipo de resistencia real judía. Él calculó que fueron menos de doscientos los nazis que murieron debido a la resistencia judía.

¿Por qué la reacción negativa? Hilberg llegó a la conclusión de que la mitología del holocausto exige que las víctimas aparezcan como héroes y entregadas a una lucha, aunque desigual. De hecho, los judíos iban a la muerte como los corderos al matadero. (Hilberg, **The Politics of Memory**, pag. 135)

En los años de 1960 al filósofo judío Hannah Arendt lo difamaron y condenaron al ostracismo cuando llegó a la conclusión a partir de Hilberg de que "casi sin ninguna excepción" los líderes judíos cooperaron con los nazis.

En su libro **Eichmann in Jerusalem** escribió: "En Amsterdam como en Varsovia, en Berlín como en Budapest, podía confiarse en los directivos judíos para que recopilasen la lista de personas y de sus propiedades, para que asegurasen el dinero de los deportados para que sufragaran los gastos de su deportación y exterminio, para que hicieran un seguimiento de los apartamentos vaciados, para suministrar fuerzas de policía que ayudasen a coger judíos y ponerlos en los trenes, hasta, como último gesto, para que entregaran las pertenencias de la comunidad judía en buenas condiciones para la confiscación final. Ellos distribuían las insignias en tela de la estrella amarilla y [algunas veces] los brazaletes en plástico lavable".(pág.117)

Arendt escribe que si los judíos hubieran estado totalmente desorganizados y sin dirigentes, habría habido caos y miseria en abundancia, pero el número total de muertes habría sido mucho menor. (pág.125)

La razón por la que los judíos iban en silencio no es ningún misterio. Los dirigentes judíos los traicionaron. Hilberg lo atribuye en parte a una costumbre ancestral judía de perseverar frente a la adversidad. Pero un factor más importante es que tanto a los dirigentes del mundo judío como a los Judenraten los dominaban los sionistas.

Lo sionistas no creían en la diáspora judía y saboteaban activamente los intentos de rescate. Si los judíos podían escapar a otros países, ¿Qué sentido tendría Israel? Consiguientemente el rabino sionista de Suecia el Dr. Ehrenpreis saboteó un intento sueco de rescatar a 10.000 judíos. Los sionistas torpedearon un movimiento similar del parlamento británico. También rechazaron numerosos intentos legítimos de rescate y ahuyentaron la resistencia.

En general los sionistas sirvieron a la agenda globalista de la elite, suprimían las noticias del holocausto y no hacían campaña para lograr medidas especiales. Los aliados bombardearon fábricas que estaban a unos pocos kilómetros de Auschwitz pero no tocaron los crematorios ni las vías del tren. Los sionistas creían que cuanto mayores fueran las pérdidas judías tanto mayor sería la obligación moral del mundo con ellos.

NOS MINTIERON

A los judíos jóvenes como a mí mismo nos contaron que los países árabes atacaron a Israel, una nación amante de la paz, después de la partición de 1948 en la ONU. Emitieron mensajes para que los palestinos se fueran hasta que barrieran a los judíos.

De hecho a Israel le dieron el 57% de Palestina pero inmediatamente cogieron más tierra y obligaron a 700.000 palestinos a huir aterrorizados al matar a más de 250 en Deir Yassin y a otros 250 en Lydda. Las emisiones de radios árabes eran un cuento. Las emisiones árabes alentaban a la población a que permaneciesen en sus pueblos. (Michael Prior, **Zionism ad the State of Israel: A Moral Inquir**y, 1999, págs. 16-29, 187-205)

David Ben Gurion, el primer ministro de Israel le contó a la revista Time (16 de agosto de 1948) que el contemplaba un estado judío de diez millones de almas. Al preguntarles si podían caber tantos en los límites de la partición de la ONY respondió: "Lo dudo".

Desconocido por sus ciudadanos, Israel siempre ha estado diseñado para colonizar Oriente Próximo y para ser un eje en el nuevo orden mundial.

"Nuestra política debe ser la unidad de la raza humana," le dijo Ben Gurion al periodista de Time. "Nosotros consideramos que las Naciones Unidas son un ideal judío".

Observe cómo trataba la guerra de Irak la página del Mossad:

"Washington tendrá la mano en la palanca del petróleo y la capacidad de hacer que los habitantes de Irak bailen según su plan de reconfiguración de las fronteras nacionales y los gobiernos de Oriente Próximo". (Vol.2, número 94, 23 de enero de 2003)

En conclusión, el holocausto les dio a los globalistas la "autoridad moral" para invadir Palestina y atrajo para su causa a judíos inconscientes de todo el mundo. De hecho, traicionaron la confianza del judaísmo europeo del modo más odioso. Los israelitas y los judíos en general pueden seguir ciegamente a sus líderes, como hizo el judaísmo europeo. Los americanos pueden confiar en Barack Obama. Pero es seguro que los resultados serán los mismos.

Más potente que la bomba atómica, la mentira constituye el arma más poderosa de Satán. La bomba simplemente arrasa. La Mentira roba las almas. Consigue el apoyo de millones de ingenuos para la causa de Satán.

¿Están Preparando a los Judíos para otro Holocausto?

En 1938-39 justo antes de que estallase el infierno para los judíos de Europa, todas las salidas se sellaron. Los nazis no tuvieron ningún problema en dejar que los judíos se fueran. El problema era que ningún país les permitía entrar.

En mayo de 1939 los pasajeros del buque St. Louis que transportaba a novecientos judíos alemanes fue devuelto de La Habana. Las costosas visas de turista habían sido revocadas por las autoridades cubanas. El barco se quedó cerca de la costa de florida pero FDR se opuso a que entrara en el puerto. A desgana el buque regresó a Europa donde los refugiados se dividieron entre cuatro países aliados, tres de los cuales fueron pronto invadidos.

La imagen de judíos rechazados se gravó como a fuego en la psique colectiva de los judíos. Eso justificó la necesidad de una patria en Israel como seguro contra el antisemitismo. Millones de judíos dedicaron su dinero y sus vidas a arrancar a Israel de las manos de sus legítimos dueños y a construir allí un santuario judío. Millones de no judíos fueron reclutados para esta causa. La paz del mundo se tambalea desde entonces. La Tercera Guerra Mundial se está preparando en este campo de batalla.

Es famosa la frase de FDR de que nada en política ocurre por casualidad. La posibilidad de considerar que el holocausto pudo producirse para manipular a los judíos y darles una especie de impunidad moral es repugnante.

Sin embargo, un libro, **The Holocaust Conspiracy** (1989) muestra cómo los aliados y los gobiernos neutrales se aseguraron de que la mayoría de los judíos permaneciesen en Europa y murieran. El autor William R. Perl sostiene que hace falta un Juicio de Núremberg paralelo para "esas figuras destacadas de los campos neutrales y de los aliados" que "consciente y voluntariamente cooperaron con el proyecto alemán de aniquilación".(34)

William Perl (1906-1998) no fue un teórico de salón de la conspiración. Fue un abogado de Viena en los años de 1930 que ayudaba a organizar tráficos ilegales a Palestina para los sionistas revisionistas. Negoció cara a cara con Adolph Eichmann y después de la guerra enjuició a criminales de guerra nazis.

En este libro, Perl sostiene que el holocausto judío formó parte de una conspiración internacional. Pero por supuesto no comprendió que los autores fueron los Illuminati, una red secreta que comprendía a los más altos rangos de la francmasonería (incluyendo a comunistas, sionistas y nazis) fortalecidos por el cártel mundial de los banqueros centrales. Su meta es crear una tiranía de gobierno mundial dedicada a Lucifer con su capital en Jerusalén.

"Holocausto" quiere decir "ofrenda quemada". ¿Por qué lógica podemos llamar "sacrificio" a este genocidio? Por la lógica Illuminati por supuesto. Sacrificaron a los judíos para engañar al mundo en el establecimiento de un estado masónico en Israel. El plan de la Corte Suprema Israelí es prueba de que esto ha trascendido. El estado de Israel fue masónico desde la concepción.

Esto plantea la siguiente cuestión: ¿Si el holocausto judío lo dispusieron las personas que dirigen el mundo, volverían a hacerlo? Abordaré esta cuestión al final.

EL CASO DE PERL

William Perl afirma que "hubo pasos deliberados y concertados para abortar acciones de rescate…no sólo por parte de individuos en el poder sino por parte de gobiernos". Dice que este fracaso en el rescate fue más que una simple falta de acción que fue "un conjunto de acciones deliberadas y unidas para garantizar el éxito de los planes alemanes para la aniquilación". Aunque esto parezca "increíble" él dice que los documentos disponibles convierten a esta conclusión "no sólo en lógica sino en ineludible".(16)

Por ejemplo, el departamento del tesoro de Morgenthau investigó al departamento de estado e identificó a media docena de altos funcionarios como "un movimiento clandestino americano para dejar que asesinaran a los judíos". El informe era especialmente crítico con John J. McCloy, ayudante del secretario para la guerra, que más adelante llegó a ser el abogado de Rockefeller, alto comisionado de los EE.UU para Alemania, el presidente del Banco Mundial y miembro de la Warren Commission. En efecto, era Illuminati.

Perl dice que después de los nazis, los británicos "son los mayores culpables" del holocausto judío porque ellos bloquearon la ruta de escape a Palestina. De hecho, la primera persona muerta por los británicos en la 2GM fue un refugiado judío en el barco "Tiger Hill".

Ahora se preguntarán, si los Rothschild controlan Inglaterra, y querían crear una patria nacional para los judíos, ¿por qué Inglaterra no dejaba que todos estos judíos se fueran a Israel? La respuesta es que esta acción demostraba a los judíos que no necesitaban un estado y que no necesitaban convertirse en el arma letal en que se han convertido para los Rothschild.

Se suponía que los soviéticos eran un frente judío. Pero Perl también culpa a la URSS. La información estaba muy controlada en Rusia y los soviéticos no hicieron nada por prevenir a los judíos de lo que podían esperar de los nazis. (En su biografía de Hitler, John Toland describe a los judíos no comunistas de Ucrania saludando a los nazis como a sus salvadores).

Sólo para ilustrar la naturaleza transnacional de los Illuminati, en febrero de 1942, un submarino soviético torpedeó al "Struma" un barco de ganado inutilizado en el que se apiñaban 760 refugiados judíos rumanos. Hubo un superviviente. ¿Por qué este crimen gratuito de judíos? Más almas sacrificadas para la futura capital del luciferino Nuevo Orden Mundial. Más razones para tirar de las cuerdas sensibles de la humanidad.

Los aliados también bloquearon los intentos nazis de rescatar judíos y las llamadas a bombardear los campos de concentración, aunque en 1944 las fábricas a cinco millas de Auschwitz fueron demolidas. En todo esto, los aliados contaron con el apoyo del establishment sionista que dirigen los Illuminati.

¿PODRÍA VOLVER A SUCEDER?

La historia enseña que los Illuminati lo forman judíos y no judíos amantes de Satanás y que explotan y matan a cualquiera que no encaje en su plan de un NOM luciferino. A primera vista, Israel sería uno de los principales candidatos para una repetición del holocausto judío dado que la mayoría de los israelitas no se consideran así mismos,integrantes del NOM.

Mi colega de Winnipeg Barry Chamish cree que los Illuminati, a través de su brazo del CFR, controlan Israel y tienen la intención de salvar Jerusalén pero de sacrificar el resto a su meta final.

En América el papel de los judíos guarda un parecido considerable al de su posición en la república de Weimar. Su papel en el gobierno, cultura y la economía es absolutamente desproporcionado respecto a su número. Como herramientas conscientes e inconscientes de los Illuminati se les considera socavadores de los intereses cristianos y americanos.

El pastor Chuck Baldwin hizo la comparación con Jesús y los "cambistas".

"Es algo muy malo que los pastores de hoy y los cristianos no compartan el desprecio de Jesús por la generación actual de cambistas porque son los cambistas los que se hallan en el proceso de destruir estos Estados Unidos de América—y nuestros pastores y cristianos o no se dan cuenta, o, si se dan, no parece que les importe".

Los americanos, como los alemanes antes que ellos, no son antisemitas por naturaleza. La situación económica de Alemania tuvo que deteriorarse antes de que Hitler pudiera llegar al poder. La situación económica de América está empezando a deteriorarse. La verdadera cuestión es, ¿tienen algo que ganar los Illuminati con un ataque a los judíos?

A corto plazo, mientras ellos necesiten sionistas para controlar América, no. Pero a medida que el Nuevo Orden Mundial se haga más oneroso y la posición de América más peligrosa, puede que los Illuminati se sientan contentos de usar a los judíos como chivos expiatorios una vez más. Después de todo, los peones están hechos para ser sacrificados.

El otro Lado de la Negación del Holocausto

Aunque yo soy nieto de víctimas del holocausto me avergüenzo de las organizaciones judías que quieren convertir el holocausto judío en el acontecimiento crucial de la Segunda Guerra Mundial. Esto se puede ver en el auge de los programas de estudio del holocausto, museos del holocausto y películas de Hollywood como *El Pianista*.

La Segunda Guerra Mundial fue una calamidad humana. Más de 60 millones de personas murieron. ¿Por qué centrarse en la experiencia judía? La finalidad es "apropiarse" del estatus de víctimas. La culpa es un arma psicológica muy eficaz. Los Illuminati la usan para elevar a los judíos a un status especial. Hacen lo mismo con los negros, las mujeres y los homosexuales.

El etnocentrismo es la causa del antisemitismo en primer lugar. A los judíos les acusan de estar siempre "tomando el poder". Los brokers del poder judío perpetúan un ciclo vicioso.

También me preocupo por el intento de clasificar a personas como Ernst Zundel de "incitador al odio". La página de Zundel señala que sólo murieron un millón de judíos; que no había cámaras de gas y que Hitler no deseó el genocidio. Las afirmaciones de Zundel están equivocadas pero tiene derecho a equivocarse. La sociedad necesita personas que discutan los registros históricos. Se puede estar en lo cierto. Si divulgar esta información es un delito, ¿no deberíamos encerrar también al presentador de las noticias de la noche de la NBC?

Canadá encerró a Ernst Zundel. Según su esposa fue maltratado en la cárcel. Lo deportaron a Alemania por ser "un riesgo para la seguridad". Bernie Farber, del Congreso Judío Canadiense reconoció que Zundel "no blandió el palo" pero "les daba oxígeno" a los extremistas. Esa definición frenaría la libertad de expresión. El CJC está intentando suspender la mía.

Cuando cuestionarse lo que es verdad se convierte en "odio" es que hemos entrado en la era del delito de pensamiento que relata Orwell en 1984. No se hagan ilusiones. Esta es la pendiente resbaladiza hacia la tiranía y las organizaciones judías que como el CJC dirigen el camino.

La definición de odio se usa selectivamente para remodelar y lavarle el cerebro a la sociedad. Por ejemplo, el profesorado lesbiano y feminista enseña a niñas influenciables que los varones son depredadores potencialmente violentos y que todas las familias son opresoras. Eso está bien. El Talmud está lleno de odio contra Cristo y los cristianos pero eso no cuenta.

Svend Robinson, miembro del parlamento canadiense quiso que la "burla a los homosexuales" fuese un delito de odio. No hablaba de violencia con los gays, que es un delito de verdad. Él quería evitar que la sociedad se defendiese de los activistas que les enseñan a los niños que las funciones heterosexuales no son naturales, que las naturales son las homosexuales. (La carrera de Robinson se terminó cuando lo detuvieron por robar un anillo de oro en una tienda para su amante varón).

Muchos llamados antisemitas me han escrito y muchos no están llenos de odio ni tampoco son racistas . Están intentando defender sus intereses legítimos de un ataque insidioso. El archi- antisemita Henry Ford, el autor de The International Jew, empleó a miles de judíos en sus fábricas. Trabajaba íntimamente con una judía, Mme. Roskia Schwimmer en su cruzada del Peace Ship. El arquitecto judío de Ford, Albert Kahn, le diseñó decenas de edificios.

Los brókers del poder judío usan el antisemitismo para desarmar la oposición a su agenda política. La promoción del holocausto judío mantiene el status de los judíos de primeras víctimas mundiales. Esto les da inmunidad frente a la crítica. Esto hace que la gente esté a su favor y que estén dispuestos a aceptar su dirección e influencia. (La misma estrategia se usa para pintar a los homosexuales y a las mujeres como "víctimas").

Los brókers del poder judío usan el status de víctima para manipular a los judíos y sacarles donaciones. El victimismo convierte a algunos judíos en zombis morales. Durante la mayor parte de mi vida no tuve en consideración el derecho de los palestinos a su patria. "Nosotros sufrimos, nosotros nos merecemos una patria" era la lógica.

El holocausto sirve también a la agenda del Nuevo Orden Mundial. Es un recordatorio constante de los riesgos del nacionalismo o de la conciencia racial, dos cosas que la elite financiera intenta enterrar para todos en occidente menos para los judíos.

"OTROS" HOLOCAUSTOS

Para mantener la prioridad de víctimas es necesario que el establishment judío practique la "negación del holocausto" cuando se trata de los demás.

En su libro **Crimes and Mercies** (1997) James Bacque describe cómo se enfrentó al periodista del New York Times Drew Middelton con pruebas de que después de la guerra, los EE.UU mataron de hambre a más de un millón de prisioneros de guerra alemanes. "Lo que Middleton me contó fue básicamente que sí, que él había mentido en 1945 y que no, que ni a él ni al New York Times les importaba si yo lo hacía público". (183)

"La sensación de seguridad de Middleton, su percepción del poder del New York Times me dejó sin respiración," escribe Bacque. "Pero peor que aquello, a Middleton no le importaba esta atrocidad… el New York Times fue testigo de esto, después lo negó. Y ha seguido negándolo entrados los años de 1990".(184)

Bacque calcula que durante la ocupación aliada (1946-1950) mataron intencionadamente de hambre a entre ocho y doce millones más de alemanes. La guerra no terminó en 1945. Durante cinco años más Alemania fue sometida a "un trauma físico y psíquico sin precedentes en la historia".(93)

Los soldados del ejército rojo violaron a dos millones de mujeres alemanas durante los seis últimos meses de la Segunda Guerra Mundial, a cerca de 100.000 en Berlín. También violaron a mujeres rusas liberadas de los campos de trabajo alemanes. Vivimos en una era feminista. ¿Han visto alguna película sobre estas mujeres?

En 1945 en Postdam los aliados ratificaron el pacto soviético-nazi que concedía a la URSS media Polonia. A Polonia la compensaron con la cuarta parte de Alemania oriental, en efecto otro regalo al imperio ruso. Esto requería la expulsión de cerca de doce millones de alemanes, la migración forzosa más grande de la historia.

Los judíos tuvieron un lugar destacado en el régimen comunista polaco. En una inversión increíble de papeles, los policías polacos sacaron a los alemanes de sus hogares y los metieron en vagones para el ganado. En su libro An Eye for An Eye el escritor judío John Sack relata que cerca de un millón y medio de estos alemanes murieron en esta deportación. Cita a una mujer alemana de Gleitwitz: "Lo que les pasó a los judíos fue triste. Pero también hubo otro holocausto".(138)

Según Sacks, los comunistas judíos realizaron otra venganza cruel. Llenaron 1250 campos de trabajo y concentración nazis y torturaron brutalmente y asesinaron a decenas de miles de alemanes. (101)

¿Han visto alguna película donde los guardias y los comandantes de los campos de concentración fuesen judíos? Desde 1948 el Comité Judío Americano y la Anti Defamation League censuran todos los guiones de Hollywood que impliquen a judíos. Dado que estos organismos son extensiones de la finanza judía, ¿qué otros asuntos han censurado? (Gabler, **An Empire of the Own: How Jews Invented Hollywood**, 1988, pág.303)

En su libro Victims of Yalta Nicholai Tolstoy documenta la Operation Keelhaul, la repatriación forzosa de dos millones de rusos por los aliados que eran mano de obra alemana esclava, prisioneros de guerra o soldados. A estas personas las enviaron al Gulag y los liquidaron. ¿Dónde hay un museo dedicado a ellos?

Los mass media son evasivos cuando se trata de dar cuenta de las atrocidades de los comunistas. Nueve millones de personas murieron en la Guerra Civil Rusa (1917-1922). Los comunistas tuvieron como objetivo la sociedad zarista, y la cristiana en particular. Las purgas y hambrunas de Stalin ocasionaron más de veinte millones de muertes. En China, Mao Tse-Tung es responsable de la muerte de más de sesenta millones. Más recientemente tenemos los casos del Tibet, Camboya y Ruanda.

En **The Holocaust Industry** (2000) Norman Finkelstein describe el modo en que Israel ayudó a su aliada Turquía a negar la masacre de un millón de armenios en 1915. A petición de Israel, el consejo del holocausto de los EE.UU eliminó prácticamente la mención de los armenios en el Holocaust Memorial Museum de Washington y los lobistas judíos del congreso impidieron que se creara un día en memoria del genocidio armenio".(pág.69)

CONCLUSIÓN

Las organizaciones judías deshonran a las víctimas del holocausto al usarlas para fines políticos. Es de mal gusto proyectar a los judíos como las primeras víctimas del mundo. La humanidad es una familia y ningún genocidio es más importante que otro.

Para Ernst Zundel subestimar el holocausto judío es repugnante. Pero no es un delito. En estas cuestiones sólo importa la verdad. Que la verdad hable por sí misma. Que Zundel sea juzgado por ella.

La razón por la que se ocultan otros holocaustos y a Zundel se le mete en la cárcel es porque el holocausto judío es una herramienta valiosa para el desarrollo de la agenda del Nuevo Orden Mundial. Les concede inmunidad moral a los peones judíos y les permite vilipendiar como nazis a todos los que se oponen.

La Caída de Israel en un Abismo Moral

"El pueblo elegido de Dios" ha sido el pueblo elegido de Satán. Los sionistas tomaron su control utilizando el holocausto y la "Guerra de la Independencia" de 1948 como ardides.

1. Los judíos no necesitaban una "patria nacional" debido al holocausto. Al revés, los judíos fueron sacrificados en el holocausto para que construyeran Israel. Los Illuminati la quieren como capital de su Nuevo Orden Mundial. El descarado simbolismo masónico en la Corte Suprema de Israel construida por los Rothschild es un indicio claro. Además, Israel es la fortaleza para su invasión del mundo islámico.

2. En la "Guerra de la Independencia de 1948", los israelíes NO se enfrentaban a un segundo holocausto de ejércitos árabes sedientos de sangre, como se les enseña a los judíos. La guerra fue en realidad una limpieza étnica brutal de palestinos por parte de los sionistas, la Nakba ("cataclismo") reminiscente de lo que los nazis les hicieron a los judíos.

Trataré de la segunda mentira en primer lugar.

LA "GUERRA FALSA"

Según el historiador israelí Ilan Pappe, 1948 fue un pretexto y una tapadera para la expulsión planificada de antemano de un millón de palestinos indefensos en su mayoría de sus casas ancestrales, huertos, campos y negocios. (**The Ethnic Cleansing of Palestine**, 2006)

Los líderes sionistas sabían que los estados árabes vecinos no constituían ninguna amenaza. Los palestinos no se marcharon por voluntad propia como nos enseñan a los judíos, sino que se les echó fuera.

Los británicos y la ONU fueron cómplices. Con 75.000 soldados presentes, los británicos permitieron las masacres y el pillaje a pesar de su promesa en la Declaración de Balfour de respetar los derechos de los palestinos.

La ONU cedió a 600.000 judíos un territorio que contenía un millón de palestinos, dejándolos a merced de David Ben Gurion que dijó, "Sólo un estado con al menos el 80% de judíos es un estado viable y estable". (Pappe, pág.48)

El ochenta y nueve por cierto de la tierra cultivada designada por la ONU al estado judío pertenecía a los palestinos. (30)

El general Sir John Bagot Glubb, el jefe británico de la legión árabe (jordana) calificó de "falsa la guerra de 1948". Como la mayor parte de las guerras el resultado estaba determinado de antemano. El líder de las fuerzas árabes, el rey Abdulá de Jordania, tenía un pacto secreto con los sionistas de ofrecer tan sólo una resistencia simbólica a cambio del West Bank y del este de Jerusalén. Además, los ingleses controlaban los ejércitos árabes y les limitaron los suministros.

Lejos de tratarse de un "grupo de defensores harapientos", Israel tenía 50.000 soldados, la mitad de los cuales había servido en el ejército británico. Tenía una pequeña fuerza aérea, una armada, carros de combate, vehículos blindados y artillería pesada. Frente a ellos estaban los verdaderos "defensores harapientos", tal vez 10.000 paramilitares palestinos y voluntarios del mundo árabe mal entrenados y mal equipados. (44)

Pese a la retórica de los políticos árabes nunca hubo ninguna oportunidad de echar a los judíos al mar. Los palestinos fueron pasivos y subestimaron su peligro. Habían vivido bajo la ley otomana y británica y de alguna manera conseguían desenvolverse bajo el régimen judío. Muchos pueblos hicieron "pactos de no agresión" con los judíos.

En marzo de 1948 Ben Gurion le dijo a la dirección de la agencia judía: "Creo que la mayoría de las masas palestinas aceptan la partición como un hecho consumado... [Ellos] no quieren luchar contra nosotros".(61)

La legión árabe (controlada por los británicos) era la única oposición real en potencia. La usaron para repeler a los sionistas cuando incumplieron su acuerdo y atacaron la Ciudad Antigua de Jerusalén.

Las otras naciones árabes eran tan débiles que los sionistas ocuparon el sur del Líbano y expulsaron a los árabes de allí. El 24 de marzo de 1948 David Ben Gurion no parecía ser el líder de un pueblo atribulado cuando hizo confidencias en su diario: "Estableceremos un estado cristiano en el Líbano, su frontera sur será el río Litani. Romperemos Transjordania, bombardearemos Amán y destruiremos su ejército, y Siria caerá luego, y si Egipto todavía continúa luchando, bombardearemos Port Said, Alejandría y el Cairo".(144)

Sí, los palestinos atacaron algunos convoyes y aislaron asentamientos judíos con considerables pérdidas de vidas judías. Estos ataques favorecieron a los sionistas que siempre describen la resistencia a su agresión como "antisemitismo".

LA NAKBA

Ilan Pappe, árabe-hablante, entrevistó a supervivientes en los campos de refugiados palestinos. Comparó sus descripciones con las de los archivos en el IDF.

Más de doscientas aldeas árabes fueron destruidas antes de que un soldado regular árabe pusiera un pie en Palestina. El programa de limpieza étnica se llamó "Plan D". (82) Para ello se había hecho un inventario detallado de todas las propiedades y asentamientos palestinos. (A menudo los ingenuos palestinos ofrecían su hospitalidad a los tomadores de este macabro "censo").

Los sionistas atacaron los pueblos palestinos de noche y dinamitaron las casas mientras los residentes dormían en ellas. Luego reunieron a los varones de entre diez y cincuenta años y los fusilaron o los enviaron a campos de prisioneros. A las mujeres, los niños y los mayores les hicieron irse. Al final cerca de 750.000 personas acabaron en campamentos de refugiados de Gaza, en la Ribera Occidental o en países vecinos. Hubo muchos casos de violación y saqueo.

En las ciudades grandes como Jerusalén, Jaffa y Haifa bombardearon los distritos palestinos y aterrorizaron y asesinaron a sus gentes. En total 530 de casi 1000 aldeas palestinas fueron físicamente demolidas. Cerca de una docena de pueblos y ciudades fueron vaciados también. Algunas aldeas habían establecido lazos económicos o personales con los judíos y escaparon a este destino. Los sionistas no cumplieron muchos de estos "acuerdos".

Deir Yassin estuvo mal, pero los acontecimientos que se desarrollaron el 28 de octubre de 1948 en la aldea de Dawaymeh entre Beersheba y Hebron fueron incluso peores. Cito a Pappe:

"Al aventurarse por la aldea al día siguiente, el Muktar (Hassan Mahmoud Ihdeib) observó con horror las montañas de cadáveres que había en la mezquita –otros muchos más cadáveres estaban esparcidos por la calle—hombres, mujeres y niños, entre ellos los de su propio padre…455 personas desaparecieron, de ellos 170 niños y mujeres. Los soldados judíos que participaron informaron también de escenas horribles, bebés con las cabezas abiertas, mujeres violadas o quemadas vivas en las casas y hombres asesinados a puñaladas. Estos fueron…los informes de testigos oculares que se enviaron al alto mando [israelita] a los pocos días de los hechos". (197)

EL HOLOCAUSTO

El día antes de que atacasen una aldea palestina, los oficiales políticos israelitas (como los comisarios soviéticos) incitaron a las tropas con una charla sobre el holocausto. Los sionistas usaron también el holocausto para concederse impunidad moral. El mundo entero lo vió y no dijo nada.

Pero, ¿fueron también los propios sionistas responsables en parte del holocausto? ¿Les hicieron primero los sionistas a los judíos lo que más tarde hicieron a los palestinos?

En 1943 el rabino Dov Weissmandl del comité judío de rescate en Eslovaquia concertó con los políticos nazis la interrupción de transportes a los campos de concentración a cambio de 50.000 dólares. De hecho los interrumpieron mientras esperaban el dinero que había de llegar del extranjero.

Weissmandl hizo un llamamiento a los cuarteles generales de la Agencia Judía sionista de Suiza y le dijeron que los sionistas "debían hacer oídos sordos a las súplicas y gritos que procedieran de Europa oriental," con el fin de establecer el estado de Israel.

"Recuerde esto: todos los aliados han sufrido muchas pérdidas, y si nosotros no ofrecemos sacrificios humanos, ¿cómo podemos conseguir el derecho a sentarnos a la mesa de conferencias cuando los límites territoriales se redefinan? [Israel] Eretz Yisroel sólo será nuestro mediante un pago con sangre, pero por lo que afecta a nuestro círculo inmediato, ATEM TAJLU. El mensajero que lleva esta carta le suministrará fondos para este fin".

Weissmandl interpretó la carta del siguiente modo: "El precio de Eretz Yisroel es la sangre de los hombres y las mujeres, de los sabios ancianos y de los bebés en brazos—pero, ¡no TU sangre [sionista]! No echemos a perder este plan dándole al Eje [es decir, los nazis] poderes para salvar vidas judías. Pero para vosotros, camaradas [sionistas], he incluido el precio de vuestro billete para escapar. ¡Qué pesadilla! El "diplomático" agente sionista llega a Checoslovaquia y dice "Derramad vuestra sangre con alegría porque vuestra sangre es barata. Pero por vuestra sangre, ¡la Tierra (de Israel) será nuestra! (**Min Hametzar** (pág.92) por el rabino Michael Dov Weissmandl, deán de Nitra Yeshiva)

Si no creen que esta filosofía fue la que impulsó el establecimiento del nazismo, el antisemitismo y el holocausto, se engañan. El nazismo fue un fraude al pueblo alemán del mismo modo que el sionismo es un fraude a los judíos. Ambos convirtieron a las buenas gentes en asesinos a sangre fría, en peones del "Príncipe de las Mentiras".

CONCLUSIÓN

Actualmente la Nakba continúa en la Franja de Gaza, la Ribera Occidental y a lo largo del muro de separación. (Podría argumentarse que continúa en Líbano, Afganistán e Irak). Se están construyendo asentamientos nuevos para fortalecer las pretensiones israelíes como "hechos consumados".

La mayoría de los israelíes y quienes los apoyan se enfrentan a una moral "de hechos consumados". Al haberles engañado sobre el holocausto y la "Guerra de la Independencia" los han envenenado con una moral abominable. Muchos han construido sus vidas de igual modo. ¿Qué puede hacerse ahora?

Cuando se ha caminado por el camino equivocado no tiene ningún sentido fingir que es el acertado. Hay que dar media vuelta y volver sobre los pasos, cuanto antes mejor. Si yo viviese en Israel trabajaría para mostrar la verdad o me iría.

Creo que los sionistas deberían reconocer la verdad y buscar una solución de dos estados después de pedir disculpas y ofrecer una restitución generosa a los palestinos. Debería haber una limitación del derecho al retorno.

Ilan Pappe dice que los palestinos aceptarían esto. Pappe es un historiador raro; honrado, valiente y con moral en el verdadero espíritu judío. Dice que su investigación "reivindica plenamente" la versión palestina de los hechos negados durante tantos años. ("La negación de la Nakba no es delito en ninguna parte" todavía).

Los israelíes necesitan hacer un giro de 180 grados antes de arder en el infierno y de que nos lleven a todos con ellos. Los Illuminati controlan Israel mediante los líderes israelitas que son masones. Ya han traicionado al pueblo judío más de una vez.

Pappe no es optimista. El ataque premeditado al Líbano en julio de 2006 fue el colmo. Profesor de la Universidad de Haifa, vio como sus colegas pacifistas aceptaron la versión del gobierno. Son prisioneros de unos "hechos consumados" satánicos. Los israelitas son ahora más fanáticos. Pappe se ha marchado de Israel para ser catedrático de historia en la Universidad de Exeter en Inglaterra.

Solamente hay un camino para que la raza humana florezca en paz: reconociendo la verdad sin que importe lo auto incriminadora o dolorosa que pueda resultar.

Los Sionistas Engañaron a los Judíos Iraquíes con Falsos Ataques

En 1959 una ola de antisemitismo y terrorismo en Irak hizo que Naeim Giladi, de veintiún años de edad, se uniera al movimiento clandestino sionista.

Las autoridades iraquíes encarcelaron a Giladi, lo torturaron y lo condenaron a muerte. Se escapó y huyó a Israel para descubrir que el antisemitismo y los atentados con bombas habían sido organizados por sus compañeros sionistas con la finalidad de conseguir mediante el engaño que los judíos iraquíes como él se fuesen a Israel.

La familia de Giladi era parte de la comunidad judía que se estableció y prosperó en Babilonia hace 2600 años, 600 años antes que el cristianismo, 1200 años antes que el islam.

Luego, a finales de los años cuarenta, el primer ministro Nouri-el-Said despidió del gobierno a los empleados judíos, les denegó las licencias a los comerciantes judíos y finalmente, en marzo de 1950, les retiró la ciudadanía a los judíos. Sin embargo no se fueron.

Un mes más tarde, una serie de bombas terroristas iniciaron la ola emigratoria. En enero de 1951, cuando lanzaron una bomba a una sinagoga que causó tres muertos e hirió a treinta, el éxodo de judíos alcanzaba la cifra de 600-700 al día.

Cuando el padre de Giladi se enteró de que su hijo se había unido a los sionistas reaccionó con escepticismo. "Volverás a casa con el rabo entre las piernas", le dijo.

Pero Giladi era joven e idealista. Estaban matando a los judíos y el sionismo representaba una oportunidad para construir una patria nacional. "Yo era un auténtico creyente," escribe.

En un ensayo en línea The Jews in Iraq, Giladi describe su amargo descubrimiento de que los sionistas estaban detrás del antisemitismo y las bombas.

Desconocido por Giladi, dos miembros del aparato sionista habían sido arrestados y confesaron que ellos habían perpetrado los ataques terroristas. Un libro de un investigador iraquí, **Venom of Zionist Viper**, nombra al "emisario" sionista Mordeca Ben-Porat como el organizador. El libro se prohibió en Israel.

El primer ministro iraquí Said era un peón británico. Se reunió con el parlamentario israelí David Ben Gurion en Viena en 1948 y acordaron trasladar a los judíos iraquíes a Israel como parte del programa geopolítico de la elite.

Este y otros crímenes sionistas contra los judíos están documentados en el libro de Giladi, **Ben Gurion's Scandals: How the Mossa and the Haganah Eliminated Jews**, (1992) que ha vuelto a publicarse en Dandelion Books.

Sobre mediados de enero de 1952, de 125.000 judíos, todos, excepto 6000, habían huido a Israel donde, como "árabes judíos" los trataron aún peor que en Irak. Israel quería que desempeñasen los trabajos pesados que habían dejado los palestinos. A causa de los gobiernos de Israel e Irak los judíos iraquíes perdieron gran parte de sus riquezas.

Sobre su pueblo Giladi lo resume así: "Una comunidad antigua, refinada y próspera había sido desarraigada y sus gentes trasplantadas a una tierra dominada por los judíos de Europa oriental, cuya cultura no sólo les era extraña sino odiosa".

Su destino fue el típico de los 500.000 judíos de países árabes. Esto contradice el argumento sionista de que a estos judíos los expulsaron de los países musulmanes y que ello explica el desplazamiento de los palestinos.

Giladi descubrió que Israel había rechazado muchas propuestas de paz sinceras por parte de los árabes debido a sus planes expansionistas. Tuvo un encuentro con el primer ministro Ben Gurion y le preguntó por qué Israel no tenía una constitución.

"Si tuviéramos una constitución, habríamos de tener fronteras y éstas no son nuestras fronteras," le dijo Ben Grurion. "Hasta donde el ejército conquiste, llegarán nuestras fronteras".

Giladi sirvió en las guerras de 1967 y 1973. Después de la invasión israelí del Líbano en 1982, renunció a su ciudadanía israelí y se trasladó a la ciudad de Nueva York.

"VERDADEROS CREYENTES"

La historia de Giladi confirma que el modus operandi de los sionistas es la operación de "bandera falsa" y el chantaje de la "protección". Atacaron a los judíos iraquíes fingiendo que eran terroristas musulmanes. En 1954 pusieron bombas en establecimientos americanos del Cairo (el "Lavon Affair") para sabotear las relaciones egipcio-americanas. El ataque israelí al U.S.S. Liberty fue un intento de culpar a Egipto e implicar a los EE.UU en la guerra de 1967.

No me detendré en el 11-S, que yo pienso que fue perpetrado por la CIA y el Mossad. Prefiero centrarme en la ironía de que Naeim Giladi casi murió por una causa que repudió más tarde. A decenas de millones de "verdaderos creyentes" los han embaucado de manera parecida.

El sionismo embauca a todos los judíos. A los israelíes los han enrolado a la fuerza en una guerra colonial sin fin contra los musulmanes. A sus adeptos en la Diáspora los tienen comprometidos moralmente. Pero intenta advertirles a los "verdaderos creyentes" sionista y te encontrarás con el insulto y el ostracismo. El sionismo es su religión e identidad.

LIBRO CUARTO

La Historia Oculta

Los Illuminati Asesinaron al Menos a Dos Presidentes Más

"La pesadilla de nuestras instituciones civiles ha de buscarse en la masonería, una fuerza poderosa, que cada día lo es más. Mi deber es descubrir sus peligros ante mi país," dijo el capitán William Morgan, al que asesinaron el día 11 de septiembre de 1826.

Un documento de Internet, curioso pero muy creíble, llamado **The Mardi Gras Secrets**, asegura que agentes Illuminati envenenaron y asesinaron a los presidente William Henry Harrison (1773-1841) y a Zachary Taylor (1784-1850). También envenenaron a James Buchanan en 1857 pero éste sobrevivió. Los tres eran un obstáculo para los planes de los Illuminati-Rothschild ante la Guerra Civil de los EE.UU. (1860-1865).

El documento describe también el papel de los Illuminati en los asesinatos de Abraham Lincoln y del senador Huey Long. Sabemos que mataron a los presidentes Garfield, McKinley y Kennedy, probablemente a Warren Harding y posiblemente a FDR. Si George W. Bush no hubiera hecho su horrible trabajo, probablemente también lo habrían asesinado.

La página web de **The Mardi Gras Secrets** la creó Mimi L. Eustis, hija de Samuel Todd Churchill, en diciembre de 2005, una dirigente de la sociedad secreta Mardi Gras de Orleans llamada *The Mystick Crewse of Comus*.

Esta sociedad, que reorganizó los festejos de Mardi Gras de 1857, era una sección de *Skull and Bones*. Comenzó como tapadera para las actividades de los masones Albert Pike, Judah Benjamin y John Slidell que llegaron a ser líderes de la Confederación. Esta información se basa en las confesiones de Samuel Churchill en su lecho de muerte. Se estaba muriendo de cáncer de pulmón. La señora Eustis decidió más tarde hacerlas públicas después de que también ella contrajese la enfermedad terminal.

El cabecilla Illuminati Caleb Cushing (1800-1879), compañero de William Russell, fue el contrabandista de opio que fundó la sociedad *Skull and Bones* en 1832. Con el fin de ascender en esta sociedad había que participar en el rito iniciático de "asesinato del rey".

Según Eustis, *Skull and Bones* (o "Brotherhood of Death") no es "nada más que un equipo para el asesinato político de aquellos dirigentes de los Estados Unidos que se oponen a los planes de dominación elitista sanguinaria y el control de la economía mundial de la Casa de los Rothschild ...Por ejemplo Caleb Cushing participó en las muertes por envenenamiento con arsénico de los presidentes de los Estados Unidos

William Henry Harrison el 4 de abril de 1841 y de Zachary Taylor el 9 de julio de 1859. Estos dos presidentes se habían opuesto a la admisión de Tejas y California como estados esclavistas".

William Henry Harrison fue el primer presidente que murió en el cargo después de haber servido sólo treinta y un días. Según Wikipedia murió de "neumonía". El día tres de julio de 1859 Zachary Taylor amenazó con ahorcar a quienes "participaran en la rebelión contra la Unión". Al día siguiente el presidente cayó enfermo, vomitó una substancia negra y murió el nueve de julio. (Las autoridades de Kentucky exhumaron el cuerpo de Taylor en busca de pruebas de envenenamiento con arsénico).

EL ASESINATO DE ABRAHAM LINCOLN

Parafraseo a la señora Eustis: durante la Guerra Civil (1861-1865) el presidente Lincoln necesitaba dinero para financiar la guerra. Los tiburones banqueros prestamistas querían intereses que iban del 24 al 36%. En lugar de ello, Lincoln logró que el congreso autorizara la impresión de 450 millones de dólares en "billetes verdes" sin deuda y en dinero sin interés. Servía de curso legal para todas las deudas, públicas y privadas.

La Casa de los Rothschild comprendió que el hecho de que los gobiernos soberanos imprimiesen papel moneda sin interés y sin deudas destruiría su poder. El asesino de Lincoln, John Wilkes Booth, era miembro de *Knights of the Golden Circle* de Pike. Estaba en Orleans durante el invierno de 1863-64 y conspiró con Pike, Benjamin, Slidell y el almirante G.W. Baird para asesinar a Lincoln.

Eustis dice que su padre aseguraba que la mayoría de los masones por debajo del grado 3 lo integraban gente buena y trabajadora. La sociedad Illuminati de los *Skull and Bones* usaban a los masones como disfraz. Los que ascendían por encima del nivel 33 lo hacían participando en el ritual conocido como el "asesinato del rey".

Para el asesinato de Abraham Lincoln, a Pike, Benjamin Slidell y a August Belmont (agente de Rothschild para el norte) los hicieron en secreto *Kings of the Mystic Krewe of Comus*. Andrew Johnson, el vicepresidente se convirtió en presidente y perdonó a Albert Pike. Albert Pike condecoró a Andrew Johnson con el grado treinta y tres del rito iniciático.

"Los médicos eran parte esencial del plan de los Illuminati para matar a los líderes políticos de los EE.UU. que dificultaban la toma del mando de la República de los EE.UU. por parte de la elite banquera internacional," escribe Eustis.

"Finalmente los médicos Illuminati participaron en los dos casos, los de los presidentes de los EE.UU. William Henry Harrison y Zachary Taylor. También jugaron su papel en los asesinatos a tiros del presidente Abraham Lincoln el 4 de abril de 1865 (murió el 15 de abril de 1865), de James Garfield, el 2 de julio de 1881 (murió el 19 de septiembre de 1881) y de William McKinley Jr. el 6 de septiembre de 1901 (murió el 14 de septiembre de 1901)."

"Teddy Roosevelt llegó a ser presidente después de que William McKiney fuese asesinado a tiros. Roosevelt adquirió el grado 33 y fue un rey secreto de la sociedad

Mystick Krewe of Comus. Durante su presidencia la Skull and Bones se afianzó firmemente y controló la República de los Estados Unidos".

HUEY LONG

Huey Long (*Kingfish*) era un populista que rivalizó intensamente contra FDR como gobernador de Luisiana y después como senador de los EE.UU. A diferencia de FDR no fue masón ni cómplice de los banqueros. Su programa "Comparte Nuestra Riqueza" representaba una verdadera amenaza para los Illuminati.

Un miembro de los Illuminati, el Dr. Carl Austin Weiss, le disparó a Long el 8 de septiembre de 1835 y el Dr. Arthur Vidrine se aseguró de que Long no se recuperara. Según Eustis, Weiss tenía que dispararle a Long en el rostro y el escolta de Long Murphy Roden tenía que dispararles a los dos a Weiss y a Long. Esto es lo que tal vez sucedió.

Roden, "un espía al servicio de H. Edgar Hoover", acribilló a Weiss de 60 tiros. Al Dr. Weiss le dijeron que si incumplía la misión, matarían a su hijo.

Tanto FDR como J. Edgar Hoover obtuvieron el grado 33 del rito iniciático por su participación en este asesinato.

A Franklin Delano Roosevelt lo nombraron Rey de Comus en 1937. Cuando J. Edgar Hoover viajó a Nueva Orleans para actuar como Rey de Comus, se vió envuelto en una juerga entre homomosexuales y travestis con varios miembros de la elite dinástica de la *Mystic Krewe of Comus.*

LINDBERG Y HARDING

"Agentes de *Skull and Bones* asesinaron al hijo del francmasón Charles Lindberg con la bendición y la implicación de J. Edgar Hoover, grado 33, especialista en enmascarar a ejecutores para el linaje elitista de la Casa de los Rothschild. Este asesinato del hijo del masón Charles Lindberg se produjo con el fin de dar un ejemplo de que la política aislacionista no era del gusto de los Illuminati".

La señora Eustis no toma en consideración el envenenamiento del presidente Warren Harding (1986-1923) pero así es como lo describe Wikipedia:

"Al acabar julio, mientras se hallaba viajando de Alaska a través de Columbia Británica, [Harding] desarrolló algo que se pensó que era un caso grave de envenenamiento. En el Palace Hotel de San Francisco, se le detectó una neumonía. Harding murió de un ataque al corazón o infarto a las 7.35 horas de la tarde del 2 de agosto de 1923 a la edad de 57 años. El anuncio formal, impreso en el *New York Times* de aquel día, señalaba que un "ataque de apoplejía había sido la causa de la muerte". Estuvo enfermo exactamente una semana".

Para FDR, véase el trabajo de Emanuel Josephson **The Strange Death of Franklin D. Roosevelt** (1948).

CONCLUSIÓN

El **Mardi Gras Secrets** sugiere que, dada la gran corrupción, los EE.UU. no pueden ser tenidos muy en cuenta como democracia. Hay un modelo de control Illuminati-Rothschild a lo largo de toda la historia de los Estados Unidos. La gente que niega esto vive en un sueño.

Los Estado Unidos se crearon para desarrollar el Nuevo Orden Mundial de los Illuminati que se fundamenta en el control del crédito de los Rothschild. Los ideales americanos se establecieron para engañar y convertir a las masas, no para que se realizaran algún día.

Los fundadores y los héroes de los EE.UU. fueron masones en su mayor parte, incluyendo a Paul Revere, John Paul Jones y Benjamin Franklin. Francis Scott Key, que escribió el himno nacional era masón. John Hancock y la mayor parte de los firmantes de la Declaración de Independencia fueron también masones.

Más de la mitad de los presidentes fueron masones. Entre éstos están incluidos Washington, Madison, Adams, Jefferson, Monroe, Jackson, Van Buren Tyler, Polk, Taylor, Pierce, Buchanan, Johnson, Garfield, McKinley, TR, Taft, Harding, FDR, Truman, LBJ, Ford, Reagan, Clinton, Bush I y II y Obama.

Algunos de éstos creyeron de verdad que la masonería trataba de "hacer mejores a los hombres buenos" y los tuvieron que asesinar. Otros presidentes que no fueron masones, como Eisenhower, Nixon y Carter, estuvieron, sin embargo, controlados por las mismas fuerzas obscuras.

A lo largo de toda su historia los Estados Unidos han estado sujetos por las garras de una secta satánica fortalecida por el cártel banquero central de los Rothschild. Muchos presidentes heróicos y otros políticos intentaron liberar a sus compatriotas y murieron sin reconocimiento y sin duelo mientras que sus asesinos prosperaron y se les rindieron honores. Esta es la forma satánica de hacer las cosas.

EE.UU. es una nación decapitada, un gigante acéfalo conducido por demonios.

¿Están Orquestadas las Guerras Mundiales?

Los disturbios de los musulmanes en Afganistan se produjeron porque los interrogadores de Guantánamo arrojaron copias del Corán al váter.

¿Cómo se enteraron de esto? *Newsweek* fue la anunciante, por supuesto. No podían suprimir esta noticia, claro que no.

Newsweek es propiedad de la familia de Eugene Meyer, antiguo director de la Junta Financiera para la Guerra (1GM), gobernador de la Reserva Federal y presidente del Banco Mundial. Su compañía, la *Washington Post,* mantiene una larga relación con la CIA.

En los mass media no aparece nada sin una segunda finalidad. Los Illuminati están promoviendo un "choque" de civilizaciones entre el Islam y los EE.UU.

En el prólogo actual de la Tercera Guerra Mundial vale la pena preguntarse si esta camarilla siniestra también orquestó la Segunda Guerra Mundial que vió el genocidio de sesenta millones de seres humanos.

Un detalle en la obra oportunamente titulada **The Suicide of Europe** (1968) del príncipe Michel Sturdza disparó mi alarma.

Sturdza fue ministro de asuntos extranjeros de Rumanía entre septiembre y diciembre de 1940. Fue un líder del movimiento nacionalista cristiano "legionario", pro nazi y anticomunista. Los nazis, que como su contraparte comunista eran Illuminati, se oponían a todos los movimientos "nacionalistas". Pronto derrocaron a los legionarios y pusieron a estos patriotas en campos de concentración.

Antes de asumir su puesto en 1940 Sturdza estuvo visitando Berlín. Nadie quiso hablar con él salvo el almirante Wilhelm Canaris, el astuto jefe de la Abwehr, la inteligencia del ejército alemán.

Canaris hizo una petición que sorprendió a Sturdza. Le pidió que cooperase con el hombre de Canaris en Budapest, un tal Moruzow del que Sturdza sospechaba que era un agente comunista.

Canaris siguió adelante y le dijo que Moruzow estaba facilitando "la mejor información concerniente a los preparativos militares de la Rusia soviética".

Antes de marcharse de Berlín, Sturdza recibió una visita del ayudante de Canaris, un tal capitán Muller, "portador una vez más de las instancias de su jefe, que nos dejaron perplejos a mi mujer y a mí".

"El capitán Muller nos informó de que Gran Bretaña nunca había sido vencida y nunca lo sería. Añadió: "Lo que voy a decirle, procedente de un oficial prusiano, podría considerarse como un acto de alta traición. Sin embargo ponga atención. No asuma, bajo ninguna circunstancia, la responsabilidad como ministro de asuntos extranjeros de su nación de impulsarla a una guerra en la que tenga por adversaria a Gran Bretaña. Le destrozarán. Gran Bretaña siempre sale victoriosa".

Era raro que un cargo de la Abwehr dijese esto en 1940 cuando Alemania acaba de conquistar Francia, gran parte de Europa y parecía invencible.

Sturdza pensó que lo estaban probando y no se comprometió. "Yo no tenía la más mínima idea de que había estado en contacto con la red de espías y traidores más grandes jamás conocida en la historia militar de ningún país".(pág.162)

Canaris, que puede que fuese de origen greco-judío, saboteó realmente los esfuerzos bélicos nazis. Sturdza cree que su red de espías fue la causa principal de la derrota nazi. Después de un fallido intento de asesinar a Hitler, sus miembros fueron torturados y asesinados brutalmente por la Gestapo.

Naturalmente, se les describe como a héroes valientes, de principios humanistas que resistieron a la tiranía fascista. Espero que sea así.

No obstante, la frase: "Le destrozarán. Gran Bretaña siempre sale victoriosa," sugiere una finalidad distinta, un diseño más complejo.

Los cuarteles de la Internacional Comunista-Capitalista están en la City de Londres. El Banco de Inglaterra financió la máquina de guerra nazi exactamente igual que financió la revolución bolchevique. Los banqueros orquestaron la Segunda Guerra Mundial para destruir a las grandes naciones estado de Europa y aniquilar lo mejor de la nueva generación.

¿Fue Canaris un Illuminati o un engañado de los Illuminati? Aparentemente quiso derrocar a Hitler y acabar pronto la guerra, pero los aliados insistieron en la "rendición incondicional", es decir, máximo número de muertos. No debía quedar ninguna fuerza nacionalista, incluyendo las alemanas. Sólo "internacionalistas". El ejército alemán no tenía otra elección que la de luchar hasta el final.

Yo no veo la Segunda Guerra Mundial como "la guerra buena". Se organizó para concentrar la riqueza y el poder en las manos de siempre, y para degradar y desmoralizar a la humanidad. Las dos partes fueron responsables de atrocidades infames.

Las dos grandes guerras, y la tercera en potencia, están ideadas para aplicar la dictadura mundial Illuminati y el control mental. La humanidad está en el puño de una conspiración diabólica multigeneracional y se halla demasiado hipnotizada por el sexo y el dinero para darse cuenta.

Los Banqueros Prolongaron Tres Años la Primera Guerra Mundial

El 12 de octubre de 1915 a Edith Cavell, de cincuenta años de edad, británica, enfermera y jefa de un hospital universitario de Bélgica, la fusiló un pelotón de ejecución alemán. Su muerte encendió los sentimientos anti germánicos en los EE.UU. y consiguió que se doblase el número de alistamientos.

Ella había ayudado a que se escapasen unos prisioneros de guerra británicos. Normalmente su delito se castigaba con tres meses de cárcel. ¿Por qué la mataron?

Según Eustace Mullis, Edith Cavell había descubierto por casualidad información delicada. El 15 de abril de 1915, *The Nursing Mirror* de Londres publicaba una carta suya en la que revelaba que la *Belgian Relieg Comission* de los aliados (encargada de la alimentación de Bélgica) estaba canalizando toneladas de alimentos para Alemania.

Sir William Wiseman, jefe de la inteligencia británica y socio de los banqueros Kuhn Loeb pidió a los alemanes que ejecutasen a Cavel por espía. Wiseman creía que "la continuación de la guerra estaba en juego". Los alemanes accedieron a desgana creando de este modo "uno de los principales mártires de la Primera Guerra Mundial". (**The Secrets of the Federal Reserve**, págs.72-72)

¿Cínico? No más cínico que derribar el World Trade Centre y asesinar a más de tres mil americanos para empezar una falaz "guerra contra el terrorismo".

Este ejemplo de cooperación entre beligerantes se realizó porque Wiseman trabajaba en estrecha colaboración con el jefe de la Reserva Federal de los EE.UU., Paul Warburg. El hermano de Warburg, Max, era el jefe de la inteligencia alemana y amigo íntimo del Kaiser Wilhelm.

Los banqueros centrales establecidos en Londres utilizan las guerras para debilitar a las naciones y colonizar el mundo (incluidos el R.U., EE.UU., Israel, etc).. La dificultad para ejecutar la 1GM se encontraba en que ellos ya habían dejado en la bancarrota a los estados europeos al venderles barcos de guerra, etc. ¡Europa no podía permitirse una guerra!

La introducción de la Reserva Federal de los EE.UU. y la ley sobre el impuesto de la renta de 1913 solucionó el problema. Los préstamos del gobierno de los EE.UU. financiaron la Primera Guerra Mundial. El pueblo americano se hallaba atrapado por ambos lados del conflicto.

CÓMO APOYARON A ALEMANIA

Alemania y sus aliados no disponían de recursos para luchar durante más de un año.

Como sugiere el descubrimiento de Edith Cavell, los banqueros resolvieron este problema comercializando con estados "neutrales": Suiza, Bélgica, Holanda, Dinamarca, Noruega y Suecia. De este modo los banqueros permitieron que recursos esenciales de Inglaterra, EE.UU. y del imperio británico llegasen indirectamente a Alemania.

Todo se documenta en un libro que se titula **The Triumph of Unarmed Forces** 1914-1918 (1923) del contralmirante M.W.W.P. Consett, agregado naval en Escandinavia. Su trabajo consistía en hacer el seguimiento del movimiento de suministros ("fuerzas no armadas") necesarias para la continuación del conflicto.

Por ejemplo, Escandinavia dependía completamente del carbón británico. De este modo, el mineral de hierro sueco, que se convertía en los submarinos que hundían las embarcaciones aliadas, llegaba a Alemania en barcos que funcionaban con carbón británico.

Alemania necesitaba glicerina (grasa animal) para la fabricación de explosivos. Inglaterra no tenía problema en conseguir esta substancia porque controlaba los mares. Después de que la guerra empezase la demanda de estos productos por parte de los países "neutrales" se disparó. Los británicos continuaron suministrándolos. Podrían haberlos restringido.

Lo mismo puede decirse respecto al cobre, zinc, níquel, estaño y otros muchos productos esenciales. Consett cree que si los hubieran embargado, la guerra habría terminado en 1915.

El comercio del té, café y cacao a países neutrales también aumentó espectacularmente pero frecuentemente estos productos no estaban disponibles allí. Todos iban a parar a Alemania y así obtener grandes beneficios.

Las protestas de Consett cayeron en oídos sordos. El ministro del bloqueo era Robert Cecil, miembro del conciliábulo de la Round Table, (es decir, banquero central).

De manera similar, los banqueros centrales financiaron el lado alemán a través de sus bancos escandinavos por valor de cuarenta y cinco millones de libras esterlinas. (146)

Las naciones aliadas se convirtieron en esclavas de la deuda de los banqueros: "A pesar de los grandes beneficios procedentes de los impuestos, la deuda nacional británica se multiplicó por diez. El gobierno no utilizó su poder de negociación como el único prestatario grande en tiempo de guerra para conseguir dinero a bajos intereses. La deuda nacional francesa subió de veintiocho mil millones a ciento cincuenta y un mil millones de francos ..." (Davies, **The History of Money**) La deuda de los EE.UU. se disparó de mil millones a veinticinco mil millones de dólares.

Según el libro **The Merchants of Death**, "La Primera Guerra Mundial la hicieron veintisiete naciones; movilizó a 66.103.164 hombres de los que 37.494.186 fueron víctimas (casi siete millones de muertos). Su coste directo se estima en 208.000.000.000 de dólares, su coste indirecto en 151.000.000.000 de dólares. Y estas cifras no incluyen los miles de millones en pagos de intereses, pensiones y cuidados de los veteranos y gastos parecidos..".

¿Puede haber duda de que la humanidad está bajo el yugo de una secta de adoradores satánicos?

MISIÓN CUMPLIDA

Tan misteriosamente como empezó, acabó la guerra. En diciembre de 1918, el imperio germánico se "desplomó" repentinamente. Pueden imaginarse lo que sucedió. Los banqueros habían conseguido sus objetivos y cerraron el grifo. (De ahí, el sentimiento natural de traición que se experimentaba en Alemania, exacerbado por las onerosas reparaciones que dictaron los banqueros en Versalles).

¿Cuáles eran los objetivos de los banqueros? El Viejo Orden estaba destruido. Cuatro imperios (el ruso, alemán, austro-húngaro y otomano) yacían en ruinas.

Los banqueros habían instalado a sus recaderos bolcheviques en Rusia. Se aseguraron de que Palestina se convirtiese en un estado "judío" bajo su control. Israel sería una fuente permanente de nuevos conflictos.

Pero más importante, gracias a los baños de sangre como en Verdún (800.000 muertos) el espíritu optimista de la civilización cristiana occidental, la fe en el hombre y en Dios, había recibido un golpe mortal. La flor de la nueva generación fue masacrada salvajemente. (Véase **The Testament of Youth**, de Vera Britain para una explicación conmovedora de primera mano).

Un examen exhaustivo de la historia descubre el modelo. El asesinato del heredero austríaco el duque Ferdinand por el grupo masónico *Black Hand* (que empezó en la 1GM) fue un hecho orquestado, una "excusa", el equivalente al 11-S de 2001.

CONCLUSIÓN

La historia moderna es la revelación de cómo el cártel central banquero convierte su monopolio del crédito en un monopolio del poder. Esto implica la destrucción de nuestra conexión con la nación, la religión (Dios), la raza y la familia. Esto significa la sustitución de la verdad objetiva (Dios, la naturaleza) por el *Diktat* (la corrección política, etc).

Hace falta valentía y claridad para comprender que somos ratones en su laboratorio de experimentos. Nuestros políticos nos han vendido, degradado mediante los media/educación y echado a perder con el estado del bienestar. (Puede comprarse a todo el mundo). Ni siquiera podemos darnos cuenta de lo que está ocurriendo, sólo actuar.

De momento tenemos prosperidad y pensamos que somos libres. Como decía Aldous Huxley:

"Un estado totalitario eficaz sería uno en el que todos los jefes ejecutivos y políticos y los gerentes de su ejército controlasen a una población de esclavos QUE NO HAN DE SER FORZADOS porque les gusta su servidumbre. Hacer que lo quieran es la tarea que tienen que realizar en los estados totalitarios actuales sus ministros de la propaganda, los directores de los periódicos, maestros y profesores". [**Brave New World**, Bantam Books, 1967, pág xii, las mayúsculas han sido añadidas.]

Mirándolo por el lado bueno, el conocimiento de que nuestra sociedad es un fraude es liberador. Ya no nos arrodillamos ante sus dioses de plástico. "La verdad te hará libre".

Los EE.UU. Son una Colonia Financiera de la Corona

Los EE.UU. son una colonia financiera de Gran Bretaña desde hace al menos 100 años. Esto lo confirma el *Col. E.M. House Report*, un "informe progresista" escalofriante de diez páginas fechado el 10 de junio de 1919 que describe a los EE.UU. en estos términos.

El autor es el coronel Edward Mendell House (1858-1938), agente de los Rothschild que dirigió en secreto los asuntos de los EE.UU durante la administración Woodrow Wilson. Al coronel House se le conocía por ser amigo de Wilson y su "alter ego". (Él no había servido en el ejército y el término coronel era simplemente una pretensión). El informe está dirigido al primer ministro británico David Lloyd George, cuya carrera la hizo como abogado de la *World Zionist Organization*.

El informe detalla la evolución del Coronel House en la preparación del "regreso pacífico de las colonias americanas al dominio de la Corona". La Liga de las Naciones era una fachada de la hegemonía británica. La "Corona" significa la hegemonía de los banqueros internacionales afincados en Londres y de sus aliados aristócratas.

House escribe: "Hemos envuelto este plan en el tratado de paz de manera que el mundo debe aceptar nuestra Liga o una continuación de la guerra. La Liga en substancia es el Imperio junto con América admitida sobre la misma base que nuestras colonias".

El informe rezuma desprecio hacia los americanos. "Las gentes sencillas de este país son adoradores empedernidos e incurables de los héroes," explica el coronel House. Un hombre con un eslogan que exprese sus "aspiraciones indefinidas" puede manipularlos fácilmente.

"Después confiarán en quien emplea ese eslogan sin que importe lo que haga. [Woodrow] Wilson se ha ganado su confianza y esto explica "su excepcional utilidad para nosotros".

El reverendo Jacob Thorkelson (1876-1945) presentó *The House Report* al congreso en octubre de 1939 y lo publicó en el **Congressional Record** (13 de octubre de 1939, págs.598-604). Los intentos de borrarlo se desbarataron. El texto completo se encuentra en línea.

LA "CORONA"

Los banqueros británicos se adueñaron de los EE.UU. durante el gobierno de Teddy Roosvelt (1901-1909) cuando la fachada Rothschild de J.P. Morgan controlaba ella sola el 25% de las actividades comerciales americanas.

La "Corona" se refiere a los dueños del Banco de Inglaterra. Sus identidades son secreto oficial. Según E.C. Knuth "la oligarquía financiera internacional usa la "Corona" alegórica como su símbolo de poder y tiene su cuartel general en la antigua ciudad de Londres... el gigantesco Banco de Inglaterra, una institución en manos privadas... no está sujeta a ninguna reglamentación del parlamento británico y es, en efecto, un poder mundial soberano".(**The Empire of the City**, pág.59)

Es absurdo hablar del imperialismo británico, americano, alemán, japonés o incluso sionista. Todos ellos son títeres de este imperialismo único que está colonizando la tierra entera, incluyendo los EE.UU., el R.U. e Israel. Este es el Nuevo Orden Mundial.

El coronel House continúa: "El regreso pacífico de la colonias americanas" sólo puede realizarse con el "consentimiento del grupo dominante de los clanes controladores".

El coronel House relata el modo en que están enseñando a los americanos a aceptar el liderazgo "británico". Detalla la forma en que las universidades y la prensa nutren su plantilla de "británicos de nacimiento" o canadienses.

"A través de la Cruz Roja, el movimiento scout, la YMCA, la iglesia, y otras organizaciones humanas, religiosas y casi religiosas, hemos creado una atmósfera de esfuerzo internacional que fortalece la idea de unidad del mundo anglófono".

Los clubes extranjeros, los clubes de servicio y las organizaciones caritativas "nos permiten impregnar todas las secciones y clases de la sociedad". Esto es una indicación de lo generalizada que está la influencia de los Illuminati.

"Nosotros mantenemos todos los periódicos americanos como aislados del mundo no americano como si hubieran estado en otro planeta en vez de en otro hemisferio. La realización de esto por la *Associated Press* y los otros servidores de noticias, excepto Hearst, fue de la máxima ayuda al llevar sólo nuestro punto de vista a los periódicos a los que servían".

Se ufana de que los Estados Unidos "aunque aún mantienen una apariencia de independencia" son idénticos a otras colonias en relación con la corona. "¿Acaso el presidente Wilson no ha cancelado su gran programa de la armada y nos ha entregado diligentemente el mando de los mares?"

Presume de que "la alianza anglo americana" se ha convertido en "los financieros indiscutidos del mundo".

Felicita a "nuestros agentes fiscales Messrs Pierpont Morgan & Company" por "meter a este país en la guerra". Ellos ejercen "una influencia generalizada en la política de los periódicos" al anunciar y haber prestado 200.000.000 de dólares a Japón para construir una flota que compita con América (haciendo a los EE.UU. todavía más dependientes de Inglaterra).

El coronel House presume de que la "Corona" usó dinero prestado por el gobierno de los EE.UU con fines bélicos para comprar todos los campos de petróleo de California, Méjico y Latinoamérica.

"La guerra nos ha convertido en los guardianes de la mayor parte de las materias primas del mundo... [Nosotros] controlamos ya en gran medida los campos de petróleo del mundo y de este modo el transporte y la industria del mundo".

LA ARTIMAÑA DE LA LIGA DE LAS NACIONES

El problema urgente ahora es "transferir su soberanía peligrosa desde esta colonia a la custodia de la Corona. Debemos, en otras palabras, traer ahora a América al Imperio".

El primer paso fue el plan de Wilson para la Liga de las Naciones "que nosotros le preparamos".

"Cualquier cambio brusco podría alarmar a las masas ignorantes americanas e incitarlos a la acción contra él. Y contra nosotros. Por tanto nuestra mejor política sería nombrar al presidente Wilson como primer presidente de la Liga... él podrá satisfacer [a los americanos] que lejos de rendir su independencia a la liga, en realidad, la están extendiendo mediante ella..."

Anticipándose a *The Patriot Act*, el coronel House dice que Woodrow Wilson "puede engendrar él solo una ley anti bolchevique que interpretada judicialmente permitirá la adopción de medidas punitivas apropiadas a cualquier americano que sea lo suficientemente imprudente como para afirmar que América debe declarar una vez más su independencia".

El coronel House detalla profusamente cómo hay que agradar y manipular a Wilson. Mucha gente piensa que fue otra persona la que escribió este *Report*, pero sólo Edward Mandell House conocía a Wilson tan bien.

Por ejemplo, dice que Wilson "se siente fácilmente menospreciado y es bastante vengativo". El nuevo embajador británico debería ser un "adorador de Wilson" y un "ayuda de cámara del presidente". Enumera los regalos que se le han hecho a Wilson.

"TODO NUESTRO SISTEMA DE CONTROL DEL PENSAMIENTO" ESTÁ EN MARCHA

El coronel House sugiere organizar la primera sesión de la Liga de las Naciones en Washington.

"Esto convencerá a estas gentes simples de que ellos son la Liga y de que su poder reside en ellos".

Recomienda una "serie de espectáculos con los cuales puede distraerse a la muchedumbre de cualquier intento de pensar demasiado en asuntos que vayan más allá de las fronteras de su provincia".

"Mientras aguardan estas distracciones de gente vulgar, nosotros los instruimos sin cesar en las maravillas de la Liga. Nuestra prensa la llena de alabanzas, decretadas por nuestros presidentes de universidad y afirmadas por nuestros profesores. Nuestros autores, escritores y profesores analizan sus virtudes escogidas...hemos conseguido el apoyo de 8000 propagandistas para la Liga. Hemos organizado sínodos internacionales y nacionales, comités, conferencias, convocatorias, convenciones, consejos...para pregonar el nacimiento de la liga como el amanecer de la paz universal".

"Agricultores, banqueros, brokers, contables, químicos y todos los demás grupos funcionales capaces de ejercer presión profesional, económica, financiera o social se reúnen para promocionar la Liga en nombre de la paz, del progreso y la prosperidad...Nuestro negocio cinematográfico está preparando una película de las que hacen época..."

"En pocas palabras, todo nuestro sistema de control de pensamiento está trabajando sin descanso, sin cesar, sin misericordia, para asegurar la adopción de la Liga. Y se adoptará. Porque el comercio quiere paz, el honrado no puede oponerse a una alianza, y los políticos, después de moverse en la obscuridad para la manipulación clientelar, cederán valientemente por miedo a que el destino malvado y obstinado les persiga".

CONCLUSIONES

El informe de House desvela la realidad que se esconde detrás de la globalización y de las Naciones Unidas. Si alguna vez tuvimos necesidad de una prueba de la conspiración a largo plazo para subvertir le soberanía nacional y atrapar a la humanidad, aquí la tenemos.

Gracias a la valiente oposición de los senadores republicanos, los Estados Unidos rechazaron el Tratado de Paz y con ello la Liga de las Naciones el 19 de noviembre de 1919. El complot se frustró temporalmente.

Pero la campaña encubierta de los banqueros británicos para imponer la tiranía mundial no ha amainado. Ellos financiaron a Hitler y diseñaron la Depresión y la Segunda Guerra Mundial. La Liga de las Naciones resucitó como las Naciones Unidas en 1945 y la estafa de la Guerra Fría dio comienzo. Ahora tenemos el 11-S y la "guerra al terror".

El Nuevo Orden Mundial, el gobierno mundial y la globalización son extensiones del imperialismo británico que es, en sí mismo, la expresión de la hegemonía financiera de los banqueros centrales y sus subordinados.

Los americanos están ayudando a construir el Nuevo Orden Mundial para su amo, "la Corona". En palabras del coronel House, los americanos serán colonialistas que tienen que "pedir a los pies del trono".

Las referencias al control de los campos de petróleo sugieren que el petróleo es, en primer lugar y por encima de todo, un instrumento para la dominación del mundo. La última etapa de la tiranía mundial implica conseguir el control absoluto del petróleo de Oriente Medio. Esto da explicación a la guerra de Irak y presagia una invasión de Irán.

La amenaza no puede definirse como estrictamente "judía". Los Rothschild han recibido tal grado de colaboración de la elite mundial financiera, cultural y política que lo hace indiscutible. [Esencialmente la colaboración es el precio de la admisión.]

Como borregos, la elite occidental ha abrazado un deseo de muerte para la civilización. Han vendido su alma (y a nosotros) al diablo.

El Golpe de los Banqueros de 1933 Fue una Artimaña

La historia de que los banqueros de Wall Street planearon derrocar a FDR en 1933 todavía ronda en 2007.

Hace poco, la BBC mencionó al abuelo de "Dubya", Prescott Bush como uno de los conspiradores. Aparentemente el NOM todavía considera a Roosevelt y el Nuevo Pacto activos de propaganda. Quieren que pensemos que los banqueros no dirigen el gobierno y que el fascismo no adopta también la forma de liberalismo, socialismo y comunismo.

Los banqueros Illuminati organizaron el golpe para darle a FDR credibilidad como justo castigo de Wall Street. Como mostraré utilizaban rutinariamente estos ardides para construir su marioneta presidencial.

Los conspiradores (miembros de la *American Liberty League*) se dirigieron al general de división retirado Smedley Butler para utilizar a 500.000 veteranos con el fin de derrocar a FDR y hacer que se convirtiera en una figura como Mussolini.

Smedley Butler era el último hombre al que uno se los pediría en serio. Al marine más condecorado de la historia, el general Smedley Butler, lo había obligado Herbert Hoover a que dimitiera hacía poco por haber llamado a Mussolini " perro rabioso" y por advertir que los seguidores fascistas "estaban a punto de independizarse en Europa." Butler se negó a retractarse y así se convirtió en un héroe nacional de la noche a la mañana.

Le pidieron a este hombre que se convirtiera en el Mussolini americano. Sin embargo, si deseaban a alguien que, con toda seguridad, descubriría el golpe (como así lo hizo; pensó que era "alta traición") Butler era la persona indicada.

Butler no era tampoco amigo de Wall Street. Estuvo dando conferencias por toda la nación asegurando que los banqueros utilizaban al ejército de los EE.UU. como "gánsteres del capitalismo"—matones y cobradores de deudas: "al volver la vista atrás, siento que podía haberle dado a al Capone unas pocas orientaciones," dijo Butler. "Lo mejor que supo hacer fue ... aplicar su chantaje en tres distritos. Yo lo apliqué en tres continentes." (**War is a Racket**, 1933)

"Definitivamente había algo demencial en todo el asunto, señaló Curt Gentry, al pedirle a Butler, que había logrado ser relevante por hablar en voz alta contra el fascismo, que se convirtiera en el Duce americano." (**J. Edgar Hoover**, pag. 203)

Sin embargo, Gentry y la mayoría de los historiadores aceptaron el cuento, probando su papel de agentes mediáticos muy bien pagados.

La historia recibió máxima difusión en el libro de Jules Archer **The Plot to Seize the White House** (1973). A juzgar por los otros trabajos de Archer, una de dos, o es el mejor propagandista de los Illuminati o el mayor ingenuo (o las dos cosas).

Sus otros intereses incluyen temas como "los defensores del pueblo" (hombres-tapadera de los Illuminati) como: Trotsky, Mao Tse Tung, Chu En Lai y Ho Chi Min. También ha escrito libros sobre movimientos patrocinados por la elite como el feminismo, los derechos civiles y el medioambientalismo.

¿QUIÉN FUE FDR?

Para su respuesta estamos en deuda con un libro escrito por Emmanuel Josephson, un doctor de Nueva York valiente, honrado y solidario: **The Strange Death of Franklin D Roosevelt** (1948).

FDR fue el vástago de dos familias Illuminati, los Delano y los Roosevelt. Estuvo emparentado con una docena de presidentes de los EE.UU.: cuatro del lado de los Roosevelt y ocho del lado de los Delano. Era primo tercero del rey George IV y de la reina Isabel.

Estas familias tienen antecedentes judíos pero también tienen sangre holandesa, alemana, sueca y principalmente inglesa. El padre de la madre de FDR, Warren Delano hizo fortuna con el comercio del opio. Su padre, James Roosevelt, fue vicepresidente de una compañía de ferrocarril y director de otras varias.

FDR fue un crío consentido que siempre cambiaba las reglas para que encajaran con sus caprichos. Se educó con tutores particulares y aunque suspendió en la facultad de derecho le permitieron entrar en la abogacía. Nunca tuvo un trabajo de verdad. En los años de 1920 ayudó a lanzar en bolsa unos valores que eran una estafa. Como gobernador y más tarde presidente, era extremadamente influenciable, evasivo y voluble. Louis Howe creó su personalidad pública y pensaba por él. Howe era el "alter y más sabio ego de FDR." (102)

FDR tuvo un pequeño ejército de escritores de discursos y a veces había meteduras de pata. En la presentación de su designación demócrata de 1932 le entregaron dos charlas con puntos de vista diametralmente opuestos y leyó los dos. (157)

Después de su ataque de encefalomielitis, los Rockefellers le dieron un balneario termal en Warm Springs, Georgia. Posteriormente canalizaron millones de dólares a la "fundación" de FDR con apariencia de contribuciones caritativas. (El Dr. Josephson descubrió que la institución no aceptaba casos de caridad y que no emitió informes financieros). (118-ff)

En palabras de Josephson, "A Roosevelt lo sobornaron magníficamente para que pudiera ser presidente. A finales de 1930, alrededor de setecientos mil dólares entraron en las arcas de su fundación… [FDR] era la marioneta patética de los conspiradores que estaban tejemanejando la destrucción de la democracia y el establecimiento de una monarquía americana."(95, 124)

A cambio, la hacienda de los EE.UU. en la época de FDR se gastó cientos de millones en sobornar al rey saudí Ibn Saud y en la construcción de una infraestructura petrolífera en Arabia Saudita para beneficiar a la compañía Standard Oil. (262-263)

Josephson dijo que las doctrinas básicas del imperio Rockefeller son las "de un gobierno monárquico feudal"… "monopolio de todas las necesidades de la vida y de la existencia nacional, y una dictadura absoluta…" (86-87)

Los ricos deben "dividir y gobernar": "A la gente se la debe tratar no como americanos sino como a minorías enfrentadas unas con otras, el trabajo contra el capital, negros contra blancos, católicos contra protestantes, cristianos contra judíos, por ejemplo." (87) Podía haber añadido hombres contra mujeres y gays contra no gays.

OPOSICIÓN FINGIDA DE WALL STREET

Rico de nacimiento se deteriora su salud al presentarse como candidato a la presidencia fingiendo que defendía el bien público. Naturalmente sus patrocinadores banqueros están dispuestos a fingir desagrado y oposición.

FDR aprendió el juego de su primo Theodore Roosevelt que fingía ser un trust buster cuando en realidad era una creación de los trusts y les entregaba el país.

Los colaboradores de la campaña de 1932 de FDR incluyen a destacadas compañías de la elite económica de los EE.UU, las mismas personas que supuestamente intentaron derrocarlo un año después: Hearst, Rockefeller, Morgan, Baruch, Du Pont, Astor.

En 1933 un grupo de "publicistas" advirtieron que el fascismo se estaba haciendo impopular en América y que FDR podía ganar puntos si se oponía a los nazis. "Sugirieron que Hearst y su publicación lanzasen un ataque fingido contra Roosevelt y al mismo tiempo hicieran como que apoyaban el nazismo y el fascismo, de este modo ponían a los antinazis y antifascistas del lado de Roosevelt."(167)

"Como esperaban los pervertidores de la opinión pública, la masa crédula expresó su furia contra Hearst y apoyaron masivamente los principios de Roosevelt, ciego al hecho de que les estaba dando otro producto de la misma marca de dictadura." (167)

El antagonismo era una farsa completa. Hearst empleó al hijo de FDR, Elliot, a su hija y a su marido. De modo similar la enemistad pública con la fabricación de municiones Duponts fue también una farsa. Ethel Dupont se casó con FDR junior.

"La Liga de la Libertad se creó entonces con la finalidad aparente de atacar a Roosevelt y luchar contra su reelección. Esto sirvió para arrojar todo el voto pacifista al sector de Roosevelt y ayudó asegurar su reelección." (169)

Evidentemente el "golpe fascista" fue sólo otro ardid astuto que inventaron los "hombres de la publicidad."

CONCLUSIÓN

Curtis Dall era banquero y yerno de FDR. Describe al presidente no como un líder sino como un "defensa" con poco poder real. El "cuerpo de entrenadores" consistía en una camarilla de manipuladores ("consejeros" como Louis Howe, Bernard Baruch y Harry Hopkins) que representaban al cártel banquero internacional. Para Dall, FDR fue en definitiva un traidor manipulado por el "dinero mundial" y motivado por una ambición personal oculta. (Dall, FDR: **My Exploited Father-In-Law**, 1970)

El "golpe de los banqueros" de 1933 es indicativo del trabajo que la elite financiera se toma para engañar al público. Hasta George W. Bush ningún presidente hizo más que FDR para poner a América en la senda hacia la tiranía.

¿Era Victor Rothschild un Agente illuminati?

En 1942, Sir Mark Oliphant, un físico británico se sorprendió cuando un mensajero le entregó parte de tecnología de su nuevo radar con una advertencia del inspector de seguridad del MI-5, Victor Rothschild para que "reforzase su seguridad."

Unos días antes Rothschild había visitado el laboratorio de Oliphant en la Universidad de Birmingham, le preguntó por su investigación y se metió en el bolsillo el magnetrón de tres pulgadas de diámetro.

¡Para que hablen de descaro! El barón Rothschild fue agente del Soviet. Antes de devolver el magnetrón había transmitido dibujos detallados a Moscú, hecho que fue posteriormente confirmado por responsables de la KGB.

Oliphant le relató esta historia en 1944 a Roland Perry, el autor australiano de **The Fifth Man** (1994, Sedgwick and Jackson, págc. 475). Este informe se basa en este libro.

Entre 1935 y 1963 la Unión Soviética conocía todos los secretos científicos y militares de Gran Bretaña gracias a *The Cambridge Five*, una red de espías que operaba en el MI-5, MI-6 y en el Ministerio de Asuntos Exteriores. Las agencias de inteligencia occidentales no resultaban eficaces y robaron los secretos de los aliados, incluido el diseño de la bomba atómica.

Los traidores fueron Kim Philby, Donald Maclean, Guy Burgess y Anthony Blunt. Pero existe una renuencia natural en admitir que "The Fith Man" fue Nathaniel Meyer Victor Rothschild (1910-1990), el tercer barón Rothschild, el jefe británico de la dinastía banquera más rica del mundo, que controla el Banco de Inglaterra.

El 1993 tras la disolución de la Unión soviética, seis coroneles retirados en Moscú de la KGB le confirmaron a Roland Perry la identidad de Rothschild. El coronel Yuri Modin, el organizador de la red de espionaje, lo constató.

Perry escribe: "Según...Modin, Rothschild era la clave para la penetración de la red de Cambridge en la inteligencia británica. "Él tenía los contactos," observó Modin. "Pudo presentar a Burgess, Blunt y los otros a importantes figuras de la inteligencia, tales como Stewart Menzies, Dick White y Robert Vansittart del Ministerio de Asuntos Exteriores...que controlaban el MI-6."(pag.89)

Esta renuencia es comprensible. Los Rothschild son sin duda los accionistas más grandes del sistema banquero central del mundo. La carrera de Victor Rothschild como agente soviético confirma que estos banqueros con base en Londres planean imponer una dictadura "de gobierno mundial" parecida al comunismo.

Añade credibilidad a la afirmación de que ellos estaban detrás de la Revolución Bolchevique, que usaron la Guerra Fría y más recientemente la farsa del 11-S y la "guerra al terror" para seguir adelante con su hegemonía mundial.

¿Qué es más convincente? ¿Uno de los hombres más ricos del mundo, Victor Rothschild apoyó los ideales comunistas para que su propia fabulosa riqueza y posición le fueran arrebatadas? ¿O que el comunismo era de hecho un engaño diseñado para arrebatarnos la riqueza y la libertad bajo el disfraz de la "igualdad económica" y la "hermandad"?

HOMBRE DE ACCIÓN

Según **The Fifth Man**, Victor Rothschild tenía un C.I. de 184. Era un pianista talentoso de jazz con una comprensión intuitiva de muchas disciplinas científicas. Veía a la banca como un asunto aburrido y prefería el ejemplo excitante del bisabuelo Lionel Rothschild (1808-1879) a quien Benjamin D'Israeli inmortalizó como "Sidonia" en la novela **Coningsby** (1844).

"Ningún ministro de estado tuvo tanta comunicación con los agentes secretos y espías políticos como Sidonia. Mantenía relaciones con todos los parias listos del mundo. El catálogo de sus conocidos en forma de griegos, armenios, moros, judíos ocultos, tártaros, gitanos, polacos errantes y carbonaris, arrojaría una luz extraña sobre estas agencias subterráneas de las cuales el mundo conoce muy poco pero que ejercen una gran influencia sobre los acontecimientos públicos. La historia secreta del mundo era su pasatiempo. Su gran placer era contrastar el motivo oculto con el pretexto público de las transacciones. (**Coningsby**, págs. 218-219)

Rothschild estudió zoología en Cambridge donde reclutó a Anthony Blunt para la KGB en 1936. Más tarde Rothschild formó parte del MI-5 y se encargó del contra-sabotaje. Instruía a los militares en el reconocimiento y desactivación de las bombas. Rothschild era amigo personal de Winston Churchill. Perry escribe:

"Los dos socializaron a menudo durante los años de la guerra. Rothschild usaba su riqueza y posición para invitar al primer ministro a fiestas privadas. Su acceso al líder del período de guerra, más el acceso a toda la información clave de la inteligencia, al desarrollo de todo el armamento importante y su manejo de las operaciones de contra-sabotaje en Gran Bretaña, convirtieron a Rothschild en una figura secreta y poderosa durante los años de la guerra…El resultado fue que Stalin sabía tanto como Churchill de información vital, a menudo antes de que el alto mando británico fuese informado."(xxviii-xxix)

Rothschild ayudó a neutralizar a los enemigos de la Unión Soviética que acudían a los británicos en busca de apoyo. Por ejemplo, estuvo implicado en el encubrimiento del asesinato del líder polaco de la guerra Wladyslaw Sikorki, cuyo avión explotó en julio de 1944. Sikorski se había convertido en una carga para Stalin después de que descubriese que la KGB había masacrado a 16.000 oficiales polacos en los bosques de Katyn y en algún otro lugar en el año 1940.

En 1944 Blunt, Burgess y Philby se alojaron con Victor en la mansión de Rothschild en París. Rothschild estuvo brevemente a cargo de la inteligencia aliada en París e interrogó a muchos prisioneros.

Después de la guerra Rothschild pasó tiempo en los EE.UU. supervisando los intentos de conocer los secretos de la bomba atómica. Debido en parte a los "Cambridge Five", dice Perry, "los rusos conocían todas las operaciones de inteligencia importantes dirigidas contra ellos en los años 1945 y 1963." (xxxi)

CONCLUSIÓN

Victor Rothschild tuvo muchos trabajos que sirvieron para disfrazar su verdadero papel que, según sospecho, era el de formar parte del Gran Consejo de los Illuminati. (Los Illuminati representan el grado más alto de la francmasonería). No fue un agente inferior. Probablemente daba órdenes a personas como Winston Churchill, FDR y Stalin.

Por ejemplo, se aseguró de que la URSS apoyara el establecimiento del estado de Israel. "Conocía los canales extra oficiales apropiados para llegar a los que tomaban decisiones en Moscú", le dijo un coronel de la KGB a Perry. "Digamos que conseguía que se hicieran las cosas. Uno sólo hacía eso si contactaba con los de arriba. Era muy persuasivo."(176)

Cuando se controla el suministro de dinero, se puede ser muy persuasivo, como han aprendido los americanos.

Los súper ricos tienen más en común entre sí que con el resto de la humanidad. Parece ser que han abandonado su papel natural de líderes y benefactores de la humanidad y en su lugar conspiran para encadenarnos. Eso es demasiado malo porque lo único que no tienen aún es amor.

El hecho de que Rothschild estuviese protegido hasta el día de su muerte sugiere que hubo una conspiración por parte de la clase dirigente. Según Greg Hallett, Anthony Blunt, un compañero espía, era hijo ilegítimo de George V, hermanastro y muy parecido a Edward VIII, el duque de Windsor. Hasta su descubrimiento en 1964, Blunt fue un caballero y conservador de la colección de arte de la reina. A cambio de su confesión obtuvo la inmunidad.

Muchos creen que esta conspiración es "judía". Ciertamente el sionismo, el neo conservadurismo y el comunismo (en todas sus formas) juegan una parte importante. Pero consideren esto: el lord actual Jacob Rothschild, cuarto barón Rothschild, es el hijo que tuvo Victor con su primera esposa Barbara Hutchinson, una no judía que se convirtió. En la ley judía, Jacob Rothschild no es judío. Se casó con Serena Dunn. A propósito, Meyer Amschel, hijo único de Victor de su segundo matrimonio con Theresa Mayor, que tampoco era judía, "se suicidó" en 1996. Probablemente se rebeló contra el plan satánico.

Mientras Victor Rothschild fingía ser de "ideales socialistas", el banquero fue un traidor manifiesto. La traición es el patrón de la política contemporánea. El cártel banquero central furtivamente está edificando su dictadura para el "gobierno mundial" mediante el fomento de guerras dentro de las cuales se sitúa a ambos lados.

"Como moscas para chicos aburridos, así somos nosotros para los dioses. Nos matan por diversión." (**King Lear**)

Los Illuminati Engañaron a Hitler con el "Apaciguamiento"

En diciembre de 1942 Heinrich Mueller, jefe de la Gestapo, descubrió la red de espías soviéticos en el continente europeo y protegió una lista de agentes soviéticos e informantes en Inglaterra formada por elementos importantes del establishment británico y que levanta el velo de la historia moderna. Muestra que no sólo Victor Rothschild sino una gran franja del establishment británico simpatizaba con el comunismo ruso y se consideraban "activos importantes".

Estos "activos" incluían a Edward Wood, Lord Halifax, que fue secretario de asuntos extranjeros de Neville Chamberlain y arquitecto y director de la política del "apaciguamiento".

El apaciguamiento alentaba en Hitler el sentimiento de que Inglaterra quería que atacase a la Unión Soviética. De hecho, Halifax trabajaba indirectamente para los comunistas. El apaciguamiento se ideó para atrapar a Hitler en una guerra de dos frentes que arrasaría Alemania (y Europa) y mataría a sesenta millones de personas.

La lista de Mueller incluye a Victor Rothschild, el jefe de la dinastía banquera central, considerado durante mucho tiempo como uno de los Cambridge Five. Aunque parezca mentira los otros cuatro (Burgess, Maclean, Blunt y Philby) no están en esta lista. El hijo de Halifax se casó con una Rothschild.

Incluye a Charles Hambro, otro banquero de origen judío que tomó parte en una decisión del Banco de Inglaterra para continuar financiando el nazismo en 1934 como "influencia estabilizadora". Obviamente, como activo soviético, este hombre no era pro nazi.

Incluye a Sir Robert Waley-Cohen y a muchos miembros de Focus, el grupo anti apaciguamiento que fundó Winston Churchill. Waley-Cohen fue el presidente de la compañía Shell Oil controlada por Rothschild y el líder de la comunidad británica judía.

Otros banqueros e industriales incluidos son Eugen Spier, Maurice Baring, Leonard Montefiore, Edward Guggenheim, Sir Robert Mond y Sir Phillip Sassoon. Todos escepto Baring son de origen judío.

Destacados líderes del *Labor Party* y de sindicatos incluidos eran Ernest Bevin, Harold Laski, Harbert Stanley Morrison y Sir Walter Citrine. Miembros de antiguas familias aristocráticas incluidos fueron Richard Combe Abdy, Baron Strabogli y el almirante Reginald Plunkett-Ernle-Erle-Drax. Estaba el magnate de la prensa J.S. Elias, el caricaturista Victor Weisz y el presidente del *Daily Express* Ralph D.

Blumenfeld.

Incluye a funcionarios destacados como Rex Leeper de la camarilla gobernante de la Oficina de Asuntos Exteriores y a Sir Maurice Hankey, quien como secretario del gabinete y Secretario del Consejo Privado (1919-1938) conocía todos los secretos. Estaban el estudioso de eslavo Bernard Pares y el Jurista sir Hirsch Lauterpacht.

¿Qué tenía en común este grupo dispar? Aproximadamente la mitad de ellos eran judíos reconocidos. Pero la conexión que los vincula posiblemente a todos ellos es la francmasonería. Ingenuos o agentes conscientes, su finalidad es establecer una dictadura mundial masónica o Illuminati dedicada al "hacedor de luz" Lucifer (su alter ego). Actualmente, Bush, Clinton, Kerry, Obama y McCain, etc. son miembros.

Heinrich Mueller murió en California en 1983. La CIA reclutó a Mueller en Suiza en 1948 y le pagó un millón de dólares por un interrogatorio de 1000 páginas que incluye esta lista. Mueller dejó sus archivos microfilmados a su sobrino, Gregory Douglas, quien ha publicado una parte.

SEÑUELO Y ENGAÑO

El Banco de Inglaterra aportó fondos para el ascenso de Adolf Hitler mediante el Schroeder Bank. F.C. Tiarcs, director ejecutivo del Schroeder Bank, fue también director del Banco de Inglaterra.

Eustace Mullins escribe: "Debido a que sus propios patrocinadores financieros, los Schroders, subvencionaban el Appeasement Party, Hitler creyó que no habría guerra [con Inglaterra.] No sospechó que los patrocinadores del Appeasement Party, ahora que Chamberlain había servido a su propósito de engañar a Hitler, echarían a Chamberlain y convertirían a Churchill en primer ministro". (**The Secrets of the Federal Reserve**, págs.76-78)

Mientras que la historia retrata a Hitler como si hubiera engañado al ingenuo Neville Chamberlain, según parece fue el propio Hitler quien resultó engañado para que pensara que podría extenderse impunemente por el este. Neville Chamberlain no conoció el secreto. (Murió prematuramente de "cáncer" sólo unos pocos meses después de dejar el cargo). Pero como informante soviético, Halifax fue decisivo.

Como oponente inicial del rearme británico, Halifax alentó la expansión de Hitler y más tarde felicitó al dictador por ser un "auténtico enemigo del comunismo". En 1937, Halifax le ofreció a Hitler cambios en el "orden europeo" en relación con Danzig, Austria y Checoslovaquia.

"Fue Halifax, no Hitler, quien primero nombró las zonas donde el Tratado de Versalles podría reinterpretarse en beneficio de Alemania," escribe el historiador de Andrew Roberts. "Halifax hizo lo que Eden le había dicho que no hiciera y lo que Vansittart le advirtió que "derrumbaría el castillo de naipes de Europa". Y no lo hizo una, sino tres veces en el curso de las conversaciones". (**The Holy Fox: A Biography of Lord Halifax**, 1991, págs. 67, 70-71).

El consejero más cercano a Halifax era Philip Kerr, Lord Lothian, miembro de la sociedad secreta Rothschild-Milner-Rhodes Round Table (es decir, Illuminati).

Según Andrew Roberts, Lothian era "un amigo de Halifax y tenía una influencia política de no parlamentario del tipo que raramente se ve en la política actual".(109)

El apaciguamiento se ideó para alentar a Hitler a la acción, lo que justificaría una declaración de guerra por parte de Occidente. "Lo que nosotros queremos asegurar es la certeza de una guerra de dos frentes," dijo Halifax en marzo de 1939. (Roberts, 146) Halifax fue responsable de la imprudente garantía británica de Polonia que llevó a esta declaración de guerra en septiembre de 1939. La URSS también invadió Polonia pero no hubo ninguna declaración de guerra contra ella. A Stalin lo prepararon para que atacase a los nazis en 1941. El ardid era meter primero a Inglaterra en la guerra.

Todo el espantoso drama de la guerra y la paz en 1939-41, incluyendo a Inglaterra como la única defensora de la libertad, fue una charada. Alemania estuvo en la mira todo el tiempo. ¿Podrían los EE.UU. estar en la misma posición actualmente?

Los apaciguadores y sus enemigos eran dos equipos de la casa de los Illuminati que perseguían metas comunes. El palacio de Cliveden de lady Astor se suponía que era el cuartel general del partido del apaciguamiento (pro nazi) pero, como destaca Andrew Roberts, los remarcados anti apaciguadores como Duff Cooper, Anthony Eden y el ministro ruso de asuntos exteriores Maxim Litvinov (de nacimiento Meir Finkelstein) eran invitados habituales. (67)

CONCLUSIÓN

Las guerras son creación artificial de los Illuminati, un culto satánico que extiende sus tentáculos por todo el planeta. La Muller's List ofrece la composición de este grupo: banqueros, industriales, aristócratas, militares, intelectuales, sindicalistas y los media procedentes de todas las partes del espectro político.

Hay muchos judíos pero debería ser obvio que los Illuminati convirtieron en víctimas a los judíos como a los demás. Los judíos han sido la carne de cañón del comunismo, el sionismo y el nazismo.

Posiblemente algunos de la lista no sabían qué estaban haciendo. Los Illuminati fingían que se oponían al fascismo y que promovían la "igualdad". Hoy fingen que construyen una utopía humanista. El antiguo presidente del Banco Mundial James Wolfensohn tenía el eslogan "Plutócrata para el pobre" en su página web.

Los Illuminati empiezan las guerras para desmoralizar y destruir la humanidad, para consolidar el poder, producir grandes beneficios y la esclavitud por deudas. Esta secta, que tiene un poder absoluto sobre el pensamiento y la expresión, define virtualmente la realidad. Nuestro único camino es encontrar nuestra verdad desde fuentes diferentes y definir la realidad de nuevo.

De cómo los Banqueros Arrastraron a los EE.UU. a la 2GM

Después de la retirada humillante de Dunquerque el 4 de junio de 1940, Winston Churchill declaró desafiadoramente: "Lucharemos en las playas... nunca nos rendiremos..."

Su bravuconada se basaba en su conocimiento secreto de que los EE.UU. apoyarían incondicionalmente a Gran Bretaña.

La gran mayoría de los americanos eran contrarios a la intervención. Pero una campaña británica, encubierta y llena de trampas y embustes, que empleó a más de mil personas en NYC (la mayoría formada por británicos y canadienses), había secuestrado la democracia con la cooperación plena de la administración de FDR. Ello ilustra cómo los banqueros centrales con base en Londres controlan a los americanos hasta el día de hoy.

El Partido Republicano era contrario a la intervención. Gracias a los británicos, la designación presidencial republicana del 28 de junio de 1940 recayó en un desconocido "internacionalista" Wendell Wilkie, alguien que toda la vida había sido del partido demócrata, que nunca había ostentado un cargo público y que estaba a favor de la intervención y del alistamiento militar obligatorio.

La víspera de la guerra más costosa de la historia de los EE.UU, (un millón de muertos o mutilados, dos billones de dólares de 1990), no les dieron otra opción a los americanos. No hubo ningún candidato contrario a la guerra. ¿No recuerda esto a los años 2004 y 2008?

Algo más que propaganda fue lo que se aplicó. El organizador de la convención republicana, Ralph Williams, "aislacionista" (nacionalista, en lenguaje evasivo) murió convenientemente el 16 de mayo y fue sustituido por el agente británico Sam Pryor, el cual llenó la convención de partidarios de Wilkie que gritaban: "Queremos a Wilkie".

Cierto, Williams tenía 70 años. Pero el historiador Thomas Mahl dice que el mandato británico incluía el asesinato y da por hecho que es esto lo que sucedió. Heinrich Muller, el jefe de la Gestapo que trabajó para la CIA durante la administración Truman confirma que los británicos mataron a muchos americanos que se interpusieron.

"La designación [de Wilke] eximía al presidente Franklin Roosevelt de las presiones normales de una campaña electoral," escribe Mahl en su explosivo libro **Desperate Deception: British Covert Operations in the U.S., 1939-44.** (1998)

Walter Lippmann esribió: "el ascenso repentino y la designación de Wendell Wilkie fue el acontecimiento decisivo, tal vez providencial, que hizo posible reunir al mundo libre... Con otro liderazgo distinto del suyo, el Partido Republicano habría... dado la espalda a Gran Bretaña..." (164)

Si un nacionalista republicano como Robert Taft hubiera ganado la designación, Churchill estaba preparado para hacer la paz con Hitler y abandonar a Stalin a su suerte. El holocausto judío no habría ocurrido porque Hitler quería buenas relaciones con Inglaterra.

En una reejecución de la Primera Guerra Mundial, la intervención americana prolongó la guerra con consecuencias desastrosas para la humanidad.

El plan de juego de los Illuminati era una larga guerra con dos frentes que perderían los nazis. Aunque Mahl no menciona el nombre de los Illuminati su libro descubre su modus operandi, que detallaré más adelante.

BANQUEROS CENTRALES Y ESPÍAS

Los imperios Rockefeller y Morgan son parte del cártel banquero central. En el nivel más alto, todas las agencias de inteligencia (MI-6, CIA, Mossad, KGB) responden ante este cártel, no ante sus gobiernos nacionales.

La *British Security Coordination* (BSC) del MI-6, manejó la campaña de los Illuminati para introducir a la fuerza a los EE.UU. en la Segunda Guerra Mundial. Los Rockefellers y los Morgans la financiaron y les ofrecieron gratis las instalaciones del piso 38 en el *International Building del Rockefeller Center*.

"Ésta era una dirección adecuada", escribe Mahl. "Varias agencias británicas que promocionaban la intervención se alojaban allí. La British Press Service se alojaba en el piso 44. El grupo Fight for Freedom de la inteligencia británica estableció sus operaciones en el piso 22 del mismo edificio, también sin pagar alquiler". (11)

Wendell Wilkie había sido el organizador de muchas convenciones de los demócratas. Fue presidente de una compañía de seguros controlada por Morgan y miembro de la ejecutiva de *Fight for Freedom*. Toda su campaña la financiaron y organizaron los Morgans y la inteligencia británica, pero hecha al modo americano.

Después de perder las elecciones de 1940 Wilkie trabajó estrechamente con FDR para sabotear a los republicanos nacionalistas y durante poco tiempo se le consideró vicepresidente de FDR en 1944. Una vez que desapareció su utilidad, murió convenientemente en 1944 a los cincuenta y dos años de una "infección de garganta por estreptococos" que contrajo en el hospital.

Derrotar al nazismo no era la meta inmediata de la intervención americana. La meta era tener una guerra larga, devastadora y lucrativa que condujera a una concentración mayor del poder en sus manos y a un último "gobierno mundial".

EL MODUS OPERANDI

En los años 1930 el pueblo americano descubrió de qué forma los banqueros habían manejado a los EE.UU. en la 1GM para obtener grandes beneficios. El congreso aprobó una batería legislativa para evitar que esto sucediera de nuevo. El parlamentario británico Neville Chamberlain llamó al congreso de los EE.UU. "malditos tozudos y unos don nadies con aires de superioridad".

Los Illuminati tuvieron que cambiar la opinión pública antes de que FDR pudiera implicar a los EE.UU. en la guerra. Los medios de masas fueron el arma fundamental; estaban literalmente en manos de los banqueros centrales o controladas por la publicidad de sus cárteles.

En 1940 las publicaciones que eran propiedad de los banqueros centrales y de sus hombres de paja incluían a *The New Yord Herald Tribune, The New York Times, PM, The Chicago Sun, The Cowles Group* (Look), *Time Life, The Washington Post* y *The Baltimore Sun*. Todos estaban sin la más mínima duda a favor de la intervención. Hollywood también producía propaganda para la guerra. Alexander Korda, director de *Lady Hamilton* y *The Lion has Wings* era agente británico.

Periodistas que lograron el éxito como representantes de la inteligencia británica fueron Walter Winchell, Drew Pearson, Dorothy Thompson, Walter Lippmann, James Reston y Hubert Bayard Swope.

Las encuestas de opinión pública se falseaban o editaban para ofrecerles a los americanos la opinión de que eran favorables a la intervención. Por ejemplo, el agente británico David Ogilvy aplazó los sondeos Gallup.

A los políticos nacionalistas como Hamilton Fish, Martin Dies y Burton Wheeler los difamaron con acusaciones de ser pro nazis y anti semitas. Los denunciaron ante el juzgado con falsas acusaciones y al final los derrotaron. Uno, el senador Arthur Vanderburg cambió de opinión con la ayuda de una hermosa seductora que trabajaba para la inteligencia británica.

Los británicos inventaron fotos de atrocidades cometidas por los alemanes y un mapa falso que pretendía ser un plan nazi para dividir Sudamérica. Este mapa sirvió para que FDR anulara la última legislación de neutralidad que quedaba. Los horóscopos falsos vaticinaban la ruina de Hitler y de los "aislacionistas" americanos.

Como los comunistas, los británicos formaban muchos grupos que se camuflaban como organizaciones de base. Incluían entre otras a "Amigos de la Democracia", la "Liga de los Derechos Humanos" y el "Comité de Lucha por la Libertad".

Después de la Guerra, el Consejo Rockefeller de Relaciones Extranjeras se aseguró de que se escribieran las crónicas oficiales de la intervención americana. No querían que se repitiesen la revelaciones comprometedoras de cómo engañaron a los EE.UU. para que entraran en la 1GM.

JUDÍOS COMUNISTAS

Los británicos habrían abandonado a Stalin sólo como último recurso. La francmasonería británica (es decir, los banqueros centrales) se hallaba detrás de la revolución bolchevique pero fingiendo que estaba en contra, Gran Bretaña pudo traicionar a sus aliados, los   nacionalistas blancos rusos. Los banqueros crearon más tarde la Alemania nazi en parte porque Stalin se había hecho demasiado nacionalista.

Los banqueros iban a dejar que los dos titanes combatieran entre ellos como monstruos de una película japonesa barata de miedo, pero Hitler tenía que perder la guerra porque era más independiente que Stalin.

El libro de Mahl ofrece instantáneas de esta confluencia de intereses entre los banqueros centrales, los británicos, los líderes judíos y la URSS.

Por ejmplo, la BSC subvencionó la *Overseas News Agency* que era una rama de la *Jewish Telegraphic Agency* fundada por Jacob Landau. El banquero Felix Warburg también subvencionó la JTA, cuyo trabajo consistía en dar publicidad a la persecución de los judíos. Landau también formaba parte de la ejecutiva de *Lucha por la Libertad.*

Mensajes descifrados de VENONA (cables entre la embajada soviética y Moscú) revelan que Landau trabajó tanto para los británicos como para los soviéticos. Viajó a Ciudad de Méjico en 1943 y tuvo varios encuentros con el embajador soviético.

Escribe Mahl: "los mensajes de VENONA revelan que...la inteligencia secreta soviética se había infiltrado completamente en la BSC y en su vástago la OSS (que se convirtió en la CIA). (49)

William Stephenson dirigió la BSC. Su segundo al mando fue el coronel Charles "Dick" Ellis, miembro del MI-6 que organizó y dirigió la futura CIA. Según Mahl, Ellis era "también sospechoso de trabajar para los servicios de inteligencia alemanes y soviéticos". (194)

Este cuadro coincide con la idea de que los banqueros centrales controlan en secreto todas las agencias de inteligencia y que las guerras sólo son una mascarada.

FINALMENTE

El sobrino de Freud, Edward Bernays ayudó a manipular a las masas para los Illuminati. En su libro **Propaganda** escribía:

"la manipulación consciente e inteligente de las opiniones y los hábitos organizados de las masas es un elemento importante en la sociedad democrática. Aquellos que manipulan este mecanismo oculto de la sociedad constituyen un gobierno invisible que es el verdadero poder dirigente de nuestro país".

Claramente, la democracia y la misma libertad son una ilusión. Los Illuminati ofrecen las opciones y controlan el debate. Al final nuestra "democracia" sólo legitima el poder ilegítimo.

A los americanos los están llevando a la fuerza a la próxima guerra mundial. El período actual podría compararse con el de los años 1930, en los dos lados se armaban y ensayaban. La conflagración final, posiblemente entre 2010 y 2012, eliminaría un gran número de "bocas inútiles".

Yo Fui Jefe de Hitler

El hombre que se convirtió en la personificación del mal era probablemente la marioneta del poder invisible que todavía controla el mundo.

Examinen este curioso documento poco conocido que se titula *"I was Hitler's Boss"* del capitán Karl Mayr publicado en la revista neoyorkina *Current History,* (noviembre de 1941).

Como jefe de Hitler en el departamento de instrucción de Munich del ejército alemán, el capitán Mayr mantuvo "contacto diario" con Hitler durante quince meses. (Entre marzo de 1919 y junio de 1920). El cabo Hitler se encargaba de la propaganda y de infiltrase en grupos sindicales.

Mayr describe a Hitler como "un perro extraviado y cansado que buscaba un amo", un simple factótum, primero del general Ludendorff y luego de Goering, considerado prescindible después de realizar su cometido.

"Intentó entrar en el servicio de correos como cartero. Lo rechazaron porque no consiguió superar el test de inteligencia. Su educación escolar en su pueblo austríaco habría sido suficiente pero su capacidad mental se vio afectada después de que sufriese un ataque con gases durante la guerra".

Aunque crea al capitán Mayr, que se enfrentó a Hitler más tarde (lo encerraron en Buchenwald y lo mataron), escribió el ensayo que podría ser "propaganda negra". Publicado el mes antes de que los EE.UU entraran en la guerra, puede que lo ideasen para crear fricción entre Hitler y su sucesor designado, Herman Goering, así como para enfadar a Hitler menospreciándolo.

El director de *Current History* era Spencer Brodney. Su verdadero nombre era Leon Brotzky, comunista desde hacía mucho tiempo. *Current History* lo publicaba trimestralmente la *New York Times Company,* el órgano del cártel central banquero.

Sin embargo, han suprimido el documento, lo que sugiere que contradecía la política de los banqueros de hacer que Hitler pareciese creíble. Aunque la propaganda negra invierte la verdad, su eficacia se basa en la inclusión de una cantidad considerable de hechos. Y mucho de lo que Mayr dice coincide con otras fuentes. Resumiré sus revelaciones más creibles y después consideraré brevemente las implicaciones.

HITLER, UN INADAPTADO, SE CONVIERTE EN "CABALLERO"

El capitán Mayr dice que en 1919 Hitler era "uno de los miles de ex soldados que caminaban por las calles buscando trabajo. En esta época Hitler estaba preparado para lanzarse a vivir con cualquiera que le mostrara amabilidad... Habría trabajado para un empleador judío o francés exactamente igual que para un ario". "No le preocupaba en absoluto el pueblo alemán ni su destino".

Hitler "hablaba y vivía en sus sueños y se convirtió en un fastidio". No tenía amigos, era tímido y vergonzoso a causa de una "deformidad [que] lo hacía diferente de los demás hombres—en mi opinión, esta carga hizo que Hitler se convirtiera en un lobo solitario y un extraño". [Parece ser que Hitler sólo tenía un testículo. Es raro que Mayr no mencione este detalle si intenta desacreditar a Hitler. Tal vez en ese período se lo prohibieron.] A Hitler "le tomaban el pelo continuamente sus camaradas".

Según Mayr, el general Erich Ludendorff (1865-1937) el héroe de la Primera Guerra Mundial se encontraba todas las semanas con un círculo de industriales en el hotel Four Seasons de Munich y tramaron vengarse porque Alemania había perdido la guerra.

El reto era movilizar, para llevar a otra guerra, al desalentado trabajador alemán. Ludendorff decidió que necesitaban una figura como Juana de Arco, una persona corriente que oyera la voz de Dios, para que los condujera a la batalla. Incluso recorrió los Alpes bávaros buscando a una "campesina pelirroja" que pudiera venderse como una mensajera divina.

Ludendorff y sus amigos "eran como exploradores de Hollywood buscando talentos..." Al mismo tiempo Hitler estaba dedicado a un "experimento" militar. Le daban dinero para tener encuentros con el Partido de los Trabajadores Alemanes en tabernas y comprar cerveza para todos, salchichas y pretzels. Después de unas canciones entusiastas, cuando todo el mundo se sentía "feliz y agradecido" Hitler se subía a una silla o mesa y empezaba con "¡compañeros trabajadores, Alemania, despertad!"

"En tan genial atmósfera era un placer para los trabajadores despertarse y aplaudirlo todo", escribe Mayr. "El experimento con Hitler se consideró que era un éxito por parte de sus patrocinadores" y Hitler consiguió el empleo de Juana de Arco.

"El programa se tramó cuidadosamente para que encajara con la expresión de los deseos de la mayoría".

Los líderes sabían que "una minoría debe sufrir, y así los judíos alemanes fueron las cabezas de turco porque su eliminación conseguiría millones de votos para los nazis. Los pequeños tenderos odiaban a los judíos porque ellos tenían las cadenas de almacenes; los granjeros deseaban su destrucción porque les debían dinero a los banqueros judíos; incluso los intelectuales estaban celosos porque los judíos mantenían posiciones lucrativas en las artes, las ciencias y en las profesiones liberales. Los comunistas también tenían que ser destruidos pero eso era porque ellos recibían las órdenes de Rusia y nunca votarían a favor de una Alemania imperial.

Los "representantes nazis" lo ofrecían todo y cualquier cosa para hacer a la gente propensa a la guerra... Así pues su discurso de venta era: Alemania es una nación sin nada, otras naciones tienen toda la riqueza; Alemania debe combatirlas con éxito y así tendrá acceso a esa riqueza".

De este modo los nazis satisfacían siempre los deseos de la mayoría. "A nadie le importaba lo que le pasaba a Alemania con tal de que el resultado fuera la restauración de los buenos tiempos pasados…"

A Hitler se le consideraba como "un buen vendedor de la ideología nazi, al que se le daría el finiquito cuando ya no hiciera falta".

HITLER EL TESTAFERRO

Mayr mantiene que Hitler nunca fue el verdadero líder de los nazis. "Como líder, Hitler es probablemente la mayor estafa que se le ha hecho al mundo… Sus informes siempre tenían que reescribirse… Su inteligencia no era mayor que la de un niño de ocho años… Hitler no fue nunca capaz de tomar una decisión propia… ciertamente no escribió ni una sola línea de **Mein Kampf**;… [Pero] por supuesto, se sintió orgulloso de poner su nombre como autor de un libro".

"Antes de cada charla importante Hitler, a veces durante días, se encerraba con Hess, el cual de alguna forma que desconocemos, conseguía que Hitler alcanzara un estado frenético con el que se dirigía al público. Justo antes de que Hitler tuviera citas para recibir a estadistas o corresponsales extranjeros se preparaba minuciosamente lo que tenía que decir. A veces cuando le hacían preguntas insospechadas se limitaba a alejarse o comenzaba sus dislates políticos sin sentido.

Ludendorff pronto perdió el control de Hitler en beneficio de Ernst Roehm y Herman Goering que se implicaron en una guerra amarga por la supremacía nazi. Finalmente Goering ganó la batalla "en la purga cruenta" del 30 de junio de 1934. Por entonces, Mayr se había unido a Roehm, que representaba los objetivos genuinamente socialistas del nazismo.

"Ahora el camino estaba despejado para Goering y no perdió el tiempo. Reclutamiento forzoso, ocupación de Renania, rearme total, intervención en España, invasión de Austria, Checoslovaquia, Polonia y otros países después".

"Alemania tiene muchos Faustos, pero su Mefistófeles es Goering que pudo, mediante propagandistas astutos como Goebbels, vender a Hitler al mundo entero como un supermán patriota. Goering organizó el incendio del Reichstag y para ello se valió de un chico retrasado… Fue él quien hizo los preparativos para que Hitler recibiera el material falso con el fin de convencerle de que Roehm tenía la intención de matarlo a menos que él matase a Roehm primero. El servilismo de Goering respecto a Hitler era pura hipocresía con el fin de engañar a la opinión pública".

[La visión que transmiten la mayoría de los historiadores es la de que Goering era un líder intelectual que prefería cazar o coleccionar (o robar) arte antes que dirigir la Luftwaffe. Supuestamente vivió con miedo a Hitler].

CONCLUSIÓN

La visión de Mayr es un crudo contraste con la visión convencional de Hitler. O miente Mayr o la mayoría de los historiadores modernos se dedican a construir un Hitler que parezca un líder creíble y la personificación del mal.

Yo creo que Hitler fue una fase de los Illuminati, es decir, de los masones organizados en torno al deseo de Rothschild de lograr una tiranía mundial con el fin de proteger su monopolio crediticio.

En **Los Protocolos de Sión**, el autor dice que toda oposición está controlada. Si algún estado esgrime una oposición al dominio Rothschild, "sólo es una pro forma, a nuestra elección y por nuestra dirección pues su antisemitismo nos es indispensable para manejar a nuestros hermanos menores".(Protocolo 9)

Mi hipótesis actual es que hay una línea directa entre Hitler y la agenda Rothschild, a través de una larga línea de "cortes" (agentes). Algunos de estos cortes fueron "tontos útiles" como Erich Ludendorff que se retiró de la política cuando se dio cuenta de que el Banco de Inglaterra de Rothschild estaba financiando a Hitler.

Max Warburg, jefe de la inteligencia militar alemana, miembro de la familia banquera afiliada a Rothschild, y el verdadero jefe de Mayr en 1919, fue probablemente el hombre clave de Rothschild en el "experimento Hitler". Mediante la "masonería secreta" los banqueros centrales crearon tanto el comunismo como el nazismo que, gracias a la 2GM, potenció la destrucción de la civilización occidental (cristiana).

La raza humana se está convirtiendo rápidamente en la granja de hormigas de los Rothschild Gracias a su control, los medios y la educación, la información y el entretenimiento son mayoritariamente herramientas para el control y la modificación de la conducta. Documentos confusos como el del capitán Mayr *"I was Hitler's Boss"* nos recuerdan que nos están manipulando y traicionando de una forma atroz.

¿Fue Hitler un Agente Illuminati?

El libro de Hallet **Hitler Was A British Agent** describe la guerra como una ilusión macabra conjurada por magos ocultistas con el fin de degradar y finalmente esclavizar a la humanidad en un gobierno mundial.

La afirmación de Hallet de Que Hitler era un agente "británico" se basa en el testimonio de una enigmática red de agentes de inteligencia jubilados. Aunque no consigue aportar pruebas documentales, Hallet sí ofrece pruebas circunstanciales persuasivas.

Por ejemplo, Adolph Hitler estuvo en Inglaterra entre 1912 y 1913, un hecho que apoya el libro de su cuñada: **The Memories of Bridget Hitler** (1979). Muchos historiadores, incluyendo al biógrafo de Hitler, John Toland, han ignorado esta información sorprendente. (Si Hallet tiene razón, historiadores como Toland tienen la culpa de censurar y fortalecer a Hitler).

Hallet dice que a Hitler, de febrero a noviembre de 1912, se le sometió a un lavado de cerebro y formación en la Escuela Británica Militar de Guerra Psicológica de Tavistock en –Devon y en Irlanda. "A las máquinas bélicas les hace falta la guerra y [eso significa que necesitan] agentes dobles, con fondos, entrenados y apoyados para ser sus chivos expiatorios, sus enemigos marioneta," escribe Hallet, un arquitecto establecido en Nueva Zelanda. (38)

La cuñada de Hitler lo describió como completamente agotado cuando llegó sin equipaje a su puerta en Liverpool. "Tuve la impresión de que estaba enfermo, tenía muy mal color y una mirada muy peculiar," escribió. "Siempre estaba leyendo, no libros, panfletitos escritos en alemán. No sé qué contenían ni de dónde venían exactamente". (págs. 29,35) Hallet dice que eran los manuales de formación de Tavistock.

"Hitler era un agente británico" sirve como un paradigma alternativo. (Normalmente no podemos reconocer la verdad porque tenemos el paradigma equivocado, es decir, nuestra "educación", que actúa como un filtro). Cuando Hallet dice "británico", quiere decir Illuminati, la secta masónica de los banqueros súper ricos que controlan una red entretejida de cárteles. Esta secta está situada en la City de Londres pero usa Inglaterra y la mayor parte de las naciones e ideologías como títeres en un teatro de guiñol que llaman historia.

La afirmación de Hallet aclararía muchos hechos inverosímiles de la Segunda Guerra Mundial. Por ejemplo, ¿por qué dejó Hitler que 335.000 soldados aliados se escaparan en Dunquerque? Este gesto quijotesco se explicó como una propuesta de paz magnánima, pero seguramente Inglaterra habría estado más dispuesta a aceptar la paz si su ejército se hubiera hallado en campos nazis de prisioneros de guerra.

El triunfo nazi de mayo de 1940 fue como si hubiese ganado por K.O. en el primer asalto . Los Illuminati no tenían la intención de que la guerra terminase tan pronto, ni de que los nazis la ganaran.

En el verano de 1940, cuando Gran Bretaña estaba prostrada, el jefe de la inteligencia militar nazi (*Abwehr*) el almirante Wilhelm Canaris le dijo al ministro de asuntos exteriores rumano, el príncipe Michel Sturdza, que se mantuviese neutral porque Inglaterra ganaría la guerra. También le dio este mensaje al general Franco.

La teoría de Hallet explica también por qué Hitler, supuesto archienemigo de los banqueros judíos, actuaba como si no supiera que los Rothschild controlaban Inglaterra (y América) cuando esto era prácticamente sabido por todos. (Véase **The Jews**, 1922, por Hilaire Belloc). Si Hitler hubiera ido en serio, habría invadido Inglaterra antes de atacar Rusia.

La hipótesis de Hitler explica: 1) Por qué Hitler fue capaz de expandirse por Renania, etc., sin miedo a represalias. 2) Por qué la maquinaria bélica nazi estuvo financiada y construida por el Banco de Inglaterra y una de las corporaciones angloamericanas más selectas controlada por los Illuminati. 3) Por qué Hitler no selló nunca el mediterráneo en Gibraltar y por qué el dictador español Franco se mantuvo neutral, a pesar de la enorme deuda que tenía con los nazis desde la Guerra Civil Española. 4) Por qué los cuarteles de I. G. Farben en Frankfurt jamás fueron bombardeados. Se convirtieron en los cuarteles generales de la CIA. 5) Por qué el Banco de Inglaterra premió a Hitler al tomar Praga dándole las reservas de oro checas que había en Londres.

Esto explicaría por qué Hitler mantuvo la prioridad de su ridículas políticas raciales sobre la de ganar de verdad la guerra. Podría haber alistado a millones de esclavos (e incluso a muchos judíos) venciendo a la Rusia comunista. En vez de ello los convirtió en enemigos implacables.

Podríamos preguntarnos por qué su aliada Japón atacó a los EE.UU en vez de a Rusia; por qué los nazis nunca supusieron que sus comunicaciones estaban en peligro; por qué Hitler no conquistó los campos de petróleo de Rusia y de Oriente Medio cuando tuvo la oportunidad, etc., pero uno se lo imagina. El fraude estaba hecho.

Puede que Hitler pensara que estaba actuando a favor de los capitalistas anglo-americanos al invadir la Rusia soviética. Posiblemente no se dio cuenta de que a él (y a Alemania) les estaban tendiendo una trampa.

¿QUIÉN FUE HITLER?

La mayor improbabilidad es la de que un vagabundo austríaco, un barrendero y un prostituto gay pueda llegar a ser canciller de Alemania. Hitler se une a una larga lista de figuras oscuras capaces de ser chantajeadas que han sido catapultadas a la prominencia mundial con la ayuda de una mano oculta.

Hallet escribe que el abuelo de Hitler era Nathan Meyer Rothschild. Maria Schickelgruber, la abuela de Hitler, fue una criada de la mansión de Rothschild en Viena cuando su padre, Alois fue concebido "con miedo" en una violación de ritual satánico. Los Rothschild sólo podían casarse dentro de su extensa familia así que tenían hijos ilegítimos que funcionaban como agentes anónimos. (Aparentemente esta es una pauta de los Illuminati. De Bill Clinton se rumorea que es un Rockefeller).

Su abuela recibía la manutención para el niño de un hombre de negocios judío que probablemente fue intermediario de su abuelo. Bridget Hitler cita a Paula, la hermana de Hitler: "Desde que [Adolf] estableció las leyes raciales no tenemos abuelo, Adolfo y yo. Ciertamente cualquiera que quisiera podría hacer negocio con esto". (Memoirs, pág. 175) El tercer matrimonio de Alois Hitler, hijo de Rothschild, fue con su sobrina Klara, que fue la madre de Hitler. Su padre era violento y su madre lo contrarrestaba con un exceso de atenciones.

Hitler quedó en la indigencia a los dieciocho años cuando murió su madre y vivió en un hostal de hombres de Viena que era una guarida de homosexuales.

Según Lothar Machtan, historiador y profesor alemán, Hitler fue un homosexual con un extenso historial en la policía por acosar a hombres en Munich y en Viena. Estos expedientes llegaron tanto a Rusia como a Inglaterra pero nunca se usaron como propaganda, prueba adicional de que puede que la guerra fuera una charada. (Machtan, The Hidden Hitler, 2001)

LA CREACIÓN DE UN LOCO

Según Hallet, Hitler viajó a Inglaterra en 1912 para su formación que se hizo en alemán. Esta "formación" incluía desde imbuirse de un sentido de su papel en el destino de Alemania hasta el aprendizaje sobre cómo cautivar a las audiencias.

También incluía el lavado de cerebro por trauma. La consciencia del "alter" se hace pedazos al ser testigo de atrocidades sexuales y al sufrir abusos sexuales, todo lo cual está filmado. Luego los diversos fragmentos de la consciencia se programan y se puede acceder a ellos con palabras de códigos especiales. (Léase a Fritz Springmeier y Cisco Wheeler para una descripción detallada de las técnicas de control mental de los Illuminati).

Hitler regresó a Alemania en mayo de 1913 y se alistó en el ejército alemán. Durante la Primera Guerra Mundial, actuó como mensajero y fue capturado dos veces por los ingleses. En ambas ocasiones, se libró de ser ejecutado gracias a un "ángel guardián" de la inteligencia británica.

Según Hallet, Hitler disfrutaba haciendo que las mujeres defecaran sobre él. Sus genitales eran diminutos y sólo tenía un testículo. (Algunas mujeres con las que mantuvo relaciones sentimentales se suicidaron. El amor de su vida fue su medio-sobrina, Geli, de 17 años a la cual asesinó en 1931 cuando se quedó embarazada de su chófer. Marchtan sostiene que el afecto real de Hitler era hacia el chófer).

Para saber más sobre la homosexualidad de los nazis, se puede consultar el libro **The Pink Swastika** que se halla en línea.

IMPLICACIONES

La historia está desarrollándose de acuerdo con el plan a largo plazo de los Illuminati. Las guerras son urdidas con décadas de antelación y están orquestadas para conseguir la destrucción de las naciones y las elites naturales, la despoblación, la desmoralización y, por supuesto, el poder y el beneficio.

Según Hallet, Joseph Stalin fue otro "agente de guerra" Illuminati que asistió a la escuela de entrenamiento de Operaciones Psíquicas de Tavistock en 1907. Clifford Shack ha sugerido que Stalin también era descendiente ilegítimo de un Rothschild.

Hallet dice que la muerte de Hitler fue una farsa (se asesinó a un doble) y Hitler escapó a Barcelona donde vivió hasta 1950, donde murió de cáncer de estómago.

Greg Hallet es un disidente y su libro enmarañado está lleno de repeticiones e incisos. Yo no pondría la mano en el fuego por ninguna de las afirmaciones de Hallet por ahora. Pero merece que le estemos agradecidos por ofrecer una visión alternativa de la historia que, aun siendo muy inverosímil, es más verosímil de lo que pueda parecer en un principio. Deberíamos ser capaces de considerar ciertas especulaciones sin sentirnos obligados a aceptarlas o rechazarlas. (Es lo que se llama "abstención de juicio").

A Hitler debe vérsele desde la perspectiva de la siguiente línea de **The Protocols of the Elders of Zion** (9): "Hoy en día, si algún Estado se levanta en protesta contra nosotros lo hace sólo siguiendo nuestras preferencias y bajo nuestra dirección..."

La Segunda Guerra Mundial consiguió todos los objetivos de los Illuminati. Japón y Alemania fueron convertidos en páramos. Sesenta millones de personas fueron masacradas. El holocausto judío motivó a los judíos a establecer la sede del gobierno mundial de los Rothschild en Israel. Los idealistas y líderes natos de ambas partes fueron aniquilados. A las naciones se las cargó de deuda. Las Naciones Unidas se levantaron como un fénix de las cenizas. Hiroshima empañó el mundo de terror. La U.R.S.S. fue una súper potencia y controló Europa Oriental. Se creó el escenario para el siguiente acto de la obra...la Guerra Fría.

Dadas las lóbregas perspectivas para la humanidad, hay una tendencia actual de idealizar a Hitler como oponente a la hegemonía de los banqueros centrales. El libro de Hallet es importante pues nos recuerda que al igual que Mao o Stalin, Hitler fue otro de sus agentes. Los Illuminati subvencionan "enemigos" para fomentar el conflicto, y mantener a la humanidad bajo su yugo.

¿Contrataron a Hitler los Illuminati para Empezar la 2GM?

La tinta no se había secado sobre el Tratado de Paz de Versalles cuando los Illuminati comenzaron a trabajar la Segunda Guerra Mundial creando a Hitler y el partido nazi.

Antes de 1919 Hitler había sido una "pistola (política) en alquiler" que tenía muchos amigos judíos y que había flirteado tanto con el comunismo como con el socialismo. De la noche a la mañana se convirtió en virulento anticomunista y antisemita. ¿Qué ocurrió? Se hizo oficial de inteligencia del ejército. A lo largo de los años de 1920 el ejército alemán (Reichswehr) subvencionó a Hitler en secreto, a su partido y entrenó a las "camisas pardas" de sus SA.

Sospecho que el general Kurt Von Schleicher fue un hombre clave de los banqueros Illuminati, como el banquero Max Warburg, cuyo cuartel general del I.G. Farben de Franffurt se libró de los bombarderos aliados y cuya madre judía vivió cómodamente en Hamburgo durante toda la guerra.

En **Los Protocolos de Sión,** el autor, un banquero Illuminati, presume de que ellos crean o sancionan el antisemitismo cuando conviene a sus fines. El "antisemitismo" nos es indispensable para manejar a nuestros hermanos menores…este asunto ha sido objeto de discusiones repetidas entre nosotros". (Protocolo 9) Hitler es un ejemplo de cómo se creó el antisemitismo. El autor continúa:

"De nosotros es de donde proviene el terror que todo lo envuelve. Tenemos a nuestro servicio a personas de todas las opiniones, de todas las doctrinas, monárquicos, demagogos, socialistas, comunistas y soñadores utópicos de todo tipo … que luchan por derrocar todas las formas del orden establecido. Todos los estados sufren tortura … pero no les daremos paz hasta que abiertamente reconozcan nuestro súper gobierno internacional … "

Ahí, en blanco y negro, está el proyecto que se oculta detrás del NOM, la ONU, la UE y la UNA y todas las guerras hasta el día de hoy. Pero los banqueros nos han hecho pensar que es "racista" prestar atención. Como si más del 1% de los judíos fueran/son parte consciente de su conspiración odiosa y diabólica.

La historia moderna consiste en este plan a largo plazo para el fomento de guerras innecesarias con el fin de esclavizar a la humanidad destruyendo nuestra identidad basada en la nación, la religión, la raza y la familia. A la mayoría de los historiadores les pagan para que encubran el hecho horrible de que la gente responsable en última instancia de Auschwitz, el Gulag, Hiroshima y Verdún todavía dirigen el mundo. Ellos son los responsables del 11-S y de Irak.

VERSALLES

El Dr. E.J. Dillon del *London Daily Telegraph* escribió en su libro **The Inside Story of the Peace Conference**, (1920): Muchos delegados dedujeron que "de ahora en adelante el mundo estará gobernado por el pueblo anglosajón, que a su vez está dominado por sus elementos judíos..." (es decir, los banqueros centrales y sus factótums) pág.497.

Alemania era el mayor obstáculo para utilizar a Inglaterra y los EE.UU. a la hora de imponer el gobierno mundial de los Illuminati. Así que, se impusieron reparaciones onerosas que provocasen otra guerra mundial mucho más devastadora. Una vez que comenzó, los británicos vetaron los intentos de asesinar o sustituir a Hitler e insistieron en una "rendición incondicional".

Hitler no llegó al poder hasta 1933 pero Alemania inició el rearme en 1919 contraviniendo las disposiciones de Versalles. Los aliados hicieron la vista gorda a un programa que veía a los soldados comunistas y alemanes entrenándose en Rusia con el armamento más moderno, que incluía bases enteras dedicadas a la fuerza aérea, el blindaje y la guerra química. Cuando Hitler llegó al poder en 1933, Alemania ya disponía de una fuerza aérea avanzada.

Otra forma de incumplir Versalles para el *Reichswehr* consistía en donar fondos y entrenar organizaciones paramilitares como la nazi SA que más tarde pudo incorporarse al ejército regular. El general Kurt Von Schleicher y los capitanes Karl Mayr y Ernst Roehm estaban al cargo de este programa de la "*Werhmacht negra*".

Sefton Delmer, corresponsal del *Daily Express* en Berlín, describe esto en su autobiografía **Trail Sinister** (1961). Cita documentos que muestran que Hitler "actuaba bajo las órdenes de Mayr cuando se afilió al diminuto Partido de los Trabajadores Alemanes y empezó a fortalecerlo..." (64) Delmer dice que Mayr también financiaba los encuentros multitudinarios y los panfletos en los que Hitler clamaba contra los judíos. "Esta campaña antijudía... estuvo promovida por un poder que no era otro que los oficiales de la *Reichswehr*".(63)

El propósito de la *Reichswehr* era crear apoyo popular político para la 2GM. Según Delmer, "Schleicher pagó como mínimo dos millones de libras de los fondos secretos del Reichswehr a las tropas de asalto nazis..." (120) También estuvieron financiadas por los industriales y banqueros Illuminati.

(Nacido y criado en Berlín, Sefton Delmer conoció a Hitler personalmente, y contaba con un amplio abanico de fuentes confidenciales. Durante la guerra se encargó de la "propaganda negra" británica dirigiendo una cadena de emisoras de radio destinadas a los soldados alemanes).

HITLER, "ANTICOMUNISTA, ANTISEMITA"

El comunismo, el nazismo y el sionismo son trillizos, movimientos concebidos y alimentados por los Illuminati para engañar y manipular a la humanidad.

En su libro **The Hidden Hitler,** Lothar Machtan, profesor de historia en la Universidad de Bremen, dice que Hitler casi se unió a los comunistas en 1918. Pidió un puesto alto en el partido que lo habría liberado del trabajo, pero se lo negaron. "Hitler no se aproximó siquiera a la extrema derecha hasta que los grupos de la izquierda lo rechazaron," escribe Machtan. (71)

Según Ian Kershaw, Hitler participó en manifestaciones pro socialistas y comunistas en 1918-1919 y sirvió como representante del consejo de soldados socialistas. (**Hitler: 1889-1936**, págs.118-120).

Según Brigitte Hamann, sus mejores amigos en la Viena de la preguerra eran judíos. Obtuvo diversas ayudas y hospitalidad de organizaciones judías. Los judíos compraban la mayor parte de sus obras de arte. Por esta razón, los verdaderos antisemitas lo rehuían. (**Hitler's Vienna: A Dictator's Apprenticeship**, págs. 347-352)

Hamann sugiere que las ideas de Hitler de la superioridad y la pureza racial arias se basaban en los judíos. Cita a Hitler:

"A través de Moisés el pueblo judío recibió una regla para la vida y la forma de vivirla que se elevó a la condición de una religión que estaba cortada a la medida de la esencia de la raza, de forma propia y simple y clara, sin dogmas ni dudosas reglas de fe... contiene lo que servía... al bienestar del pueblo propio, sin consideración ninguna para el de los otros". (351)

CONCLUSIÓN

Existe una cierta nostalgia de Hitler basada en la creencia de que representaba la resistencia al Nuevo Orden Mundial. En realidad, a él lo crearon los Illuminati para que empezara otra guerra.

La gente deposita sus esperanzas en líderes como Putin y Ahmadinejad pero al igual que Hitler, fueron figuras obscuras que alzaron al poder unas manos ocultas. No tenemos líderes políticos (ni culturales) reales, sólo peones de los Illuminati.

La historia humana es siempre la misma; una minoría quiere monopolizar el poder y la riqueza a expensas de la mayoría. Los asesinos masivos en serie están al cargo. No importa cuánto tiempo se muestren amables, al final siempre recuperarán su forma original.

Notas:

Algunas fuentes de este artículo las sugirió el documental bien realizado por Jim Condit, **The Final Solution to Adolph Hitler**.

"El sionismo estaba dispuesto a sacrificar a todo el judaísmo europeo por lograr el estado sionista. Todo se hizo para hacer un estado de Israel y eso sólo era posible mediante una guerra mundial. Wall Street y los grandes banqueros judíos ayudaron a los esfuerzos bélicos de ambos lados. Los sionistas también son culpables de provocar el odio creciente hacia los judíos en 1988," (Josepfh Burg, **The Toronto Star**, 31 de marzo de 1988)".

El mayor Robert H. Williams informó, en su **Williams Intelligence Summary** de febrero de 1950, de la participación de James P. Warburg en el complot contra Cristendon. Decía: "El pasado noviembre, la viuda del difunto general Ludendorff, juzgado en Nüremberg, explicó por qué su marido rompió con Hitler, confirmando los informes con detalles convincentes".

Ella aseguró que, "...ya en el verano de 1929 James P. Warburg había asumido una misión de los círculos financieros de América, que deseaban ejercer influencia solitaria sobre Alemania en el desencadenamiento de una revolución nacional. La tarea de Warburg consistía en encontrar al hombre adecuado en Alemania y él entró en contacto con Adolph Hitler, quien posteriormente recibió sumas de dinero que, al 30 de enero de 1932, llegaron a ser de 27 millones de dólares y aún otros siete millones a partir de entonces, permitiéndole financiar su movimiento".

Hitler Usó la Máquina de Escribir del Banquero de Rothschild (para Escribir *Mein Kampf*)

A veces los detalles simbólicos son muy elocuentes.

Emil Georg von Stauss, el presidente del banco más grande de Alemania, el Deutsche Bank, le prestó a Hitler una Remington portátil para que pudiera escribir su infame manifiesto anti banqueros judíos, **Mein Kampf**.

Von Stauss, un patrocinador importante del partido nazi, también fue un asociado de los Rothschild durante mucho tiempo.

Hitler les dictaba **Mein Kampf** para que lo mecanografiasen a Rudolph Hess y a Emil Maurice durante sus confortables ocho meses de estancia en la cárcel de Landsberg en abril-diciembre de 1924. (Su sentencia de cinco años le fue conmutada. Tenía una suite de dos habitaciones con vistas y le permitían recibir regalos y visitas).

Von Stauss formaba parte de un "grupo de apoyo a Hitler" que formaban patronos adinerados. Helene Bechstein, la esposa del fabricante de pianos fingía que era la madre adoptiva de Hitler y pasaba a escondidas secciones del manuscrito. Ella se encargaba de pagar todos los gastos de Hitler y esperaba que él se casara con su hija Lotte. Franz Thyssen, el presidente de las Plantas Siderúrgicas Unidas le envió a Hitler un regalo de cumpleaños de 100.000 marcos de oro.

Esta descripción está tomada por el autor belga Stan Lauryssens de las cartas de Rudolph Hess a su esposa, (**The Man Who Invented the Third Reich**, 1999, pág. 130-135)

Esto contradice la imagen que tenemos de Hitler en 1924 dirigiendo desde la base de un partido marginal. De hecho, fue un testaferro de los banqueros internacionales a los que fingía oponerse.

Tanto el comunismo como el nazismo fueron una oposición falsa urdida por los banqueros Illuminati. A medida que caminamos dormidos hacia la siguiente guerra mundial, recordemos que la gente que emite nuestro dinero está detrás de todas las guerras y controlan los dos lados.

DEUTSCHE BANK, VON STAUSS Y ROTHSCHILD

El Deutsche Bank ayudó a crear a Hitler porque significaba beneficios bélicos. (Directores de sucursales y ejecutivos pertenecían al partido nazi). Durante la Segunda Guerra Mundial, el Deutsche Bank obtuvo beneficios cuando se adueñó de los bancos e industrias de las naciones ocupadas, "negocios arianizados de propiedad judía, y cuentas bancarias judías. (Véase por Harold James, **The Deutsche Bank and the Nazi Economic War Against the Jews**, 2001).

Antes de llegar a ser presidente del banco, Von Stauss fue director general de Steaua Romana, una empresa petrolífera rumana propiedad del banco. Fue director gerente de la Unión Petrolera Europea (EPU), un cártel petrolero. La EPU era "una asociación internacional de industriales cuyo objetivo era lograr el máximo beneficio de sus productos."

La EPU representaba los intereses de Rothschild, Nobel y del Deutsche Bank. Los dos últimos probablemente incluían los intereses de Rothschild.

Después de la toma del poder por los nazis, Von Stauss coordinó la propaganda de la guerra en las empresas mayores alemanas tales como la Daimler Benz y BMW que estaban conectadas al Deutsche Bank.

Hay un libro que lo describe como "un carácter enigmático de los períodos de Weimar y del nacionalsocialismo, no obstante alguien al que rara vez se le ha dado la atención que se merece en los estudios históricos." Aunque fue un partidario importante, nunca llegó a ser miembro del Partido Nazi y "siempre mantuvo buenas relaciones con figuras importantes de la economía que eran judíos, tales como su colega Oscar Wassemann del Deutsche Bank." (David Bankier ed. **Probing the Depth of German Anti-Semitism**, 2000, págs. 256-257).

Sin embargo fue una pieza decisiva para arianizar los bienes judíos, incluidos los de aquéllos que hacía tiempo que se habían convertido y casado con no judíos. Sencillamente, había judíos de dentro y judíos de fuera, es decir, Illuminati y no Illuminati.

POR QUÉ LOS BANQUEROS CREAN GUERRAS

La guerra es el epicentro del plan a largo plazo de los banqueros para diezmar, degradar y esclavizar a la humanidad, lo cual es necesario para proteger su fraudulento monopolio mundial de nuestro crédito. Esta lógica explica el verdadero significado de la "revolución" y por qué ellos consideran "revolucionaria" la guerra.

A la humanidad se le ponen obstáculos porque una pequeña camarilla usurpó el control de la fabricación del dinero. Esto comenzó cuando los comerciantes de dinero se dieron cuenta de que podían emitir recibos por un oro del que no disponían. Se hicieron banqueros que creían que también podrían extender más préstamos que dinero tenían mediante un sencillo asiento de contabilidad.

Usaron esta gallina de los huevos de oro para asumir el control de la riqueza del mundo y pusieron a sus cómplices a cargo del gobierno, los media y la educación. Lo organizaron para que nuestros gobiernos nacionales garantizasen el papel que ellos imprimen.

La guerra nos distrae de este estado de cosas, degrada, brutaliza e incrementa la deuda y los beneficios. (Los banqueros naturalmente tienen confianza en la deuda del gobierno). A los banqueros centrales también les encanta el socialismo. Compran a la gente con su propio dinero y los esclavizan a la vez.

Woodrow Wilson fue un peón de este "poder económico". Pero para salvar su alma, dijo que los industriales americanos tienen miedo de un "poder que se halla en alguna parte, tan organizado, tan sutil, tan vigilante, tan entretejido, tan completo, tan omnipresente" que no se atrevían a hablar más que entre dientes.

Finalmente Wilson identificó este poder:

"El gran monopolio de este país es el monopolio de los grandes créditos. Una gran nación industrial está controlada por su sistema de créditos. El crecimiento de la nación, por tanto, y de todas nuestras actividades, está en las manos de unos cuantos hombres que enfrían, controlan y destruyen la verdadera libertad económica." (Robertson, Human Ecology, pág. 166)

CONCLUSIÓN

La guerra, incluso la "guerra al terror", está ideada para crear un estado policial mundial que proteja el monopolio banquero central del poder y la riqueza. En realidad no importa quién es elegido. Todos trabajan para los banqueros centrales.

A los masones, bilderbergers, jesuitas y sionistas les confieren sus poderes los banqueros. La humanidad nunca saldrá adelante hasta que los banqueros entreguen su poder de crear dinero usando nuestro crédito. Entretanto, nuestras vidas las conforman una serie de estafas fantásticas, de las cuales la guerra no es la de menor importancia.

¿Dirigía Bormann a Hitler para los Illuminati?

El segundo hombre más poderoso de la Alemania nazi, Martin Bormann, fue un agente soviético (es decir, Illuminati) que garantizó la destrucción tanto del judaísmo alemán como del europeo.

De este modo, realizó dos de los objetivos principales de los Illuminati: integrar a Alemania en un gobierno mundial, aniquilando sus pretensiones nacionales, culturales y raciales, y establecer a Israel como la capital mundial de los banqueros masones amenazando a los judíos con su exterminio.

Los Illuminati son una alianza flexible entre la finanza judía y la aristocracia de Gran Bretaña/América/Europa unida por el matrimonio, el dinero y la creencia en lo oculto (francmasonería). Winston Churchill, un francmasón cuya madre era judía, encaja con esta descripción.

Son dueños de grandes cárteles entrelazados (banqueros, petroleros, farmacéuticos, bélicos, químicos, mineros, mediáticos, etc). y controlan a la sociedad y a los gobiernos a través de grandes empresas y grupos profesionales, los media, la educación, las sociedades secretas, los think tanks, las fundaciones y las agencias de inteligencia. Su meta es "absorber la riqueza del mundo" (en palabras de Cecil Rhodes) y controlar a sus ciudadanos mediante el uso de la propaganda, la "educación" y la ingeniería social.

Naciones (Gran Bretaña, EE.UU., Israel), movimientos (sionismo, socialismo, nazismo, comunismo) y los pueblos (americanos, alemanes, judíos) son los peones para sacrificar a su esquema megalómano y demente de la dictadura mundial. La carrera de Bormann ilustra cómo orquestaron las guerras para ejecutar su objetivo de largo plazo.

Martin Bormann (1900-¿?) fue el organizador, tesorero y el pagador del Partido Nazi y controlaba su potente maquinaria. Era el contacto con los banqueros e industriales Illuminati que financiaban al Partido Nazi y que donaron millones a Hitler. Como segundo Führer y secretario de Hitler, Bormann firmaba los cheques de Hitler y manejaba sus cuentas. Él determinaba a quién y qué veía Hitler, actuando en su nombre.

Goering dijo que "Bormann permanecía junto a Hitler día y noche, y poco a poco lo atrajo tanto bajo su voluntad que dirigía la existencia entera de Hitler". (**Martin Bormann**, de James McGovern, pág. 160) Hitler convirtió a Bormann en el ejecutor de su voluntad. Bormann, no Hitler, era el dueño de Berghof. "Todo el complejo del Bersalzberg, consistente en ochenta y siete edificios y que valía más un millón y medio de marcos, estaba registrado legalmente a nombre de Bormann. (McGovern, pág. 128)

En 1972 el general Reinhard Gehlen (jefe de la inteligencia soviética de la Wehrmacht) reveló que Bormann había sido un espía soviético, una opinión compartida por muchos generales y altos oficiales nazis incluido Gottlob Berger, teniente general de las SS que conocía bien a Bormann. "Bormann fue el que más daño hizo," testificó Berger en Nüremberg. (McGovern, 181)

Las implicaciones son asombrosas. Recuérdese lo que decía Winston Churchill. "Esta guerra no es contra Hitler ni el Nacional-Socialismo sino contra la fuerza del pueblo alemán, que ha de ser machacada de una vez para siempre, sin que importe si está en las manos de Hitler o en la de un sacerdote jesuita". (Emrys Hughes, Winston Churchill, His Career in War and Peace, pági. 145)

El Partido Nazi se creó y la Segunda Guerra Mundial se organizó con el fin de conducir al pueblo alemán a una trampa diabólica, después de comprometerlo moral y fatalmente. En **The Bormann Brotherhood** (1972) William Stevenson dice que Bormann "daba la mínima prioridad al destino de Alemania. En lugar de ello se centraba en un futuro basado en la filosofía nazi, financiada por el botín nazi, apoyada por una hermandad personalmente leal ..."(62) ¿Son éstos los Illuminati?

BORMANN

No es probable que Bormann pereciera en el Berlín destrozado por la guerra como a los Illuminati les gustaría hacernos creer. Un hombre que preparó cuidadosamente la supervivencia del Reich creando 750 grandes empresas en países neutrales habría previsto su propia escapatoria. Ha habido informes que decían que los rusos rescataron a Bormann y lo condujeron a Moscú. Otros informes lo situaban en Sudamérica. El hijo mayor de Adolph Eichmann, Horst aseguraba que mantuvo muchas conversaciones con él en Argentina. (McGovern, pág. 194)

Resulta obvio que Bormann trabajó tanto para los soviéticos como para los nazis, es decir, que trabajó para los Illuminati. El doble ganador del Premio Pulitzer, Louis Kilzer, argumenta en su libro **Hitler's Traitor** (2000) que Bormann fue un espía "soviético". Tras examinar el tráfico de cables entre el espía conocido como "Werther" y Moscú y llegó a la conclusión de que solamente Bormann tenía acceso a esta información. Bormann le dijo a Hitler que quería dejar testimonio para la posteridad y dispuso de estenógrafos que transcribieron las conferencias bélicas de Hitler.

Los soviéticos podían hacer preguntas muy detalladas de las defensas e intenciones de los nazis. El resultado fue la derrota decisiva de los nazis en Stalingrado y en Kursk. "Bormann había sido tan útil para Rusia como cincuenta divisiones del ejército rojo," escribe Kilzer. (61)

"Su importancia para Stalin comenzó pronto. En 1941 cuando Alemania podía haber usado a millones de nacionalistas ucranianos para derrotar al régimen soviético, Bormann decidió que ellos sólo se merecían "la esclavitud y la despoblación... Enfrentados al genocidio por parte de los alemanes o la dominación política por parte de los soviéticos, los ucranianos eligieron vivir y de este modo echaron a perder las esperanzas alemanas de una conquista sencilla".(261)

Bormann usó la derrota de los nazis en Stalingrado como excusa para empezar el exterminio de los judíos, la segunda meta de los Illuminati. En palabras del fiscal de Nüremberg, Bormann fue "el impulsor del programa de hambruna, degradación, expolio y exterminio". Protegió a Hitler de los detalles macabros, prohibiendo a Himmler que hablase del tema con Hitler y encubriendo los informes. (261)

"La actuación de Bormann con los ucranianos y los judíos fue sólo parte de su efecto devastador sobre el Tercer Reich," escribe Kilzer. Él bloqueó el intento de Albert Speer de mover la economía hacia un nivel de "guerra total" hasta que fue demasiado tarde. "La influencia de Bormann", concluyó Speer, "fue un desastre nacional". (263)

Kilzer entra en grandes detalles sobre los contactos de Bormann con el sistema de espionaje soviético, ofreciendo detalles de muchos de sus responsables. Incluso una de las amantes de Bormann, Marie Rubach Spagenberg, tuvo una participación activa en la clandestinidad comunista alemana. (264)

Bormann animaba a Hitler a que no tuviese en cuenta la amenaza de un cerco en Stalingrado. La decisión de Hitler "se apartó completamente de los principios de la estrategia y las operaciones," anotó el general Halder en su diario. (McGovern, 82)

Bormann se ganó toda la lealtad de Hitler al fingir que era su instrumento despiadadamente eficaz. Cuando se criticaba a Bormann, Hitler respondía "¡Todo el mundo me ha fallado salvo Bormann…todo el que esté en contra de Bormann está contra el estado! Los fusilaré a todos…"(McGovern, 101) Y "Las propuestas de Bormann están tan perfectamente formuladas que sólo necesito decir sí o no…" (98)

La pregunta subyace: "Fue el propio Hitler un traidor?" ¿Servía también a los Illuminati? Kilzer señala que Hitler fue sorprendentemente indulgente para discrepar con la gente común y cultivaba una "cultura de la traición". (Kilzer, 6) ¿Estuvo Hitler al corriente del papel de Bormann y le seguía el juego? Sigo buscando la respuesta.

CONCLUSIÓN

William Stevenson ofrece una conclusión que no está mal: "Bormann representaba el poder secreto; y en nuestra pobre condición humana, sospechamos que las trampas de la democracia son más una camuflaje peligroso…que el verdadero poder empieza donde empieza el secreto. Martin Bormann…poseía ese poder secreto…hasta tal punto que pudo escapar de la horca". (9)

La lección de esta narración es que la "noticia" sostiene el "camuflaje de la democracia". No prestemos mucha atención ni gastemos nuestra energía. La historia es una comedia. Los Illuminati controlan a todos los políticos con alguna posibilidad. Controlan los mass media.

El libro de Kilzer lo publicó un pequeño editor de Navato, California. Esto muestra que los grandes editores de Nueva York controlados por los banqueros quieren mantener el secreto de Bormann tanto como cualquier nazi.

Vivimos en un mundo en el que la elite dominante se ha organizado en una sociedad secreta siniestra para conspirar contra la humanidad. Están creando un "Nuevo orden Mundial" que simboliza la piedra de remate de la pirámide que hay en el Gran Sello de los EE.UU. Sus símbolos están por todas partes pero no se nos permite protestar. El éxito depende de nuestra disposición para traicionar a nuestros compatriotas, nuestra nación y nuestra civilización y a permitir que este poder maligno crezca en medio de nosotros.

Martin Bormann Fue un Agente de Rothschild. Prueba Irrefutable.

El segundo hombre más poderoso de la Alemania nazi, Martin Bormann, fue un agente del "soviet" (es decir, Illuminati británico) que se encargó de la destrucción tanto de Alemania como del judaísmo europeo.

Por consiguiente puso en práctica dos de los objetivos principales de los Illuminati: integrar a Alemania en un gobierno mundial mediante la aniquilación de sus pretensiones nacionales, culturales y raciales y establecer Israel como la capital mundial de los banqueros masones amenazando a los judíos europeos con su extinción.

Cuando por vez primera planteé este caso en junio de 2007, un lector sugirió que leyera el libro **OPJB** (1996). El lugarteniente John Ainsworth-Davis cuenta cómo él y Ian Fleming dirigieron un equipo de 150 hombres que rescataron a Martin Bormann de un Berlín desgarrado por la guerra el 1 de mayo de 1945 utilizando kayaks de río. Según este libro, Bormann vivió bajo una identidad falsa en Inglaterra hasta 1956 antes de morir en Paraguay en 1959.

El título del libro reemplaza a *Operation James Bond*. Ian Fleming tomó el nombre del autor de **A field Guide to the Birds of the West Indies** para el rescate de Bormann y más tarde se lo dio al héroe de su serie de espías modelado según Ainsworth-Davis, que ahora usa el nombre Christopher Creighton.

Según Creighton, Martin Bomann estaba personalmente en una sala privada de visitantes durante el juicio de Nüremberg cuando lo condenaron a muerte en ausencia. (pág. 243)

El velo con que se tapó este asunto fue que Bormann ayudaría a que los aliados recuperaran el botín nazi de la guerra y lo devolviesen a sus legítimos dueños. Si uno se cree eso, es que se lo puede creer todo... Bormann fue un agente británico Illuminati desde hacía mucho tiempo y fue el responsable en gran medida de la derrota nazi. De hecho, la Segunda Guerra Mundial fue un fraude monstruoso a los alemanes, a los judíos y a la raza humana. El botín terminó en manos de los Illuminati.

El VERDADERO "JAMES BOND" ERA UN ASESINO ILLUMINATI EN MASA

El verdadero James Bond ayudó a matar a miles de personas, la mayoría aliados británicos. Estaba obsesionado con los fantasmas de "personas inocentes y completamente leales que habían quedado atrapadas en nuestras operaciones..."

Él simplemente "seguía órdenes" que no tenían ningún sentido desde un punto de vista patriótico. "Nosotros no actuábamos por patriotismo ni elevados principios morales. No hacíamos esto por Inglaterra ni por el Tío Sam. Como de costumbre, hacíamos lo que nos habían dicho que hiciéramos: cumplíamos órdenes". (170)

Creighton informó a los nazis de la hora y el lugar exactos del ataque de Dieppe de 1941 que costó la vida de 3000 canadienses. Le dijeron que los británicos querían experimentar las defensas nazis. Las verdaderas razones: convencer a Stalin de que era muy pronto para un segundo frente y afianzar la credibilidad de Creighton para cuando llegara la hora de la invasión normanda.

Después les dijo a los alemanes que la invasión se produciría en Normandía. Esta ocasión el traidor fue traicionado. Los nazis fueron informados de que Creighton era un agente británico por lo que, como era natural, asumieron que la información era errónea.

Creighton también habla de la Operation Tiger, abril de 1944, un ejercicio de entrenamiento en Slapton Sands, Dorset, que fue bruscamente interrumpido por ocho torpederos alemanes. El balance fue de 800 soldados norteamericanos ahogados. (El jefe de la Gestapo, Heinrich Muller dijo que a los nazis los informaba detalladamente un espía alemán). El asunto se guardó en secreto para proteger la moral del Día-D. Creighton dice que a los supervivientes los encerraron o los mataron con una mina marina para mantener el secreto. (pág.25) A pesar de que la costa de Dorset se parecía a Normandía, los nazis no llegaron a extraer la conclusión lógica.

A los agentes que se tropezaban con los "verdaderos secretos de la Segunda Guerra Mundial" (es decir, el hecho de que los nazis estaban infiltrados y dirigidos por los "ingleses") los traicionaban a menudo o encontraban la muerte en combate. Esto es lo que le ocurrió a la novia de Creighton, Patricia Falkiner. Morton confesó que Falkiner estaba bajo su tutela: "Él había hecho todo lo posible para mantener alejada a Patricia... fue únicamente en el momento en que ella se tropezó con los secretos más vitales en Bletchley cuando él se vio obligado a utilizarla... (pág.85)

Creighton también se aseguró de que Pearl Harbor, otro ejemplo de la argucia Illuminati, se mantuviera en secreto. El 28 de noviembre de 1941, un submarino holandés, el K-XVII, interceptó a la flota japonesa en ruta a Pearl Harbor y alertó a los cuarteles generales navales de los británicos. Con el fin de mantener la ilusión de que Pearl Harbor fue una sorpresa, destruyeron el submarino y a su tripulación. Creighton "aniquiló a toda la tripulación del navío con dos cilindros diminutos de cianuro que introdujo en la administración de oxígeno y una caja de potentes explosivos bajo la apariencia de wiski... la guerra me había convertido en un malvado y un asesino en masa... (pág. 81)

"SECCIÓN M" (Para Morton), UN PARAÍSO DE PEDÓFILOS

Oficialmente Desmond Morton era un "consejero" de Churchill. De hecho, estaba al cargo de una organización Illuminati de alto secreto que se dedicaba a desarrollar la dictadura del gobierno mundial mediante tejemanejes. La fundó la "Corona", es decir, el Banco de Inglaterra propiedad de los Rothschild. Él sólo daba cuentas a Churchill quien, por supuesto, sólo daba cuentas a Victor Rothschild. El director del

Banco de Inglaterra, Montagu Norman, le encomendó a Ian Fleming la inteligencia naval. (Fleming tenía quince años más que Creighton).

La "SECCIÓN M" tenía los recursos de la Royal Navy y los Marines a su disposición y fue la encargada de rescatar a Martin Bormann y posiblemente también a Hitler. (Véase después).

Morton nunca se casó y hay rumores de que él y Churchill mantuvieron una relación homosexual. Él acusó a Churchill de que tenía sentimientos homosexuales hacia FDR. (**Winston Churchill,** por Chris Wrigley, pág. 268)

A los mejores agentes y comandos como Creighton los elegían de entre hombres y mujeres en torno a los veinte años y que eran conocidos personalmente por los Illuminati. Creighton sólo tenía 21 años en 1945. Con frecuencia los jóvenes eran huérfanos o los separaban de sus padres. Por ejemplo, los padres de Creighton estaban divorciados pero Louis Mountbatten y Desmond Morton eran amigos de la familia. Morton tomó a Greighton bajo su tutela y se convirtió en su "tío". En momentos de crisis: "lo abrazaba como tantas veces lo había abrazado en el pasado". (85)

Creighton habla de su servicio en la Sección M en términos siniestros: "años horribles de traición y horror a los que se me había obligado".(78) Habla de la "influencia tipo Svengali y el control que Morton había ejercido sobre mí desde mi más temprana niñez".

A los quince años Creighton tuvo la aparición de un "ángel negro" que lo poseyó como un "ángel de la muerte".

"Me desperté en medio de la noche, empapado de sudor y allí estaba él, firme a los pies de mi cama…Yo no podía moverme. Con un sentimiento de degradación y de terror absolutos me di cuenta de que era incapaz de dejar que me poseyera…como haría tantas veces en las semanas, meses y años que siguieron". ¿No suena como si Creighton hubiera sido la víctima de un pedófilo?

Probablemente ese ángel negro fue Morton. Creighton continúa: "Mirando atrás, veo cómo estuve en las garras de Morton durante casi toda la guerra. Desde 1940 hasta 1945 fui su marioneta, manipulado por él y ejecutando sus órdenes". (18) La prueba de resistencia final para "los chicos y las chicas eran doce golpes de vara que daba un sargento de los comandos de la marina en el culo desnudo ante la clase". (69)

Es posible que como algunos agentes del MI-5 y del MI-6 actual, algunos agentes de la Sección M hayan sido esclavos sexuales con las mentes controladas. Greg Hallett tiene una explicación ocultista distinta.

PEONES EN SU JUEGO

El MO de Morton era "el engaño y la doble negociación", dice Creighton. Resulta sorprendente que esté vivo para contar la historia. Tal vez sea porque aceptó la explicación de que a Bormann lo salvaron para devolver el botín de los nazis a sus legítimos propietarios.

Como Creighton, nosotros somos peones en su juego. Por ejemplo, Otto Gunther, el doble de Bormann, fue un prisionero de guerra al que encontraron en Canadá. Los expedientes de Bormann se cambiaron para que encajaran con Gunther para que cuando apareciera su cadáver la gente creyera que se trataba del segundo de Hitler.

Los comandos que acompañaron a Bormann en su fuga no tenían idea de su identidad. Muchos fueron "luchadores por la libertad" judíos. ¡Qué ironía!

Las grandes naciones, Inglaterra, Estados Unidos, Alemania, Francia son todas peones de los Illuminati. ¿De qué sirve la democracia cuando la Orden de los Illuminati es dueña de los políticos y controla la información?

Pensemos en los millones que perecieron en la Segunda Guerra Mundial, todo para destruir y degradar a la humanidad con el fin de que los Illuminati endogámicos puedan poseer y controlar el mundo entero. Siguen ocupados en dividirnos a los unos contra los otros de manera que nunca podamos unirnos contra ellos.

Hitler y Bormann Fueron unos Traidores

En el pasado presenté pruebas de que Martin Bormann, el hombre que firmaba los cheques de Hitler, pertenecía a los soviets, es decir, era un agente Illuminati pero que yo no estaba seguro de si Hitler estaba engañado por Bormann o si fue también un traidor consciente.

El testimonio del general Reinhard Gehlen, jefe de la inteligencia alemana que trabajaba para Rusia sugiere que lo segundo es cierto.

En sus memorias, **The Service** (World Pub. 1972), Gehlen dice que él y el almirante Canaris, jefe de la *Abwehr*, sospechaban que había un traidor en el mando supremo alemán. Los dos habían observado que los soviéticos estaban recibiendo "información rápida y detalladamente...sobre decisiones de alto nivel".

Ambos sospecharon de Martin Borman, el segundo del Führer y del jefe del partido nazi.

"Nuestras sospechas se confirmaron ampliamente cuando, cada uno por separado, descubrimos que Bormann y su grupo operaban con un transmisor de radio sin supervisión y que lo usaban para enviar mensajes codificados a Moscú.

Cuando los monitores de OKW lo comunicaron, Canaris solicitó una investigación; pero el propio Hitler prohibió cualquier tipo de intervención: a él se le había informado previamente acerca de estas Funkspiele o "falsos mensajes de radio"," y que "él los había aprobado".(pág. 71)

A peser del hecho de que información vital continuaba filtrándose, Gehlen y Canaris lo dejaron estar. "Ninguno de los dos se encontraba en posición de lograr que nuestras denuncias del *Reichleiter* tuvieran algún éxito".

En su libro **Hitler's Tratior**, Louis Kilzer calculaba que Bormann valía como cincuenta divisiones para los soviéticos.

Después de la guerra, Gehlen, que dirigió la BND (Agencia de Inteligencia de Alemania Occidental) pudo confirmar la traición de Bormann. "Durante los años 1950, me pasaron dos informes del otro lado del Telón de Acero que decían que Bormann había sido un agente soviético..."

El hecho de que Hitler encubriera a Bormann confirma que también él fue un traidor activo. Ambos sirvieron a los banqueros Illuminati (masones), es decir, al sindicato Rothschild con base en Londres. Los Illuminati también se hallaban detrás de Stalin y del comunismo, por no mencionar a Churchill y a FDR.

Los Illuminati crean la guerra contra la humanidad con el propósito final de una velada dictadura mundial.

Piénsese en el 11-S, "La Ley Patriota", la TSA. Tras el velo de la democracia y la lucha contra el terrorismo, se halla la construcción de un estado policial.

LOS ERRORES INTENCIONADOS DE HITLER

En el invierno de 1941-42, Gehlen y sus generales allegados habían llegado a la conclusión de que la campaña rusa estaba condenada al fracaso "no porque no pudiera ganarse militar o políticamente sino por la interferencia permanente de Hitler que daba lugar a errores elementales que llevaban consigo una derrota inevitable". (98)

Pese a que Hitler había encubierto a Bormann, Gehlen no llegó a la deducción obvia de que los "errores elementales" de Hitler eran intencionados.

En su libro Gehlen detalla algunos de estos errores.

El general Staff quería concentrar los recursos para conquistar Moscú. Hitler insistió en disipar los esfuerzos en tres frentes.

Para reemplazar estas pérdidas, el general Staff quiso reclutar a millones de voluntarios enardecidos que provenían de las filas anticomunistas rusas, ucranianas, lituanas, etc.

"Después de veinte años de injusticia y terror arbitrarios, el restablecimiento de derechos humanos elementales como la dignidad del hombre, la libertad, la justicia y la propiedad unían a todos los habitantes del imperio soviético en una disposición común de apoyo a los alemanes".(81)

La *Wehrmacht* comenzó a construir un régimen nacionalista en torno al carismático desertor ruso el general Vlasov.

Realmente este recurso fue la peor pesadilla de Stalin, según su hijo, que fue prisionero de guerra.

"Lo que mi padre más teme es la aparición de un régimen nacionalista opuesto al suyo. Pero es es un paso que no daréis. "Le dijo Yakov a su interrogador nazi. "Porque nosotros sabemos que vosotros no tenéis la intención de liberar a nuestro país sino de conquistarlo". (80)

Stalin sabía que podía confiar en Hitler, un agente Illuminati amigo, para disimular. Hitler ni siquiera intentó engañar a los eslavos respecto a sus intenciones sombrías y en lugar de darles la bienvenida consiguió su odio implacable.

CONCLUSIÓN

La Segunda Guerra Mundial fue la estafa más atroz de la historia. Un culto de judíos y masones satanistas, financiados por el sindicato Rothschild, es el responsable de la destrucción de más de sesenta millones de vidas.

Hitler demostró con sus acciones que fue un traidor. Lo instalaron los Illuminati para destruir Alemania. Pero, ¿qué podían esperar los alemanes de un vagabundo y prostituto vienés?

El paralelismo con Barack Obama es obvio. Al igual que Hitler, no es un nacido en el país y tiene un sombrío pasado homosexual. Trabaja para los Illuminati. Su cometido es destruir los EE.UU, de manera que también los americanos acepten resignadamente el gobierno mundial.

El ejemplo de Hitler revela las dimensiones inesperadas de la traición. Si no conseguimos aprender las lecciones del pasado, las repetiremos.

Winston Churchill, Illuminati

Después del primer ataque aéreo a Londres, el 7 de septiembre de 1940, que mató a 306 personas, Winston Churchill comentó: "me vitorean como si les hubiera dado la victoria, en vez de [a propósito] haberles bombardeado sus casas hasta hacerlas pedazos."(416)

Churchill está diciendo la verdad. Desconocido para los londinenses, había rechazado la propuesta de Hitler de perdonar los blancos civiles. Antes al contrario, aguijoneó a Hitler para que bombardeara Londres, al bombardear él primeramente Berlín y otros objetivos civiles.

Churchill le dijo a su Air Marshall: "Nunca maltrates a medias a un enemigo" y comunicó a su gabinete que "el bombardeo de objetivos militares, cada vez interpretado de un modo más amplio, parece nuestra mejor opción en el interior por el momento". Churchill impidió que la Cruz Roja contase el número de civiles que habían perecido. (440)

En 1940, Churchill tuvo que desviar los ataques de los campos de aviación de la RAF pero también es cierto que deseaba permitir que el derramamiento de sangre empezara. Un año había transcurrido ya y no había logrado gran cosa. La gente se refería al conflicto como a la "guerra de mentira". Hitler estaba haciendo ofertas generosas de paz que muchos ingleses querían aceptar.

Si Gran Bretaña hubiera firmado la paz, el holocausto judío no habría tenido lugar. Churchill describió la Segunda Guerra Mundial como "la guerra más innecesaria de la historia". Pero sirvió a los banqueros de la City que le habían ayudado a recuperarse de sus pérdidas en el mercado y le evitaron que hipotecase su querida finca de Chartwell. Fue un maniaco-depresivo que prosperó con la guerra y que se preocupó muy poco por la gente de a pie.

Cuando hacía el signo de la "V" la gente creía que intentaba inspirarles. En realidad estaba mostrando su verdadera obediencia a Lucifer. El signo de la "V" es un símbolo ocultista para la cruz "rota" o del revés.

Soy consciente de que ésta no es la historia edulcorada a las que nos tienen acostumbrados. Lo que llamamos "historia" es en su mayor parte propaganda, en otras palabras, una tapadera.

Mi fuente para lo aquí relatado es **Churchill's War** de David Irving (Avon Books, 1987) que rompe con la adulación (de Churchill) tan característica de los relatos de la Segunda Guerra Mundial.

Churchill tuvo un papel clave en el estallido de la Segunda Guerra Mundial. Esto fue un gran paso de un programa a largo plazo para esclavizar a la humanidad con una dictadura mundial bajo los Illuminati (el monopolio del capital con sede en Londres).

QUIÉN FUE WINSTON CHURCHILL

El hecho esencial de Winston Churchill es que su abuelo materno fue Leonard Jerome (anteriormente Jacobson, 1818-1891), un especulador y socio de negocios de August Belmont (nacido Schoenberg 1813-1890) que fue uno de los principales representantes de Rothschild en América.

El matrimonio de Jennie Jerome con Randolph Churchill, segundo hijo del Duque de Marlborough, parece que fue de conveniencia, cosa muy típica entre las hijas de los financieros judíos y los despilfarradores aristócratas británicos.

Aparentemente, las objeciones iniciales de los Marlborough fueron acalladas por una dote de 50,000 libras, equivalente a cinco millones de dólares actuales. Aun así, no asistieron a la boda que tuvo lugar en Abril de 1874 y la duquesa se refirió al joven Winston, nacido siete meses más tarde, como un "advenedizo".

Los biógrafos tienden a describir a Churchill como "no muy inglés" y a utilizar estereotipos judíos. Del nacimiento "prematuro" de Churchill, William Manchester dice: "Nunca supo esperar su turno". (**The Last Lion,** pág.108).

Beatrice Webbe recordaba que se sentó junto a él durante una cena: "Las primeras impresiones: agitado, tan egoísta que era casi insoportable, engreído, estrecho de miras y reaccionario pero con un cierto magnetismo...Tenía más de especulador americano que de aristócrata inglés. Hablaba exclusivamente de sí mismo y de sus planes para las elecciones..." (John Pearson, **The Private Lives of Winston Churchill**, pág.114).

La "determinación", cualidad de Churchill, se atribuye al hecho de que sus padres lo ignoraron y le enseñaron a ganarse el cariño mediante el éxito. Winston se convirtió en un autor exitoso a los 24 años y en ministro a los 33. Su ascensión tuvo mucho que ver con las conexiones de su madre en el Sindicato Rothschild, que incluían al poderoso banquero Ernest Cassell. (Churchill también intentaba limpiar el nombre de su padre, cuya carrera y vida política las truncó la sífilis)

En 1930 los amigos banqueros de Churchill lo convirtieron en la cabeza visible de su lobby, The Focus Group, guiado por el presidente sionista de Bristish Shell, Sir Robert Waley-Cohen. Churchill se convirtió en el principal oponente de la "política del apaciguamiento" y, más tarde, en la principal barrera para firmar la paz con Hitler.

En 1936, el Primer Ministro Stanley Baldwin le dijo a una delegación de Churchill: "si tiene que haber alguna lucha en Europa, prefiero que sea entre bolcheviques y nazis". Pero no era esta política lo que los Illuminati tenían en mente.

Según el documento de la **Sinfonía en Rojo**, los Illuminati crearon a Hitler para controlar a Stalin y empezar una guerra. Pero parece que Hitler escapó al control de los banqueros al imprimir su propio dinero. Esto era una amenaza importante para la "Revolución" (es decir, el control del mundo por los Illuminati).

"El crimen imperdonable de Alemania antes de la guerra," dijo Churchill, "fue su intento de liberar su sistema económico del sistema de comercio mundial y crear sus propios mecanismos de cambio, lo cual privaba al mundo financiero de beneficios". (Churchill a Lord Robert Boothby, citado en el prefacio de la 2ª edición de libro de Sidnay Rogerson, **Propagand in the Next War**, 2001, orig. 1938).

PREGUNTAS SIN RESPUESTA

Hitler no tenía ninguna intención de enfrentarse a Gran Bretaña. Veía a los británicos como hermanos raciales y temía una guerra de dos frentes. Hizo muchas propuestas de paz, prometiendo defender al Imperio Británico a cambio de que le dejaran vía libre en Europa donde prometía una autonomía nacional considerable (por ejemplo la Francia de Vichy). Envió a su segundo, Rudolph Hess, a Gran Bretaña para pedir la paz en mayo de 1941. Churchill lo encarceló.

Después de invadir Rusia en junio de 1941, la política de Hitler contra los judíos pasó de la expulsión al exterminio. Veía el comunismo judío como un fenómeno judío. Poco a poco, Alemania se vió involucrada en una lucha de muerte genocida.

Esto no habría sucedido si Gran Bretaña hubiera aceptado la paz o una rendición con condiciones. Pero abandonar Rusia nunca formó parte del plan. FDR pronunció la famosa frase de que nada pasa en política por accidente. Todo está planeado.

Las motivaciones de los Illuminati en la Segunda Guerra Mundial fueron económicas, políticas y ocultas: enriquecerse ellos mismos mientras destruían los estados nacionales europeos (incluida Gran Bretaña) y sacrificaban millones de vidas a su dios Satán.

El holocausto judío también fue parte de su plan para justificar la creación de un estado masónico "judío".

Bernard Wasserstein escribe, "Durante los primeros dos años de la guerra, cuando las autoridades alemanas redoblaron sus esfuerzos para garantizar el éxodo judío del Reich y los territorios ocupados por los nazis, fue el Gobierno Británico el que tomó el mando en el bloqueo de las vías de escape de Europa, actuando así contra los judíos". (**Britain and the Jews of Europe**, 1939-1945, pág.345)

El valor de la historia es recordar que nada es lo que parece. Todo esta siendo orquestado de acuerdo con un plan que tiene siglos de antigüedad. Mientras los últimos rayos del crepúsculo de la era cristiana se desvanecen, la oscuridad y la incertidumbre se extienden sobre la Tierra.

Lester Pearson, Herramienta Illuminati

"La traición nunca prospera: ¿cuál es la razón? Pues que si prospera, nadie se atreve a llamarla traición".

A nadie le gusta traer malas noticias ni molestar a los conciudadanos cuando duermen profundamente.

Así, con gran pesar, informó que Lester Pearson (primer ministro canadiense entre 1963 y 1968) proporcionaba información confidencial a la inteligencia militar rusa (GRU) mientras servía en Washington DC entre 1942 y 1946, en su condición de embajador canadiense.

Desgraciadamente éste no es un caso aislado. La traición es la política secreta de la elite gobernante en Occidente. Consciente o inconscientemente sirven al plan Illuminati del "gobierno mundial", un estado policial orwelliano que se llama Nuevo Orden Mundial.

Los Illuminati son una secta secreta luciferina que representa el grado más alto de la francmasonería con miembros en posiciones clave por todo el mundo. Los Illuminati controlan el monopolio central banquero, (el Banco de Inglaterra, la Federal Reserve) y una vasta red de cárteles entretejidos (Especialmente de los media, las farmacéuticas, la defensa, la química, la alimentación, los minerales y el petróleo).

El Iluminismo cree que el hombre (es decir, ellos) definirá la realidad en lugar de Dios o la naturaleza. Por tanto tiene problemas con conceptos tales como la verdad objetiva o la moral.

El comunismo fue establecido por los Illuminati para minar las bases de la civilización occidental (religión, raza, nación y familia) al tiempo que fingían construir un mundo mejor basado en la igualdad y la justicia social. Engañaron a millones de personas, tanto a oportunistas como a auténticos idealistas.

El "internacionalismo" introducido por Lester Pearson en la ONU (ganando así el Premio Nobel en 1957) es sólo un disfraz de esta tiranía ocultista de los súper ricos. Los acontecimientos recientes (el 11 de septiembre, la "Guerra al Terrorismo" contra Irak y el Acto de Represión Patriótico) deben contemplarse desde la perspectiva de este plan grotesco.

ELIZABETH BENTLEY

En agosto de 1951, Elizabeth Bentley, antigua experta espía de la GRU (Inteligencia

Militar Rusa), testificó que Lester "Mike" Pearson era su fuente principal. Éste transmitía información confidencial a Hazen Sise, agente soviético bajo su control que trabajaba para el National Film Board of Canada.

Bentley le contó a la Comisión McCarran del Senado Norteamericano lo siguiente: "Por lo que me dijo Hazen entiendo que Pearson sabía que Hazen era un comunista que deseaba cooperar. Gracias a su posición, Pearson asistía a las recepciones americanas, británicas o relacionadas con las políticas británicas, todo lo cual era altamente confidencial".

Pearson fue Secretario de Estado de Asuntos Exteriores de Canadá en 1951 por lo que su testimonio se mantuvo en silencio. Éste se incluye en el Apéndice A (p.186) de No Sense of Evil/Espionage: The Case of Herbert Norman (1986) de James Barros, profesor de Ciencias Políticas de la Universidad de Toronto.

Herbert Norman, embajador canadiense en Egipto, fue un agente de la NKVD y un colega de Pearson al que investigaron en 1957 y que "se suicidó". Pearson era su protector y tapadera.

Pearson se reunió con el inspector de Bentley, Anatoly Gorski ("Gromov") en Wahington en Octubre de 1944. Gorki fue uno de los mejores espías de la KGB, que había espiado a Blunt, Burgess, Maclean y Philby en Inglaterra. Barros especula sobre "lo impensable", que "Pearson fue el máximo topo de Moscú". (169)

En 1957, el Departamento de Estado de los USA celebró una reunión en la cual se discutió sobre si se debía sacar el asunto a la prensa o no. Éste concluyo así: "Pearson es un héroe. Ahora mismo está cooperando al máximo con nuestro gobierno en la defensa de nuestros contratos". (206)

Lester Pearson pudo haber sido reclutado mientras era un becario de Rhodes en la Universidad de Oxford en 1923. De 1935 a 1941 sirvió en la Alta Comisión de Canadá en Londres y se codeó con los líderes de la trama del gobierno mundial. Ayudó a establecer la Organización del Tratado Atlántico Norte (OTAN), y fue el hombre central de la ONU durante la crisis de Suez en 1956.

El Comandante de la Marina canadiense, Guy Carrer, se mezcló con esta camarilla de altos funcionarios de estado en Ottawa en los años 30 y 40. Se reconocían entre ellos a través de señales masónicas y se entregaban a malas prácticas, cada vez peores, como los intercambios de esposas. Alguien le dijo: "Deja de intentar salvar la especie humana. La vasta mayoría no se merece ni el tiempo ni las molestias. La mayoría de ellos estaría mejor bajo un sistema totalitario dictatorial; tendrán lo que el gobierno estime que es bueno para ellos". (**Satan: Prince of This World**, p.101. Véase también su **Pawns in the Game** y **Red Fog over America**).

El testimonio de Elizabeth Bentley fue corroborado por los mensajes descodificados "Venona", entre la embajada soviética y la KGB en Moscú, los cuales "garantizaban a las autoridades americanas su veracidad". (**Venona: Decoding Soviet Espionage in America**, Yale University Press, 1999, p.12).

MACKENZIE KING, GOUZENKO Y LA GUERRA FRIA

Lester Pearson fue el líder del Partido Liberal que dominaba la política canadiense. Estuvo financiado por Mackenzie King, Primer Ministro desde 1921 hasta 1948, (excepto durante 6 años).

J.D. Rockefeller se refirió a Mackenzie King como "mi mejor amigo". King trabajó para Rockefeller desde 1914 a 1918 desarrollando fusiones de empresas y políticas de "reformas sociales" que atrapaban a las masas y contribuían a la concentración de poder. Los Rockefellers, que eran los agentes americanos de los Rothschild, habían controlado el Partido Liberal desde siempre empleando a la familia de Paul Desmarais (Power Corporation, etc).., establecida en Quebec, como intermediaria. El anterior Primer Ministro Paul Martin es un antiguo empleado que está en deuda con Desmarais por haberle vendido Canada Steamship Lines mediante una transacción de favoritismo.

En septiembre de 1945, tres meses antes de que Alizabeth Bentley abandonara la GRU, un empleado de cifrado de la embajada soviética, Igor Gouzenko, desertó en Otawa con material que documentaba el espionaje masivo soviético en Occidente. King ordenó a sus funcionarios que mantuviesen a raya a Gouzenko y a su familia a pesar del grave peligro en el que se hallaban. A la heroica familia la enviaron de oficina en oficina cruzando Otawa con sus documentos incriminadores. A los Gouzenkos les dijeron literalmente que se volvieran a Rusia o que se suicidaran.

¿Por qué? Evidentemente King no quería ofender a la URSS, un valioso aliado en tiempos de guerra. En realidad, King, famoso por ser inescrutable, temía que Gouzenko revelara que la elite gobernante de Occidente estaba infestada de agentes soviéticos (es decir, Illuminati) como Lester Pearson y él mismo.

Parece ser que Gouzenko se salvó porque los Illuminati rápidamente idearon una forma de usarlo. Un espía superior, "el hombre al que llamaban intrépido" el canadiense William Stephenson, jefe de las operaciones especiales ejecutivas británica salió repentinamente de Nueva York y tomó a Gouzenko bajo su custodia.

Utilizó las revelaciones de Gouzenko para impulsar la falsa "guerra fría". La noticia de que la URSS tenía espías por todas partes y de que estaba robando secretos militares nucleares produjo un pánico general que transformó la opinión que el público tenía sobre la URSS de benigna en hostil de un día para otro. (Véase **Intrepid's Last Case**, de William Stevenson, pág. 214)

La trampa consistía en crear el miedo suficiente que justificase la guerra fría sin mostrar a las figuras más altas de la conspiración de la elite tanto de Canadá como de otros países. Sacrificaron a figuras menores como al científico nuclear Allan Nunn May, al que detuvieron por espionaje y encarcelaron durante seis años. Entretanto Lester Pearson y su camarilla de altos cargos de la elite traidora salieron indemnes.

Mientras tanto, a Gouzenko lo mantenían en una especie de limbo; las grabaciones de sus interrogatorios desaparecieron y el volumen de **Mackenzie King's Diary** relativo al caso desapareció de los archivos nacionales. A Gouzenko lo calumniaron, como es habitual, tanto los liberales como los izquierdistas.

A propósito, según **Spycatcher** de Peter Wright, el adjunto de Stephenson, Von Petrov era un agente soviético, pero entonces, ¿quién no trabajaba para los Illuminati? (327)

LOS ESTADOS UNIDOS

Lo mismo pasó en los EE.UU. cuando el agente soviético Whittaker Chambers desertó en 1938. En 1939 se vió con Adolph Berle, ayudante al cargo de la seguridad interior de FDR y señaló a decenas de espías soviéticos en puestos clave, incluyendo a Harry Dexter White, que más tarde llegó a ser subsecretario de hacienda. No hicieron nada.

En 1948, para avivar las llamas de la guerra fría dejaron que las acusaciones de Camber contra Alger Hiss pasasen a primer plano. Hiss era un agente soviético y un funcionario del departamento de estado que aconsejó a FDR en la conferencia de Yalta. También redactó la Carta de Naciones Unidas y trabajó como su primer secretario general en 1945. Cuando comenzaron a circular los rumores sobre él dimitió para convertirse en presidente de la fundación *Carnegie Endowment for World Peace* de Rockefeller.

Siguiendo la disciplina comunista, Hiss fingió ser un inocente ultrajado y acusó a Chambers y a sus seguidores de estar dirigiendo una "caza de brujas". Demandó a Chambers por libelo, y una destacada personalidad del establishment del Este vino en su defensa, incluyendo a Felix Franckfurter y Adlai Stevenson.

Desgraciadamente para él, Chambers presentó documentos escritos a mano por el propio Hiss y éste fue a la cárcel durante tres años y ocho meses por un delito relativamente menor de perjurio.

GRAN BRETAÑA

Los británicos se lamentan de los cinco altos cargos y topos de los soviéticos que hubo en sus servicios diplomáticos y de seguridad. Pero tanto la URSS (e Israel) fueron una creación de la francmasonería británica. En otras palabras, la elite británica está en el centro de esta conspiración del gobierno mundial, que en realidad es sólo imperialismo británico reenvasado. Por el amor de Dios, el quinto "topo", Anthony Blunt, era el especialista de arte personal de la Reina cuando lo descubrieron en 1979.

En 1945 hubo otra crisis cuando Konstantin Volkow, el jefe de la NKVD de Estambul, que espiaba bajo el disfraz de vicepresidente hizo indagaciones sobre la deserción. Él había estado trabajando en el centro de Moscú y tenía información de 300 agentes incluyendo a dos espías en el British Foreign Office y a otro que "dirigía una organización de contraespionaje en Londres". (William Stevenson, **Intrepid's Last Case**, pág. 187-188)

No sé cuántos directores de contraespionaje tienen en Londres, pero el jefe del MI-5, sir Stewart Menzies, dio instrucciones a su director de contraespionaje, Kim Philby, para que "cuidara" del asunto. Lo hizo. A Volkov y a su esposa los sedaron profundamente y se los llevaron a Moscú para torturarlos y ejecutarlos. Philby se retiró más adelante en Moscú con una pensión de general de la KGB. De manera parecida, Guy Burgess, Monald Maclean y los otros "topos" más conocidos del centro del British Foreign Service se retiraron finalmente a unas *dachas* en Rusia.La BBC continúa describiéndoles como idealistas y héroes solitarios.

Al científico nuclear británico Klaus Fusch que traicionó los secretos de la bomba de hidrógeno para Moscú lo condenaron a catorce años de cárcel. Lo soltaron nueve años después y le dejaron que se fuera a Alemania Oriental donde fue director adjunto de la investigación física nuclear.

CONCLUSIÓN

La verdadera lucha no es entre "izquierda" y "derecha" sino el viejo conflicto entre los súper ricos que quieren monopolizar toda la riqueza y el resto de la humanidad que busca un mínimo para mantener una vida cómoda.

El enemigo no es el capitalismo sino el capitalismo monopolista, no las empresas sino los cárteles que luchan por el monopolio final, el gobierno mundial. El comunismo es un ardid por el que los banqueros adoptaron los instintos colectivos del hombre y utilizaron un idealismo inapropiado para sus fines diabólicos.

El enemigo no es el islam sino una antigua secta satánica que corroe el corazón de la sociedad occidental, con la intención de apartar a la humanidad de su senda natural y sana y de esclavizarla utilizando métodos sofisticados de control social.

Mucho Cuidado: El Pedigrí Fascista del Nuevo Orden Mundial

La elite financiera anglo americana estuvo metida hasta las orejas en el Tercer Reich nazi, un intento inicial de un "Nuevo Orden Mundial". Es un recordatorio de que los Illuminati no son sólo judíos. Incluye tanto a movimientos comunistas judíos y sionistas por una parte como a movimientos arios del fascismo y el nazismo por otra.

El economista Robert Brady definió al estado nazi como "una dictadura del capitalismo monopolista. Su "fascismo" es el de la empresa financiera organizada sobre una base monopolista y con dominio absoluto del poder militar, policial, legal y propagandístico del estado". (Richard Sasuly, **I.G. Farben**, 1947, pág. 128)

La Rusia comunista fue la otra mitad de la dialéctica. Fue también una dictadura del monopolio del capital, esta vez disfrazado de "propiedad pública". Un general nazi que visitaba Rusia en los años 1930 señaló que el comunismo era un "reflejo en el espejo" del nazismo. Ambos eran socialistas. La única diferencia era que mientras uno defendía la raza el otro defendía la clase. En realidad a los dos los creó el cártel banquero central.

Una clave para comprender el Nuevo Orden Mundial es la psicología del cártel. Lo quieren todo. Los cárteles son una conspiración por definición. Su finalidad es engañar al público manteniendo altos los precios. Lo hacen controlando la competencia, los mercados, las materias primas y la nueva tecnología. Por definición son megalómanos, antinacionales y antisociales.

Uno de los primeros cárteles fue la *Standard Oil* de J.D. Rockefeller, que eliminaba a la competencia fijando en secreto los costes del transporte. Aunque decía ser cristiano, Rockefeller es famoso por su frase "la competencia es el único pecado".

El cártel alemán más grande fue el gigante químico, cinematográfico y farmacéutico I.G. Farben. Max Warburg fue director de Farben desde 1910 hasta 1938. Farben produjo el 85% de los explosivos de Alemania en la Segunda Guerra Mundial.

En 1926, Farben y Standard Oil lograron un acuerdo por el que Farben se mantenía fuera del petróleo sintético y a cambio Standard representaba a Farben en los EE.UU. El resultado fue que Standard Oil suministró petróleo a los nazis a pesar de las restricciones de los EE.UU. Proveía un aditivo raro de plomo sin el cual la Luftwaffe no podía volar. Suprimió la producción de goma sintética en los EE.UU., lo que casi les costó la guerra a los aliados.

A cambio, Rockefeller obtuvo un recorte en otros negocios de Farben, lo que incluía a muchas fábricas que empleaban mano de obra esclava procedente de campos de concentración como Auschwitz. (Farben-Rockefeller pagaba a las SS por este trabajo a precios especiales. Ellos pagaban los sueldos de los guardias de las SS). También suministraban el gas venenoso que mataba a los trabajadores cuando su utilidad había concluido.

Esta es la auténtica razón por la que no bombardearon las vías de ferrocarril a Auschwitz. Los bombarderos aliados atacaban a cinco millas de Auschwitz pero las fábricas y los campos de muerte quedaban fuera de los límites. De hecho, la industria alemana se trasladó allí por esta razón. Después de la guerra, la CIA estableció sus cuarteles generales en las instalaciones indemnes de Farben en Frankfurt.

El holocausto fue un negocio muy rentable. A lo largo de los años 30 los bancos de inversión de Wall Street participaron en la "arianización", lo que significó quedarse con las cervecerías, los bancos, las fábricas y los almacenes propiedad de judíos por un 30% de su verdadero valor. El oro dental de las víctimas del holocausto terminaba en sus cámaras acorazadas.

La máquina de guerra nazi estuvo financiada por el Banco de Inglaterra (el cual, por ejemplo, transfirió las reservas de oro checas a los nazis), Wall Street y el botín judío. Lo dulcificó el abogado John Foster Dulles y su gabinete de abogados Sullivan and Cromwell. Más tarde Dulles fue secretario de estado de los EE.UU.

La Alemania nazi fue un paraíso capitalista. Había jornadas semanales de sesenta horas, salarios bajos y ningún sindicato. Los cárteles alemanes empezaron a prepararse para la guerra mucho antes de que financiaran a Hitler. A medida que las naciones caían bajo la bota nazi, ellos absorbían a los antiguos competidores a precios de saldo. "Para las grandes empresas alemanas, la II Guerra Mundial fue una oportunidad de saqueo sin precedente en la historia," escribe Sasuly (pág.114).

Después de la guerra, al banquero de Dillon Read, el general William Draper, lo pusieron a cargo del desmantelamiento de la industria alemana y de su distribución entre los aliados. No es necesario decir que esto no llegó a producirse. Sus cohortes de Wall Street eran dueñas de una gran parte de la misma. Los hombres de negocio nazis continuaron en los puestos de poder. A los criminales de guerra los trasladaron a Sudamérica o se fueron a trabajar para la CIA.

La lista de las empresas de los EE.UU. que tenían el equivalente a ocho mil millones de dólares invertidos en la Alemania nazi incluía a *Standard Oil, General Motors, IBM, Ford, Chase and National City Banks, ITT* y muchas más.

Como resultado, los hombres de "la generación más grande" no supieron que ITT construía los aviones que les bombardeaban. No sabían que Ford y General Motor construían los camiones y carros de combate nazis. No sabían que los rodamientos, cruciales para la guerra, se fabricaban en Filadelfia, aunque eran escasos en los EE.UU. Eso se hizo con conocimiento y permiso del gobierno de los EE.UU. (Para detalles, recomiendo **Trading with the Enemy**, de Charles Highman, 1983; **The Splendid Blond Beat**, de Christopher Simpson, 1993 y **Blowback** , 1988, del mismo autor, son también útiles).

INTERNACIONALISMO

Los convoyes americanos a Inglaterra se reaseguraban en la Alemania nazi. Las compañías de seguros nazis tenían los detalles de las cargas y de las fechas de salida y éstas se las pasaban a la inteligencia nazi.

James Martin relata esta anécdota en su libro **All Honourable Men** (1950). Martin era el jefe de la rama económica de la guerra del departamento de justicia de los EE.UU. y posteriormente de la división económica del gobierno militar de los EE.UU. en Alemania.

En los archivos de las compañías reaseguradoras de Munich, Martin encontró también "paquetes de fotografías, proyectos y descripciones detalladas de todos los avances industriales de los EE.UU, muchos de los cuales se obtuvieron a través de los canales de las aseguradoras. Juntos representaban las estadísticas esenciales de nuestra economía de guerra".(23)

Martin nos cuenta cómo en los años veinte los banqueros de Nueva York como Dillon Read and Company y Brown Brothers Harriman (de la que Prescott Bush fue presidente) ayudaron a consolidar la industria alemana en cárteles gigantes tales como la United Steel Works e I.G. Farben. Menos de cien hombres vinculados a los bancos Deutsche y Dresdner controlaban dos tercios de la industria nazi y financiaban al partido nazi.

"Las películas de la preguerra habían mostrado a los nazis del paso de la oca como los amos absolutos de Alemania," escribe Martin. "Nuestro... cuestionamiento sobre Alfred Krupp y sus managers borró esa impresión. A Adolf Hitler y a su partido nunca se les permitió que se olvidaran de que ellos habían dependido de los industriales para alcanzar el gobierno y que en el futuro podrían ir aún más lejos con la ayuda de los industriales que sin ella". (83)

Los cárteles nazis estaban todos unidos a las grandes empresas americanas como Du Pont, Standard Oil, General Motors, ITT y General Electric. En 1944 Martin descubrió tres mil seiscientos acuerdos entre compañías alemanas y americanas que les negaban materias y patentes esenciales a los EE.UU. en favor de los nazis". (13)

Martin se dio cuenta de que el enemigo no era un poder político sino económico. "Empezamos a resumir nuestro cuadro de un enemigo que podía sobrevivir a una derrota militar porque no necesitaba ni usaba armas militares". (13)

Martin concluye: "Salvo por el resultado militar, el experimento nazi parece que fue un éxito ante los ojos de sus patrocinadores originales. La unidad de las finanzas y el comercio alemanes para respaldar a los nazis tan sólo fue igualada por la precisión con la que el gobierno nazi se movió para apoyar los objetivos e intereses de los financieros e industriales dominantes. Ellos, por su parte, han alentado una lucha tras la guerra para mantener intactas las líneas del sistema nazi". (291)

La guerra fue también un éxito para los socios nazis norteamericanos. Durante los cinco años de la guerra, las sesenta empresas más grandes de los EE.UU. incrementaron sus activos más de dos veces. (296)

Si la elite respaldaba a los nazis, ¿por qué no ganaron los nazis? Como mis lectores saben, creo que al pueblo alemán lo "levantaron" para que perdiera y lo destruyeran y finalmente para que se convirtieran en los eunucos que son hoy. El Partido Nazi fue un pretexto diseñado para seducir y traicionar al pueblo alemán. (Por supuesto, la mayoría de los nazis fueron unos ingenuos). Entre tanto la elite financiera internacional hizo dinero mientras la guerra degradaba y desmoralizaba a la humanidad de modo que aceptara el gobierno mundial de los banqueros. Como todas las guerras, la Segunda Guerra Mundial fue una guerra contra la humanidad por parte de una elite financiera y oculta.

En conclusión, el Nuevo Orden Mundial, y en realidad la historia moderna, son el producto del deseo del cártel banquero central de los Illuminati por traducir su monopolio del crédito a un monopolio de toda la riqueza, la política y la cultura. El objetivo último es arrancar a la humanidad del fin de Dios y entregarla como rehén a Lucifer.

El "Feo" Secreto de la Segunda Guerra Mundial

Josslyn Victor Hay, vigésimo segundo conde de Erroll, (1901-1941) un político colonial de alto rango británico (keniano) que conocía la verdadera causa de la Segunda Guerra Mundial, tenía la suficiente importancia para hacerse oír.

Winston Churchill ordenó al servicio secreto (*Special Operations Executive*) que lo asesinaran. ¿Qué "feo secreto" podría hacer que el gobierno británico se tomase tantas molestias para asesinar a un político colonial británico destacado?

De manera significativa los conspiradores eligieron el nombre en clave "operación de limpieza de Highland" para el asesinato de Erroll. El desalojo brutal de los arrendatarios escoceses de sus granjas a principios de 1800 es un símbolo apropiado de la expropiación de la raza humana por el Nuevo Orden Mundial, que la Segunda Guerra Mundial tanto avanzó.

La versión popular del crimen de Nairobi, Kenya, se describió en la película de 1987 *White Mischief* en la que Charles Dance protagonizaba a Lord Erroll y Greta Scacchi a Diana Broughton.

El cuerpo de Erroll se encontró en la madrugada del 24 de enero de 1941 arrodillado en el hueco del lado del copiloto de su coche con una bala detrás de la oreja, al estilo de una ejecución. Erroll, que tenía cuarenta años, viudo, estaba saliendo con una mujer casada, Diana Broughton, y la había llevado a su casa después de media noche.

La sospecha recayó en el marido de Diana, mucho mayor que ella, sir Henry Broughton al que impugnaron pero quedó absuelto. La película arroja las culpas sobre él y la decadencia de los colonizadores blancos en general.

El asesinato habría quedado sin resolver pero un miembro jubilado del SOE, que informó que padecía una enfermedad terminal, le dio la información a su colega Tony Trafford en un memorando de cien páginas. Tras su fallecimiento, Trafford se lo entegó a un escritor, que casualmente se llamaba Erroll Trzebinski, y que estaba escribiendo **The Life and Death of Lord Erroll; The Truth Behind the Happy Valley Murder**. (2000)

De un metro ochenta y cinco, de rasgos marcadamente nórdicos, Lord Erroll era un líder natural, heredero de un antiguo linaje, organizado e inteligente, un conferenciante excelente con una memoria fotográfica. Miembro de la legislatura colonial keniana, tenía el puesto de secretario militar con importantes funciones militares y de inteligencia.

La "operación de limpieza de Highland" del SOE implicó a más cien personas. En las primeras etapas de la guerra mundial, ¿por qué resultaba tan importante para el gobierno de Churchill silenciar a este hombre?

LA GRAN ARTIMAÑA

Esencialmente Hitler no estaba interesado en una guerra mundial. Su plan era conquistar la URSS en una vaga alianza con Inglaterra. Erroll pertenecía al Clivedend Set una sección poderosa de la elite británica que apoyaba esta alianza.

Los apoyos de Churchill, del Banco de Inglaterra y de la propiedad privada, instalaron a Hitler como forma de amenazar a Stalin, de tener una guerra mundial y de destruir Alemania de una vez. La guerra les permite concentrar el poder y la riqueza en sus manos y masacrar a las elites nacionales que pudieran interferir con el gobierno mundial.

Los banqueros usaron a los sujetos de Cliveden para engañar a Hitler haciéndole pensar que Inglaterra aprobaba sus planes. Como protegidos orgullosos, los nazis distraían a los ingleses y les dieron información de su ascenso militar. A los nazis los ascendieron. Este es el verdadero significado de la "política del apaciguamiento".

El Cliveden Set se dividía en dos grupos, los que eran conscientes de la trampa y los que no. Erroll pertenecía al segundo grupo, el de quienes sinceramente creían que Hitler representaba un baluarte frente al comunismo. Cuando la guerra estalló Erroll cumplió con su deber de patriota. Pero él sabía demasiado. Era consciente de que Hitler y Churchill pertenecían a la misma sociedad secreta oculta homosexual y puede que hablara de ello entre los miembros del MI-5.

En mayo de 1941, tres meses después de la muerte de Erroll, Rudolf Hess, el segundo del Führer, voló hasta Escocia para presentarle a Hamilton una generosa propuesta de paz. Los dos eran homosexuales. Hess fue el amante homosexual de Hitler en la prisión de Landsberg y le ayudó a redactar **Mein Kampf**. Hamilton es posible que tuviera un asunto con Albrecht Haushofer, el hijo de Hitler y el mentor de Hess, Karl Haushofer, que originó el concepto de *lebensraum*. A. Haushofer era parte de la resistencia alemana que confiaba en poder apartar a Hitler y hacer la paz con Inglaterra. (Véase el libro de Kevin Abrams & Scott Lively **The Pink Svastika**, en línea el capítulo *Homo-Occultism*).

Es probable que Hitler fuera creado por una sociedad secreta oculta de fuerte componente homosexual que incluía a las elites británica y nazi. Se llamaba la Sociedad Thule en Alemania y la Orden del Amanecer Dorado en Inglaterra. La *Ordo Templi Orientis* de Aleister Crowley fue el nexo común.

Winston Churchill, druida y homosexual, formaba parte de este ambiente oculto y homosexual. (Fue también amigo de Eduardo VIII, considerado como un simpatizante de los nazis). Pero la rama nazi desconocía la agenda oculta inglesa. A Erroll posiblemente lo silenciaron porque se oponía al comunismo y al NOM. Podía haber desacreditado a Churchill, el esfuerzo británico bélico y posiblemente previno a Hitler.

EL ASESINATO

El 7 de septiembre de 1940, un grupo de altos cargos, incluido Douglas Douglas-Hamilton, decimocuarto duque Hamilton, se reunió en Escocia y decidió terminar con Jocelyn Hay, Lord Erroll. El asunto tenía que ser manejado por el centro del SOE en El Cairo.

Jock y Dian Broughton fueron parte de los activos del MI-5 que entraron en Kenia en noviembre de 1940 para descubrir las intenciones de Erroll e implicarlo en un triángulo amoroso que obscureciese el verdadero propósito de su asesinato. En diciembre, otra pareja de agentes entró en Kenia y la noche del asesinato, fingieron que tenían una avería mecánica. Pidieron que volvieran a llevar a la ciudad a la mujer que disparó a Erroll. Había equipos radio-controlados que seguían a Erroll.

Los contactos del SOE de Trezebinki intentan desviar los hechos sugiriendo que a Erroll lo asesinaron porque los "ex apaciguadores" del establishment, incluyendo al "duque de Hamilton, mandos superiores del gabinete último de Chamberlain, amigos íntimos de Eduardo VIII y el mismo Eduardo" se verían en una situación embarazosa por lo que sabía Erroll." (pág.280)

Un miembro de la organización dijo que Rudolf Hess, Lord Moyne y Erroll tenían conocimiento de un secreto "feo". Los terroristas judíos aparentemente asesinaron a Lord Moyne en 1944 por esta razón. Otros miembros de Cliveden que murieron misteriosa y prematuramente fueron lord Lothian (1940), lord Rothermere (1940), sir Harry Oakes (1943) y el antiguo primer ministro Neville Chamberlain que murió de "cáncer" en noviembre de 1940 justo seis meses después de abandonar el puesto. Hamilton murió convenientemente en combate en 1944. Los dos agente del SOE que ejecutaron a Erroll también murieron convenientemente en combate.

Según este miembro, el "feo secreto" no es "que Churchill hubiera descubierto la conspiración [para hacer la paz con Alemania] ... sino que él había sido parte de ella." Mi corazonada es que Churchill, Hitler, Stalin y FDR formaban parte de la misma sociedad secreta cabalística (los Illuminati) y que lord Erroll sabía que estaban instalando a Hitler. Esta es la razón por la que tenían que silenciar a lord Erroll.

CONCLUSIÓN

El último "feo secreto" es que la URSS fue una creación de la francmasonería británica financiada por el Banco de Inglaterra. Tal vez perdieron el control de Stalin y crearon a Hitler para amenazarlo. Pero Stalin tendría que haber hecho algo terrible para que los británicos se hubieran unido a Hitler. El comunismo ruso era una mitad de su dialéctica hegeliana del NOM. Hoy la vemos bajo la forma de un poder estatal arbitrario, la represión y el adoctrinamiento. El nazismo también fue una prueba para el Nuevo Orden Mundial pero era su plan "B".

La verdadera cuestión es que la historia es un fraude, ideada por los banqueros centrales cabalistas para poner en marcha su tiranía mundial. Apoyan a los pervertidos e inadaptados para crear la guerra y el caos. Por ejemplo, Winston Churchill sufría de depresiones crónicas y prosperó con el caos. Al comienzo de la 1GM confesó: "Todo tiende a la catástrofe y al colapso. Me interesa, anima y hace feliz. ¿No es horrible estar hecho así?"

Estos monstruos son nuestros líderes. Subvertidos por un culto luciferino, la bancarrota moral de la sociedad occidental se enmascara con la prosperidad material, pero no puede durar. Consiguientemente están erigiendo un estado policial mientras la inteligencia y las masas puedan todavía comprarse con su propio dinero.

Sobreviviendo al Nuevo Órden Mundial

[Memorándum para mí]

Esto no trata de almacenar monedas de plata, de comida enlatada ni de conseguir un AK-47.

Esto trata de salvar el alma, no la piel. Trata de la tendencia a obsesionarse con el Nuevo Orden Mundial, a deprimirse y hacerse insoportable.

La situación es deprimente. Una secta satánica controla el crédito del mundo y gobierna mediante una miríada de representantes. Está determinada a destruir la civilización y a institucionalizar un estado policial orwelliano.

Uno se pasa horas todos los días esperando como un adicto nuevos acontecimientos. Uno tiene el rostro pegado al escaparate del mundo.

Uno está "externalizado". Uno no puede entrar en la cocina sin encender la radio. Uno intenta exprimir el sustento del mundo. Pero gran parte de lo que se ingiere es venenoso. Depravación, corrupción, duplicidad y tragedia. (¿Es este el objetivo de los mass media? ¿Desmoralizar y embrutecer?)

La humanidad está en manos de una fuerza diabólica que lucha constantemente por legitimarse con el engaño. Uno no puede vencer a este demonio. Pero uno todavía controla su propia vida. Finalmente, la batalla es por el alma de la humanidad. ¿Por qué no empezar defendiendo la propia alma?

Esto significa erigir un muro entre el alma y el mundo, y establecer un equilibrio entre lo sagrado y lo profano. El alma anhela la belleza, la gracia, la armonía, la verdad y la bondad. Uno se convierte en lo que piensa.

¿Qué eleva el espíritu? Puede que sea un paseo largo, la naturaleza, un hobby, el deporte o la música. Puede ser estar con la familia o los amigos. Puede ser la Biblia, libros religiosos o la meditación.

"Haz lo que amas," dijo Henry David Thoreau. "Conoce tus propios huesos, róelos, entiérralos, desentiérralos y vuelve a roerlos".

Uno está de acuerdo con los místicos que dicen que la felicidad está dentro. Esto implica la posesión del alma, y no desear nada más. Mirando fuera uno desplaza el alma y se adhiere a lo que quiere. Esta es la fuente de la conducta adictiva y la desgracia.

La elite oculta nos controla con el sexo y el dinero –el norte-sur de la mente. La fase del cortejo es un período en el que los sentimientos sexuales son fuertes de modo que dos personas se unen e inician una familia. El sexo/romance no se hizo para que se convirtiese en una preocupación y una panacea durante toda la vida.

Lo mismo es válido para el dinero. El mercado de valores es un casino gigante que convierte en adictos a millones. La secta central banquera tiene fondos ilimitados. Para hacer que nos sintamos bien, (mientras destroza los derechos civiles y alienta guerras sin sentido) hace subir el mercado. Para desplumarnos, hunde el mercado. No sea una marioneta.

Los poderes diabólicos hace mucho que están aquí. Uno ha descubierto su existencia sólo porque hicieron señales del comienzo del final de su juego el 11-S.

No deje que lo confundan ni degraden obsesionándolo con su iniquidad. Recupere el equilibrio sintonizándose con las cosas que ama. Sea un avanzado de la felicidad.

Parte dos: construyendo el propio cielo

Con frecuencia el mundo parece un sofocante aseo público sin ventilación. Esto sucede porque el dicho de Protágoras "el hombre es la medida de todas las cosas" es la religión oficial.

La cultura moderna consiste principalmente en reflexiones de nuestros egos degenerados, "un desierto de espejos" como decía T.S.Eliot. Inhalamos nuestros propios gases. La religión del hombre es el "humanismo" o el "iluminismo" que reta al hombre.

Platón intentó corregir a Protágoras. "Dios y no el hombre es la medida de todas las cosas".

No escuchamos a Platón.

Dios está prohibido en la vida pública. ¿Cuándo fue la última vez que se aplicó a algo un modelo divino? ¿Cuándo se celebra el yo superior? Eso sería una bocanada de aire fresco.

ELIMINANDO EL HEDOR DEL NUEVO MUNDO

Esto trata de la supervivencia espiritual en un mundo que se ha vuelto loco.

Tenemos la tendencia a sentirnos indefensos, incapaces de conmovernos por acontecimientos remotos. De hecho, estamos en primera línea. El Nuevo Orden Mundial quiere nuestras mentes y nuestras almas. En su lugar, contraatacamos dedicándonos a Dios.

Primero tenemos que cortocircuitar sus dos sistemas principales de control: el sexo y el dinero. Podemos dirigir nuestro impulso sexual confinándolo en una relación monógama. Podemos escapar a la obsesión por el dinero viviendo dentro de nuestros medios y disciplinándonos de modo que el dinero sea una preocupación menor.

Henry David Throreau decía: "un hombre es rico en proporción al número de cosas que puede permitirse abandonar". El verdadero hombre rico es el que no piensa en el dinero.

Según este estándar muchos multimillonarios son indigentes. De hecho, cuanto más dinero tiene una persona tanto más difícil le es pensar en otra cosa".

REORIENTACIÓN

¿Por qué deberíamos obedecer a Dios? Dios es realmente el principio de nuestro propio desarrollo y la senda hacia nuestra felicidad y realización. Nos servimos a nosotros mismos cuando servimos a Dios. Dios es un sinónimo de los ideales espirituales: amor, verdad, justicia, belleza.

¿Piensa que la vida no tiene sentido? La vida tiene un sentido intrínseco cuando realizamos el fin de Dios. Necesitamos preguntar, "¿Qué desea Dios de mí? ¿Para qué he nacido yo?"

Dios nos habla a través del alma y la conciencia. No Le oímos porque nuestras mentes son como espejos que miran al mundo. Necesitamos volver el espejo de modo que refleje el interior del alma y que le dé la espalda al mundo.

En vez de ensuciar el mundo, lo cual nos debilita y enferma, nos centramos en las cosas que reflejan nuestro deseo de pureza, esperanza, belleza y bondad.

En lugar de dejar que el mundo determine lo que pensamos (y consiguientemente lo que sentimos) creamos nuestro propio mundo basado en cómo queremos sentir. De eso es de lo que trata la fe, de hacer fundamental la realidad espiritual .

"No conozco ningún hecho más alentador que la habilidad incuestionable del hombre para elevar su vida mediante un esfuerzo consciente," escribió Thoreau en **Walden**.

"Esculpir una estatua es algo … pero es algo mucho más glorioso esculpir … la misma atmósfera y medio a través de los cuales miramos, lo que moralmente podemos hacer. Cada hombre está hecho para hacer su vida, incluso en sus detalles, merecedora de la contemplación de su hora más crítica y elevada".

Ajustando nuestros pensamientos a nuestra alma, en vez de al mundo, creamos nuestro propio cielo.

Todas las grandes religiones nos enseñan a controlar nuestros pensamientos. Nuestras mentes son altares y nuestros pensamientos son ofrendas a Dios.

"El agua fangosa, dejada reposar, se hace clara," dijo Lao Tzu.

En la tradición hindú, la disciplina mental se llama Raja Yoga. Aprendiendo a meditar aprendemos a tener pensamientos constructivos. La clave se halla en tratar los pensamientos como si fueran los de un desconocido y editarlos. Cuando se domina esta destreza del distanciamiento jamás se siente uno deprimido, nunca se enfurece uno por la simple razón de que no se identificará con un complejo mental negativo.

Los cristianos podrían mantener su vigilancia preguntando: "¿Qué haría Cristo? ¿qué pensaría Cristo?" El cristianismo, en pocas palabras, es la imitación de Cristo.

La oración es otra forma de meditación. Sea cual sea nuestra opinión sobre Timothy Leary, tuvo la idea correcta en High Priest: "La oración es la brújula, el giróscopo, el mecanismo para centrarse que da la orientación, el valor y la verdad..."

UN CAMPO DE CONCENTRACIÓN EN LA MENTE

¿Cuánto tiempo hace que se sintió feliz? Sí, duele que unos patéticos sinvergüenzas controlen el mundo. Pero el hombre no es la medida de todas las cosas. No importa lo que ocurra en la tierra, Dios es la única realidad. Mire más allá del hombre y céntrese en la realidad espiritual; la belleza, la bondad, la justicia y el amor.

Nos situamos en campos de concentración antes incluso de construirlos. No es probable que los Illuminati hagan pedazos la ilusión de libertad. No existe mejor forma de controlar a la gente. Pero incluso si lo hiciesen debemos ser capaces de alegrarnos aún entonces. Dios es alegría y Dios es mucho más grande que los hombres.

La clave es ignorar a la multitud que está manipulada por los Illuminati. Es bueno ser consciente pero no bailamos al ritmo que marcan los degenerados. No miramos los espejos que han hecho los enanos.

Las palabras del poeta Henry More (1614-1687) son también relevantes. "Cuando el deseo desorbitado de conocer las cosas se aplacó en mí, y no aspiré a nada salvo a la pureza y a la sencillez de mente, entonces brilló en mí una seguridad mayor que la que jamás pude esperar, incluso de aquellas cosas por las que antes sentía el mayor deseo de conocer".

Retirarse del mundo periódicamente asegura que no perdemos la única esfera sobre la que todavía tenemos el control. Nos permite hacer una contribución sana a la sociedad.

Como dijo Paul Elmer More (1864-1937): "Un día que me hace feliz me hace sensato". Dominemos el arte de la felicidad.

www.ingramcontent.com/pod-product-compliance
Lightning Source LLC
LaVergne TN
LVHW051458080426
835509LV00017B/1808